예수님은 이렇게 설교하셨다

설 교,
예수님처럼 하라

4복음서를 통해 배우는
예수님의 12가지 설교 노하우

설교, 예수님처럼 하라

초판 1쇄 발행일 / 2017년 5월 30일

지은이 / 서천석
펴낸이 / 김학룡
펴낸곳 / 엔크리스토
마케팅 / 이동석, 유영진
관리부 / 김동인, 신순영, 정재연, 박상진, 김정구

출판등록 / 2004년 12월 8일(제2004-116호)
주 소 / 경기도 고양시 일산동구 장대길 74-10 (장항동)
전 화 / 031-906-9191
팩 스 / 0505-365-9191
이메일 / 9191@korea.com
공급처 / 기독교출판유통

ISBN 979-11-5594-030-3

· 잘못된 책은 서점에서 바꿔드립니다.
· 이 책은 엔크리스토가 저작권자와의 계약에 따라 발행한 책입니다. 저작권법에 의해 보호받는 저작물이므로 출판사와 저자의 허락 없이는 어떠한 형태로도 이 책의 콘텐츠를 이용할 수 없습니다.

예수님은 이렇게 설교하셨다

설교,
예수님처럼 하라

4복음서를 통해 배우는
예수님의 12가지 설교 노하우

서천석 지음

| 추천의 글 |

곽선희 목사(소망교회 원로목사)

우리는 늘 하나님의 "말씀"이란 말을 쓰고 또 가르친다. 그러나 그 깊은 뜻은 외면할 때가 많다. 첫째는 창조 역사에 나타난 말씀이다. 말씀으로 천지가 창조되었기에 "말씀" 곧 "로고스" 그 자체가 말씀이며 생명과 창조의 근원이다. 그리고 선지자의 입을 통해 전해지는 "말씀"이고, 말씀의 핵심은 "말씀이 육신이 되어 우리 가운데 거하시는" 그 중심 예수 그리스도의 성육신되는 "말씀"이다. 그리고 이 말씀을 직접 경험한 사도들의 증거 되는 "말씀"이 있고, 그 말씀이 기록된 계시의 "말씀"이 있다. 그리고 그 성경 말씀을 해석해서 "말씀이 말씀되게"하는 역사가 설교이다.

한국교회의 성장이 둔화되었다고 걱정하고 있으나 그 원인을 못 찾고 있다. 원인은 곧 성경을 떠났기 때문이며 말씀의 중심인 복음의 진리를 잃었기 때문이라고 확신한다. 설교가 "말씀"이 되려면 설교가 예수 그리스도를 증거해야 하고 설교를 통해 살아계신 예수 그리스도를 만나야 한다. 그러기 위해서는 설교가 복음서 중심이어야 하고 예수께서 친히 말씀하신 설교 그 자체로 돌아가야 한다.

이 같은 절박한 시기에 예수님의 설교를 집중적으로 연구하셔서 귀한 책을 출판하게 된 것을 진심으로 축하한다. 이 책을 통해 한국교회 설교가 예수 그리스도 중심의 설교가 되고, 설교를 통해 예수 그리스도를 만나며, 그 생명력이 온 한국교회에 넘치게 되기를 바란다.

박희천 목사(내수동교회 원로목사)

50년 이상을 설교자로, 20년 이상을 설교학 교수로 지냈지만 예수님의 설교를 이렇게 정확하게 꿰뚫어 놓은 책은 아직까지 보지 못했다. 누구도 밝혀 내지 못한 예수님의 설교 방법과 원리를 서천석 목사님께서 12장으로 정리해 놓은 것은 감탄할 일이다.

저자가 지적한 대로 이 시대 설교는 성도들에게 어렵고, 복잡하고, 기억에 남지 않는다. 그러나 예수님의 설교는 쉽고, 단순하고, 기억에 오래 남는다. 그래서 설교자가 예수님의 설교 방법을 배우고 따라야 한다는 저자의 말에 동의한다. 이 책은 단순히 설교 방법만을 소개하지 않는다. 설교자는 예수님처럼 성령으로 충만해서 설교해야 한다는 점을 무엇보다 강조하고 있다. 예수님의 설교를 배우고 따르려는 모든 설교자들에게 『설교, 예수님처럼 하라』는 좋은 지침서가 될 것이다.

이동원 목사(지구촌교회 원로목사)

그리스도인의 일생은 그리스도 닮기이다. 그리스도를 전하는 사람들의 최고의 갈망이 있다면 예수 그리스도처럼 설교하는 것이다. 문제는 그분이 어떻게 설교했는가의 정보가 부족하다는 점이다. 아마도 유일한 정보가 4복음서일 것이다. 그런데 이번에 서천석 목사님께서 그 일을 해내셨다. 4복음서를 통해 예수님의 설교를 추적한 것이다. 그분의 비유, 그분의 설교의 이미지, 패턴과 프레임을 잘 추적하여 마치 한 편의 드라마처럼 예수님의 설교 특성을 분석했다. 특히 그분의 질문과 적용을 다룬 부분은 아주 탁월하다.

저자는 이왕이면 최고의 것을 베끼자고 말한다. 그것은 바로 예수님의 설교를 모방하자는 것이다. 토마스 아 켐피스가 그리스도의 삶의 모방을 다루었다면, 서천석 목사님은 그리스도의 설교의 모방을 다루었다. 아주 신선하고 영감어린 시도로 느껴진다.

설교의 갱신과 창조성을 고민하는 모든 분들에게, 그리고 설교의 오리지널한 영감을 구하는 한국교회의 설교자들에게 이 한 권의 책을 권한다. 이 책으로 한국교회 강단의 영성이 더욱 풍성했으면 한다. 그리고 또 한 번의 대부흥을 기대하고 싶다.

김운용 교수(장로회신학대학교 예배학/설교학 교수)

설교에도 '좋은 설교'가 있고, '나쁜 설교'가 있다. 좋은 설교는 하나님의 임재를 경험하게 하고 하나님의 음성을 들려주는 설교이며, 하나님의 현존을 경험하게 하는 설교이다. 현상적으로 좋은 설교는 성도들의 영혼을 울리고 삶의 변화를 가져오며, 그들로 하여금 말로 다 표현할 수 없는 하늘의 은혜를 누리게 하고 측량할 수 없는 하늘 사랑에 취하게 한다.

반대로 나쁜 설교는 하나님의 말씀이 희미하여 청중들의 귀에 하나님의 말씀이 전혀 들려지지 않아 여전히 굶주림 가운데 돌려보내는 설교이다. 그리하여 하나님을 실망시키고, 청중들을 실망시키는 설교, 하나님의 신비의 세계를 전혀 경험하게 하지 못하고 그 말씀과 은혜 앞에서 춤추게 하지도 못하는 설교는 나쁜 설교이다. 그런 점에서 설교자로 산다는 것은 평생 '좋은 설교'를 추구한다는 의미를 가진다.

본서는 목회 현장에서 더 좋은 설교를 추구하는 한 목회자의 눈물의 기도와 연구, 좋은 설교를 향한 열정에서 나온 작품이다. 성경의 세계에 잠입해 들어가 하나님의 음성을 듣고 오늘의 청중들에게 그 말씀을 온전히 들려주려는 열망을 통해 설교학의 원시림을 수차례 헤치며 누볐고, 인문학과 다른 영역까지 뒤집고 다니는 설교자의 열정과 노력을 마주할 수 있는 작품이다. 참신한 통찰력과 그의 열정을 마주할 수 있게 하여 오늘 힘든 목회 현장에서 말씀의 설교자로서의 사명을 수행하기 위해 몸부림치는 동료들에게 따뜻한 인사를 건네는 책이다.

박태현 교수(총신대학교 신학대학원 설교학 교수)

본서는 성도들이 설교를 듣고도 기억하지 못한다는 저자 자신의 깊은 고민으로부터 출발하여, 기도 가운데 발견한 4복음서에 나타난 예수님의 설교에서 그 해답을 찾고 있다. 저자는 "기억 속의 스티커처럼" 뇌리에 착 달라붙는 예수님의 설교 방식 12가지를 스토리텔링 기법으로 쉽고도 흥미롭게 소개한다: 비유 이야기, 오감을 자극하는 이미지 설교, 단파설교, 키워드, 키 메시지, 3의 법칙, 프레임, 주제 집중, 질문, 적용 중심, 복음 중심, 성령충만. 특히 저자는 설교의 핵심 메시지는 그리스도의 복음이며, 이 메시지를 성령의 기름부음으로 증거해야 한다고 강조함으로써 본서를 마무리한다.

본서의 강점은 무엇보다도 예수님의 12가지 설교의 원리를 고전 작가들의 경험과 현대 저자들의 통찰이 담긴 이야기 형식으로 술술 풀어내는 데 있다. 우리에게 친숙한 저자의 이야기를 듣노라면 자기도 모르게 고개를 끄덕이고 설득을 당하고 만다. 저자의 이야기보따리는 한두 개가 아니라 셀 수 없이 많아 최고의 설교자이신 예수님의 스토리텔링 기법이 본서에 그대로 녹아들어 있다.

정창균 교수(합동신학대학원대학교 총장, 설교학 교수, 설교자하우스 대표)

설교에서 "무엇"을 전할 것인가는 매우 중요하다. 그러나 그 무엇을 "어떻게" 전할 것인가도 동일하게 중요하다. 어떤 설교자들은 내용만 좋으면 나머지는 저절로 해결된다고 고집을 부린다. 그리하여 본문에서 찾아낸 귀한 메시지를 어떻게 효과적으로 전할 것인가를 무시한다. 그것은 능력 있고 효과적인 설교를 망치는 지름길이다.

이 책은 설교가 무엇인가를 이해하기 위한 해설서가 아니다. 효과적인 설교 작성과 전달을 위한 구체적인 지침서이다. 저자는 설교 한편을 효과적으로 수행하기 위해 예수님께서 사용하신 다양한 전략과 기법들을 12가지 항목으로 제시한다. 그가 제시하는 지침들은 단어 하나의 사용으로부터 설교문 전체를 구성하는 데 이르기까지, 그리고 수사학적 전략으로부터 신학적 태도와 안목에 이르기까지 전반적이고 체계적이다. 게다가 매 항목마다 예수님과 이 시대의 탁월한 커뮤니케이터들로부터 확인하는 구체적인 실례와 시범을 함께 제시하고 있어서 주제를 이해하고 실습하기에 매우 용이하고 흥미로운 장점을 갖고 있다.

그러므로 이 책은 내용을 이해하는 차원에서 일독하고 끝나는 방식이 아니라, 저자가 제시하는 예수님의 12가지 설교 방법과 원리를 실제로 실천해 보고, 반복적으로 연습해 보는 방식으로 사용한다면 반드시 고도의 전략과 철학이 깃들인 효과적인 설교를 수행할 수 있게 될 것이다. 특히 언제나 판에 박힌 동일한 방식의 전통적인 설교에서 벗어나 설교에 변화를 이루고자 고민하는 설교자들에게 이 책을 강력하게 추천한다.

김연수 박사(스토리텔링사역연구소장, 한국세계선교협의회 국제총무)

『설교, 예수님처럼 하라』는 예수님의 설교에 대해 처음으로 종합적인 분석을 시도한 책이다. 이야기들을 동원하여 예수님의 설교에 대해 쉽게 설명한 탁월한 책으로 적극 추천한다.

오태용 목사(풍성한교회 원로목사)

『설교, 예수님처럼 하라』는 적절한 예화를 곁들여서 확실하게 내용을 전달한 책으로 내 설교를 다시 한 번 돌아보고, 전에 배운 가르침들을 되새기게 한다. 특히 세상 사람들은 예수님의 커뮤니케이션 방법을 그대로 사용해서 세상을 뒤집고 있는데, 정작 그리스도의 종들은 지난 2천 년 동안 딴 짓(?)을 하고 있었으니 이렇게 분통터질 일이 또 있겠는가! 정말로 전통 설교학도, 새 설교학도 발견하지 못한 예수님의 설교 원리와 방법을 서천석 목사님께서 발견하여 이렇게 책으로 내서 너무나도 고맙고, 장하고, 영광스럽다.

오요한 목사(괌 시온성교회 목사)

이미 탁월한 설교가로 잘 알려진 서천석 목사님께서 그 누구도 밝혀내지 못한 우리 주님 예수 그리스도 설교의 핵심 비밀을 마침내 드러냈다. 이는 성경 신학적으로도 귀한 발견으로, 비단 조국 교회뿐 아니라 세계적으로도 유래가 없는 내용이기에 능히 기독교 고전의 반열에 오를 만한 쾌거라 할 수 있다.

우리의 오랜 설교적 갈증을 완전히 해갈할 전대미문의 위대한 걸작이라서 한국교회 설교신학의 정수가 될 것을 확신한다. 이 책을 읽는 독자들은 내용에 모두 공감하게 될 것이며, 예수님의 원리를 따라 설교하면 설교자와 함께 청중의 변화를 목격하게 될 것을 믿어 의심치 않는다. 베스트 셀러 『성령이 답이다』이후, 또 다른 쾌거인 저자의 설교학적 액기스 『설교, 예수님처럼 하라』의 출간을 큰 기쁨으로 축하한다.

| 프롤로그 |

설교의 로그 잼, 킹 핀을 공략하라

　캐나다는 거대한 숲을 가진 나라다. 나무만 베어서 팔아도 온 국민이 100년은 먹고 살 수 있다고 한다. 북미지역 벌목 수량의 대부분을 확보하고 있는 나라가 바로 캐나다이다. 벌목공들은 베어낸 통나무를 강가에 쌓아 두고 강물의 흐름에 따라 원목을 하류 쪽으로 떠내려 보낸다. 그러다 강의 폭이 좁아지는 지점에 이르면 유속이 급속히 빨라지면서 통나무가 서로 뒤엉켜 더 이상 아래로 흘러가지 않는다. 병목 현상이 일어난 것이다. 이렇게 통나무가 서로 엉키는 현상을 로그 잼log jam이라고 한다.

　초보 벌목공은 이런 상황을 만나면 당황한다. 어디서부터 어떻게 손을 써야 로그 잼이 해소되는지 몰라 헤맨다. 하지만 노련한 벌목공은 당황하지 않고 수많은 통나무 중 하나를 골라 해머로 집중 가격을 한다. 한 개의 통나무를 가격했을 뿐인데 뒤죽박죽 엉켜 있던 통나무들이 스르르 풀려 떠내려간다. 노련한 벌목공들이 로그 잼을 해결하기 위해 집중해서 가격하는 통나무를 킹 핀king pin이라고 한다.

설교는 설교자와 회중의 소통이다. 강단에서 말씀을 전하는 설교자와 회중 사이에도 로그 잼이 나타날 수 있다. 마치 벌목공들이 떠내려 보낸 통나무가 뒤엉키는 것처럼 말이다. 많은 설교자들이 회중과의 커뮤니케이션이 잘 이루어지지 않아 무언가 막혀 있는 것 같은 답답한 순간을 경험한다. 이때 설교자에게도 노련한 벌목공처럼 킹 핀을 찾는 지혜가 필요하다. 만일 설교자가 킹 핀을 착각하여 엉뚱한 것에 집중하면 문제는 해결되지 않고 도리어 시간과 정력만 낭비하게 된다. 킹 핀을 발견하고 로그 잼을 해결하는 것이 설교의 성공과 실패를 좌우한다.

내 설교의 로그 잼은 무엇인가? 4복음서에 나와 있는 예수님의 설교를 연구하면 내 설교의 로그 잼, 곧 문제점이 보인다. 동시에 킹 핀, 곧 해결책도 보인다. 내 설교의 문제점을 발견하고 그 문제를 하나씩 제거하다 보면 어느새 설교의 새로운 길이 열린다.

설교의 스트라이크, 킹 핀을 공략하라

볼링을 하는 사람이라면 초보자나 선수 할 것 없이 스트라이크의 짜릿함을 맛보기 원한다. 볼링에서 스트라이크를 치려면 어떤 핀을 공략해야 할까? 대개 나 같은 초보자들은 맨 앞에 있는 1번 핀을 목표로 삼는다. 그러나 볼링을 아는 사람들은 5번 핀을 공격 목표로 삼아 그 핀을 쓰러뜨리는 데 집중한다. 볼링에서 스트라이크를 얻으려면 1번 핀이 아니라 1번과 3번 사이에 보이는 5번 핀을 공략해야 한다. 그래야 열 개의 핀을 모두 쓰러뜨리고 스트라이크의 짜릿함을 맛보며 환성을 지를 수 있다. 이것은 볼링을 치는 사람들에게 기본이요 상식이다. 열 개의 핀 모두를 쓰러뜨리는 급소인 5번 핀을 '킹 핀'이라고 부른다.

설교자라면 누구나 볼링처럼 열 개의 핀을 모두 쓰러뜨리는 스트라이크를 매주일 맛보기 원한다. 하지만 나름대로 열심히 준비해서 설교를 해도 설교가 끝나면 고개를 떨군 채 강단에서 내려올 때가 많다. 기대하던 스트라이크는 나오지 않고, 스페어가 좌우측에 남아 이러지도 저러지도 못하는 상황에 처하는 것이다. 회중들의 얼굴을 제대로 쳐다볼 수 없는 그 괴로움은 이루 말할 수 없다. 이때가 바로 설교자에게 킹 핀을 찾아내는 지혜가 필요한 때이다.

예수님의 설교를 조금만 눈여겨보면 내 설교의 문제점을 해결하는 킹 핀을 금방 발견할 수 있다. 킹 핀을 발견하고 공략하면 설교는 자연스럽게 스트라이크를 치게 된다. 스트라이크를 치는 탁월한 설교자의 삶을 사느냐, 아니면 스페어를 남기는 허접한 설교자의 삶을 사느냐는 킹 핀을 찾아 공략하는 데 달려 있다. 설교의 로그 잼으로 인해 킹 핀을 찾고 있는가? 4복음서에 나와 있는 예수님의 설교를 살펴보라. 킹 핀을 찾는 해답이 거기에 있다.

이 책을 집필함에 있어 김운용 교수의 『새롭게 설교하기』, 김자영 교수의 『말을 디자인하면 경영이 달라진다』, 강미은 교수의 『커뮤니케이션 불변의 법칙』에서 큰 도움을 받았다. 또한 2장의 이미지 부분은 워렌 W. 위어스비 박사의 『상상이 담긴 설교』와 『이미지에 담긴 설교』의 도움을 받았다. 이 외에도 많은 책들이 통찰력과 도움을 주었음을 밝힌다. 그러나 나에게 최고의 도움을 준 책은 바로 성경이었다. 무엇보다 나에게 큰 깨우침과 가르침, 최고의 통찰력을 주신 성령님께 온 마음을 다해 감사드린다.

2017년 5월
저자 서 천 석 목사

차 례 contents

추천의 글
프롤로그
시작하는 글
    '설교' 하면 떠오르는 것은 | 16
    모든 목회자의 간절한 소원 | 18
    예수님께서 가르쳐 주신 12가지 원리 | 24
    목회자의 사명, 나는 설교자다 | 31
    롤 모델이 거장을 만든다 | 35

1장 예수님의 설교에서의 비유
    스티커처럼 착 달라붙는 스토리 | 41
    2500년 동안 살아남은 이솝 우화 | 46
    예수님의 설교 속에 뛰놀고 있는 비유 | 49
    비유가 뛰놀던 자리를 빼앗은 논리 | 56
    설교자여, 스토리텔러가 돼라 | 59

2장 예수님의 설교에서의 이미지
    구글세대에게는 이미지로 설교하라 | 69
    구글세대 이전에 이미지로 기록된 성경 | 71
    뇌로 통하는 다섯 개의 문 | 76
    이미지를 생산하는 3요소 | 79
    이미지 앞에 무릎 꿇은 논리 | 87
    메시지 전달을 뛰어나게 만드는 이미지 | 91

3장 예수님의 설교에서의 단파설교
    용어 자체가 낯선 단파설교 | 97
    패턴 스토리로 구성된 단파설교 | 100
    패턴 스토리로 구성된 단파강의 | 103
    패턴 스토리로 구성된 단파연설 | 108
    패턴 스토리로 구성된 단파칼럼 | 112
    연설이나 설교의 최고의 적 | 115

4장 **예수님의 설교에서의 키워드**
막강한 힘을 가진 키워드 | 121
설교를 이끌고 가는 키워드 | 125
키워드 중심으로 기록된 성경 | 130
핵심 키워드와 보조 키워드 | 133

5장 **예수님의 설교에서의 키 메시지**
가슴에 콕 박히는 키 메시지 | 143
짧지만 저항할 수 없는 한마디 | 148
예수님의 설교 구조와 키 메시지 | 152
연설의 달인 오바마 연설 구조 | 157
수천 년 동안 살아남은 속담의 비밀 | 164

6장 **예수님의 설교에서의 3의 법칙**
스티브 잡스 연설의 3의 법칙 | 169
예수님의 설교에 나타난 3의 법칙 | 171
핵심 전략으로 사용하는 3의 법칙 | 178
막강한 힘을 발휘하는 3의 법칙 | 181

7장 **예수님의 설교에서의 프레임**
설교를 담는 그릇 | 187
예수님께서 사용하신 설교 프레임 | 191
메시지 프레이밍의 영향력 | 197
메시지 프레이밍으로 구성된 예수님의 비유 | 203

8장 **예수님의 설교에서의 주제 집중**
바슈롬이 설교자에게 주는 교훈 | 213
성과를 내려면 핵심에 집중하라 | 217
승리를 부르는 아전적분의 전략 | 224
예수님의 설교 전략, 선택과 집중 | 229

9장 예수님의 설교에서의 질문
위기에서 구한 단 한마디의 질문 | 239
질문의 막강한 힘을 알고 계신 예수님 | 244
널리 사용되는 소크라테스 질문법 | 249
유대인에게는 뭔가 특별한 것이 있다 | 254

10장 예수님의 설교에서의 적용
돌직구 같은 직접적인 적용 | 261
예수님의 설교에 나타난 적용 | 267
설교의 최우선 적용 대상 | 271
적용이 없는 설교는 미완성의 설교 | 274

11장 예수님의 설교에서의 복음
영원히 변하지 않는 복음의 능력 | 281
설교 같으나 설교가 아닌 설교 | 286
그리스도 중심의 설교 당위성 | 289
구속사 중심의 설교 | 298
구속사 중심 설교의 함정 | 302

12장 예수님의 설교에서의 성령
설교의 빛과 불 | 309
위대한 설교자들의 간증 | 312
설교는 초자연적인 성령의 사역 | 317
예수님의 사역에서 성령충만 | 319
제자들의 사역에서 성령충만 | 322
탄탄 조직에 성령충만을 더하라 | 331

마치는 글 예수님의 설교를 모방하라
예수님도 이해하기 힘든 아주 독특한 설교 | 335
이왕이면 최고의 것을 베껴라 | 343
아래층 천장은 위층의 바닥이다 | 347

에필로그 / 참고도서

| 시작하는 글 |

'설교' 하면 떠오르는 것은

우리 엄마는 목사다. 목사님처럼 교회에서 설교를 잘해서 목사가 아니라 잔소리가 많아서 목사다. 내가 어쩌다 한 번 잘못을 하면 우리 엄마는 그것을 말하고 또 말한다. 그것도 모자라서 아빠가 돌아오면 꼭 일러바친다. 내가 잘못했을 때 우리 엄마가 한 번만 이야기하면 좋겠다.★

위의 글은 안상헌의 『생산적인 삶을 위한 자기 발전 노트 50』에 나오는 어느 초등학생의 일기 내용이다.

다음은 어느 아버지와 아들의 대화다.

"아빠, 아빠와 이야기하다 보면 귀를 막고 싶어요."

★ 안상헌은 1998년 제일기획에 입사해 카피라이터로 일했으며 삼성그룹 기업PR, KTF 기업PR, 파브, KT, 더 페이스샵, 베스킨라빈스31, 삼성전자, 오리온 등에서 자기계발 강의를 담당했다. 현재 HRD 컨설턴트로 활동하며 기업체와 행정기관 등에서 강사로 활동하고 있다.

"아니, 왜?"

"아빠는 잘 나가다가 왜 설교로 빠지세요?"

"내가 진짜로 그렇게 설교를 해 대니?"

미국의 팝 가수 마돈나의 히트송 가운데 『아빠, 이제 설교 좀 그만하세요 Papa Don't Preach』라는 곡이 있다.

아빠는 언제나 잘못된 것은 버리고 옳은 것을 붙잡으라고 내게 가르치죠. …아빠, 이제 제발 설교 좀 그만하세요. 나는 큰 문제의 문제 가운데 있어요. 아빠, 제발 설교 좀 그만하세요. 나는 잠을 이룰 수가 없어요.

5분 정도의 노래에서 "아빠, 제발 설교 좀 그만하세요"가 10회나 반복된다.

인하대학교 윤태익 교수는 『타고난 성격으로 승부하라』에서 "일상적으로 대화할 때도 설교조, 훈계조의 말투 때문에 주위의 오해를 사기도 한다"고 했다.

『성공하는 리더를 위한 매력적인 말하기』의 저자 숙명여자대학교 강미은 교수는 매력적으로 말을 잘하려면 "설교조나 훈계조의 말을 경계해야 한다"라고 했다.

마광수 교수는 『이 시대는 개인주의자를 요구한다』에서 "나는 설교조의 이야기를 피하려고 노력했다. 지금까지 나는 시, 소설, 수필 등을 통하여 '푸근한 이야기꾼'이나 '배설꾼'에 머물려고 노력해 왔다. 다시 말해서 설교조의 말투로 '인생은 이렇게 살아라', '이렇게 살아야 행복해진다' 식의 이야기를 피하려고 노력해 왔다는 말이다"라고 했다.

초등학생의 일기와 유명 가수의 노래, 사람들의 대화와 대학 교수들의 글 속에서 오늘날 세상 사람들이 설교를 어떻게 받아들이고 있는가를 가늠

할 수 있다. 세상 사람들은 설교를 진리의 말씀으로 인정하지 않는다. 고리타분하고 지루하고 딱딱한 훈계로 인식하고 있다. 듣기 싫은 대표적인(?) 잔소리쯤으로 생각하는 것이다. 이것은 철없는 아이들의 생각이 아니라 어른들의 생각이다. 세상은 설교에 등을 돌린 지 오래다.

만일 예수님께서 지금 이 시대 사람들에게 설교를 하신다면 사람들은 어떻게 반응할까? 성경에 보면 예수님의 설교를 들었던 사람들은 재미있게 들었다. 한마디로 예수님의 설교는 딱딱하거나 지루하지 않았다. 그 시대 사람들은 예수님의 설교가 흥미 있고 권세 있는 말씀이었다고 평가한다. 벳새다 광야에 모여 하루 종일 해가 지도록 예수님의 설교를 들었던 구름 관중을 보아도 예수님의 설교가 얼마나 흥미진진했는지를 알 수 있다. 그렇다면 설교에 귀를 막고 있는 사람들을 위한 대안은 무엇인가?

모든 목회자의 간절한 소원

어느 설교 세미나에 참석했더니 찬양 인도자가 "우리의 소원은 통일"을 "우리의 소원은 설교"로 개사하여 다음과 같이 불렀다.

우리의 소원은 설교, 꿈에도 소원은 설교
이 정성 다해서 설교, 설교를 잘하자
우리 교회 살리는 설교, 우리 성도 살리는 설교
온 정성 다해서 설교, 설교를 잘하자

설교자라면 누구나 설교에 대한 부담을 가지고 있다. 모든 목회자가 설교에 대한 중요성을 인식함과 동시에 중압감을 느끼는 이유는 무엇인가?

문성모 박사는 『곽선희 목사에게 배우는 설교』에서 목회 사역에서의 설교의 중요성을 강조하며 11명의 성도로 시작하여 6만 명의 교회로 성장한 소망교회를 다음과 같이 소개하고 있다.

소망교회는 오직 설교 하나로 성장한 유일하고 특이하고 주목할 만한 대형교회다. 곽선희 목사는 오직 설교라는 무기 하나로 목회의 알파와 오메가를 장식하였고, 그런 의미에서 그는 120년 한국교회사에 하나밖에 없는 독보적인 존재다. 철야기도나 금식기도가 일절 없으며 특별 기도주간도 없다. …그의 목회에는 소위 특별한 제목의 예배도 없고, 특별 프로그램도 없고, 특별 전도운동도 없다. 심지어 새로 나온 사람들을 위한 새 신자 특별 프로그램이나 심방도 없다. 그럼에도 불구하고 부흥에 가속도가 붙어 초대형 교회를 이룬 것은 다른 교회에서 유례가 없는 놀라운 독특성이다. 그 흔한 부흥회 한 번 없이 소망교회는 오로지 곽선희 목사 한 사람의 설교를 통하여 26년간 성장에 성장을 거듭하였다. …6만 명의 교인 중 65%인 약 4만 명이 소망교회에 와서 예수 믿고 세례를 받은 순수한 새 신자였다. 이 모든 것이 그의 설교 하나로 가능하였다.★

이어서 『월간목회』(1997년 8월호), "목회자 연구/소망교회 곽선희 목사"에 실린 인터뷰 내용을 소개하고 있다.

우리 교회는 주일에 필요한 예배순서지 한 장만 있고 교회요람이라든지 전화번

★ 문성모 박사는 서울대학교 음악대학(B.M), 장로회신학대학원(M.Div., Th.M.), 독일 오스나부뤽대학(Ph.D.)에서 수학했다. 독일 뮨스터 한인교회 담임목사, 독일 칼스루에 한인교회 담임목사, 광주제일교회 담임목사, 서울장신대학교 총장을 역임했다.

호부라든지 사진첩이 없습니다. 무슨 목회계획서도 없습니다. 구역예배는 있으나 그렇게 적극적이지 못합니다. 또 심방이 없는 교회이기도 합니다. 무엇보다 우리 교회는 어떤 작전이 없는 교회입니다. 매해 어떤 목표로 나아가겠다는 지표도 정하지 않습니다. '…하는 해'라는 그런 목표도 없습니다. 앞으로도 그러할 것입니다.*

문성모 박사는 "곽선희 목사는 설교에 대한 강한 사명과 확신을 가진 목사였고, 이 사명과 확신이 그를 '설교가'로 만들었다. 그의 목회를 성공시킨 동력은 오로지 설교였다"고 말한다.

권성수 목사도 『성령설교』에서 목회사역에서의 설교의 중요성을 다음과 같이 밝히고 있다.

설교는 목회사역 중 매우 중요한 사역이다. 교인들 중의 약 3/4이 일주일에 단 한 번 교회에 나와서 주일 예배에 참석한다. 그들은 예배를 드릴 때 찬양과 기도와 헌금과 전체 예배 분위기도 중요하게 생각하지만, 설교를 가장 중요하게 생각한다. 1시간에서 1시간 20분 정도의 예배 시간 가운데 설교가 30-40분을 차지하고 있으므로 설교가 예배의 절반을 차지하는 셈이다.

설교는 시간적인 비중과 교인들의 관심 면에서도 중요하지만, 예배에 대한 교인들의 평가 측면에서도 중요하다. 교인들은 설교에 은혜를 받으면 예배를 제대로 드렸다고 생각한다. 설교에서 은혜를 받지 못하면 예배를 온통 설쳤다고 생각한다.

★ 곽선희 목사는 단국대학교 영문과(B.A.), 장로회신학대학원(M.Div.), 미국 프린스턴신학교(Th.M.), 미국 풀러신학교(D.Miss.)에서 수학했다. 서울장신대학교 교수, 장로회신학대학교 교수, 숭의여자대학교 학장, 서울장신대학교 학장과 이사장, 숭실대학교 이사장을 역임했다. 프린스턴신학교 '장한 동문상', 풀러신학교 '장한 동문상', 장로회신학대학교 '장한 동문상'을 받았다. 인천제일교회 담임목사, 소망교회 담임목사를 역임했다. 현재 소망교회 원로목사이며 예수소망교회 동사목사로 매주 1부 예배 설교를 담당하고 있다.

교인들이 설교에 은혜를 받으면 한 주간 내내 가뿐하게 생활하지만, 설교에 은혜를 받지 못하면 한 주간 내내 찝찝하게 생활한다. 교인들이 설교에 은혜를 받으면 그다음 주일 예배 시간을 고대하고 예배에 참석해서 '이번에는 하나님이 설교를 통해서 무슨 말씀을 주실까? 어떤 은혜를 주실까?' 기대하게 된다. 교인들이 설교에 부푼 기대를 가지고 있는 교회는 제자훈련을 실시하기에 적합한 교회이다.

…제자훈련이 성공하지 못하는 데는 여러 가지 이유와 변수가 있겠지만, 가장 큰 이유는 설교자가 교인들에게 은혜를 끼치지 못하기 때문이다. 제자훈련 실패의 가장 큰 이유는 설교의 실패이다. 목회자가 설교를 통해 은혜를 주지 못한 상태에서 제자훈련을 하는 것은 기름칠이 되어 있지 않은 기계를 돌리는 것과 같다. 그것은 밥을 주지 않고 고된 일을 시키는 것과 같다.*

모든 설교자들이 설교의 중요성을 인지하고 있다. 나 역시 신학교에 들어가면서부터 지금까지 매 주일 설교의 부담감에서 벗어나 본 적이 단 한 번도 없다. 하지만 설교자로서 나에게 가장 큰 고민은 이것이었다. 회중들이 설교를 지루해한다는 것과 설교를 듣고 난 후 설교 내용을 기억하지 못한다는 것이다. 평소보다 설교가 5-10분만 더 길어져도 지루함을 견디지 못해 딴청을 피우고, 한두 시간만 지나도 무슨 설교를 들었는지 기억하지 못하는 성도들이 허다했다. 이런 모습을 보고 얼마나 실망했는지 모른다. 그래서 더 열심히 성경을 연구하고 기도하며 설교를 준비했다. 그럼에도 불구하고 결과는 마찬가지였다.

★ 권성수 목사는 숭실대학교 영문과와 총신대학교 신학대학원을 거쳐 미국 웨스트민스터신학교에서 성경해석학 박사학위를 취득했다. 총신대학교 교수와 대학원장을 역임했으며 총신대학교 목회신학전문대학원에서 설교학을 가르치고 있다. 현재 대구동신교회 담임목사이며 지성과 영성을 겸비한 목사로 평가받고 있다.

왜 열심을 다해 설교해도 회중들은 설교를 지루해하고 기억하지 못하는 걸까? 회중들이 설교를 지루해하고 기억하지 못하는 문제의 원인이 설교자인 나 자신에게 있다고 생각한 적은 별로 없었다. 나름대로 최선을 다해 설교를 준비했기 때문에 내 설교를 지루해하고 돌아서서 쉽게 잊는 것은 회중들의 문제라고 믿어 왔다.

설교를 듣고 기억하지 못하는 회중들을 바라보면서 그나마 위안을 삼을 수 있었던 것은 옛 선배들이 들려준 '콩나물시루' 원리였다. 콩나물에 물을 주면 물이 다 빠져 내려가지만 콩나물이 자라는 것처럼, 회중들이 설교를 기억하지 못하고 다 까먹어도 시간이 지나면 신앙이 성장하는 것을 볼 수 있다는 이론이다.

하지만 설교를 지루해하고 듣고 난 후 설교를 기억하지 못하는 모든 책임을 회중들에게 돌리는 것은 설교자로서 너무 무책임하다는 생각이 무거운 돌덩이처럼 나를 짓눌렀다.

다음은 『청중을 사로잡는 구약의 내러티브 설교*The Art of Preaching Old Testament Narrative*』의 저자 스티븐 D. 매튜슨Steven D. Mathewson 목사의 이야기다.

예배가 끝나고 한 자매가 내게 다가와서는 설교의 세 번째 대지가 무엇인지 물었다. 그녀는 설교 내용에 주의를 기울이느라 모든 대지를 기록하지 못했던 것이다. 그래서 나는 다시 가르쳐 주어야 했다.

"세 번째 대지는 12절부터 17절에 근거해서 '하나님의 백성에게 찾아온 번영'입니다."

그 설교는 주해적인 내용과 역사적이고 문화적인 자료가 가득한 설교였다. 이런 딱딱한 설교를 나는 분석적이고 논리적인 형식의 틀 속에 담아서 전했던 것이다. 결국 내 설교는 구약성경의 이야기들이 목적하는 바, 하나님의 백성들로 하여금 하나님의 생생한 말씀에 대면하게 하고 그들의 삶을 하나님의 입장에서 평가하게끔 만드는 실제 삶의 생생한 드라마 속으로 데리고 들어가는 일을 제대로 하지 못했다.★

우리의 설교 현장은 어떨까? 3대지 설교를 듣고 3대지를 모두 기억하는 사람이 몇 명이나 될까? 설교를 듣고 대지도 기억하지 못하는 회중들에게 어떤 변화를 기대할 수 있을까? 회중들의 삶을 변화시키기 위한 최우선 과제는 설교를 듣고 기억하게 하는 것이다.

"그렇다면 회중들이 설교를 즐겁게 듣고 기억할 수 있는 방법은 무엇일까?"

마음 깊은 곳에서 이 질문이 계속되었으나 답은 찾을 수가 없었다. 회중들이 즐겁게 듣고 기억할 수 있는 설교를 하고 싶은 목마름은 계속되었다. 결국 갈증을 해결하기 위해 설교에 관한 수많은 책들을 읽고 이런저런 설교 세미나를 기웃거렸다. 국내에 있는 대부분의 설교학교와 세미나에 등록하여 최선을 다해 훈련하고 또 훈련했다. 하지만 내 속에 타오르는 목마름은 해소되지 않았다. 설교학교나 세미나에 참석한 후 얼마동안 갈증이 해소되는 듯했으나 답답함과 목마름은 지속되었다. 회중들이 즐겁게 듣고 기억하는 설교, 그에 대한 해답은 어디에도 없었다.

★ 스티븐 D. 매튜슨 박사는 고든코웰 신학대학원에서 설교학을 전공하여 박사학위를 취득하였다. 현재 몬타나의 벨그레이드에 있는 드라이크릭 성경교회의 담임목사와 몬타나 보즈만에 있는 몬타나 성경대학에서 설교와 구약성경 과목의 교수로 사역하고 있다. 『청중을 사로잡는 구약의 내러티브 설교』는 미국의 설교 잡지 "프리칭 투데이Preaching Today"로부터 2002년 "올해의 책"으로 선정되었다.

예수님께서 가르쳐 주신 12가지 원리

"어디에 가서 누구에게 설교를 배우면 이 목마름과 답답함을 해결할 수 있을까?"

그러던 어느 날 새벽, 예수님께서 나를 찾아와 물으셨다.

"너는 나를 주님이라고 하면서 왜 나에게는 한 번도 설교를 가르쳐 달라고 하지 않느냐?"

무척 섭섭해하시는 예수님의 음성이 내 마음속 깊이 파고들었다.

"예수님께서 회중들이 설교를 즐겁게 듣고 기억할 수 있는 방법을 가르쳐 주신다고요?"

지금까지 단 한 번도 예수님께 설교를 배운다는 생각을 해본 적이 없었다. 그때 예수님의 음성이 다시 들려왔다.

"나에게 설교를 가르쳐 달라고 요구하면 네가 원하는 '성도들이 즐겁게 듣고 기억할 수 있는 설교'를 가르쳐 주겠다."

무릎을 꿇고 기도하던 자리에서 바짝 긴장을 하고 무릎으로 한 걸음 더 나아갔다. 허리를 굽히고 바닥에 납작 엎드렸다. 그리고 간절한 심정으로 외쳤다. 아니 목마름으로 부르짖었다.

"주님, 저에게 설교를 가르쳐 주세요."

"……"

"어떻게 하면 제가 예수님의 설교를 배울 수 있나요?"

"……"

"주님, 저에게 설교를 가르쳐 주세요."

그때 주님의 음성이 내 마음에 들려왔다.

"먼저 마태복음에 있는 내 설교를 살펴보아라."

그 자리에서 무릎을 꿇고 마태복음을 1장부터 읽기 시작했다. 예수님의 설교가 정확히 보였다. 예수님께서 어떻게 설교하셨는지, 예수님의 설교의 구조와 방법이 선명하게 보였다. 동시에 내 설교의 문제점이 하나둘 차례로 보였다. 주님은 내 설교를 듣는 회중들이 왜 지루해하고 기억하지 못하는지를 정확히 보여 주셨다. 흥분이 되고 가슴이 뛰기 시작했다. 아니, 흥분의 도가니란 말이 더 어울릴 것 같다. 드디어 나의 목마름과 답답함이 완전히 해소되는 순간이었다.

예수님께서 그날 새벽 가르쳐 주신 내용을 정신없이 글로 정리하느라 내 손은 바쁘게 움직였고, 가슴이 벅차올라 손이 떨리기까지 했다. 내 평생에 성경을 그렇게 흥분해서 단숨에 읽은 적은 없었다. 내 속에서 탄성이 울려 퍼졌다.

"오! 예수님! 감사합니다. 정말 고맙습니다."
"저의 목마름과 답답함을 해결해 주셔서 감사합니다."
"저에게 예수님의 설교를 가르쳐 주셔서 감사합니다."

몇 날 며칠을 흥분하여 "저에게 예수님의 설교를 가르쳐 주셔서 감사합니다. 고맙습니다"를 작은 소리로 읊조리며 다녔다. 그때의 흥분과 감격이 지금도 생생하다. 설교자로서 해소되지 않고 계속되었던 갈증과 답답함을 예수님께서 4복음서를 통해 속 시원하게 풀어 주셨다.

예수님의 설교를 발견한 후, 나는 회중들이 설교를 지루해하고 기억하지 못하는 것은 회중들의 문제가 아니라 설교자의 문제라는 것을 깨닫게 되었다. 특히 회중들이 설교를 듣고 기억하지 못하고 있기 때문에 길가에 뿌려진 씨처럼 열매가 없다는 것도 깨닫게 되었다. 사실 회중들은 말씀에 목말라하고 있었다. 설교를 듣고 기억하고 싶어 했다. 문제는 설교자인 내가 그 갈증을 해결해 주지 못하고 헛다리(?)만 짚고 있었던 것이다. 가장 나쁜 설교는 지루한 설교요, 듣고 난 후 기억나지 않는 설교다.

예수님께서는 설교에 목말라하는 나에게 예수님께서 사용하신 12가지 설교 원리를 4복음서를 통하여 차근차근 가르쳐 주셨다. 또 잘 모를 때, 이해가 되지 않을 때는 예수님께 물었다. 그때마다 주님께서는 말씀을 통해 깨닫게 해주셨다. 때로는 도표로, 때로는 비유로 가르쳐 주셨다.

예수님의 가르침을 따르니 설교 준비와 전달이 너무 쉬웠다. 무엇보다 설교가 지루하지 않고, 설교를 듣고 난 후 설교가 또렷이 기억된다는 성도들의 간증이 이어졌다.

예수님께서 1년여 동안 가르쳐 주신 12가지 방법과 원리를 간략하게 소개한다.

▶ **비유** – 탈무드는 메시지를 이야기에 담아서 전한다. 예수님께서도 진리를 비유에 담아 전달하셨다. 탈무드는 율법을 해석하고 적용하는 내용이지만 논리적인 진술은 없고 서사, 즉 이야기로 쓰였다. 예수님의 설교도 생활 현장의 이야기 속에 담아서 설명하는 구조를 가지고 있다. 예수님은 어떤 주제를 설명할 때 논리적으로 설명하지 않고 항상 비유적으로 설명하신다. 그래서 지루하지 않고 기억에 오래 남는다. 예수님의 설교에는 이 시대 설교자들이 즐겨 사용하는 논리적 설명이 거의 없다. 비유를 통해 말씀을 전하시는 예수님의 설교를 들으면 내가 마치 그 현장에 있는 것처럼 느껴져 간접적인 경험을 하게 된다.

▶ **이미지** – 신구약 성경은 어떤 사실을 설명할 때 이미지를 사용한다. 시각적 이미지, 청각적 이미지, 촉각적 이미지, 후각적 이미지, 미각적 이미지로 설명한다. 예수님의 설교를 들으면 오감이 자극되는 것을 발견한

다. 예수님의 설교는 회중들의 귀에만 전달되지 않고 오감을 통해 전달된다. 예수님께서는 이미지를 만들어 내기 위해 비유(이야기)와 은유(메타포), 그리고 그림언어를 사용하셨다. 이러한 것들은 오감을 자극하여 이미지를 만들어 낸다. 오감을 통해 설교를 들은 회중들은 설교를 생생하게 기억할 수 있게 된다.

▶ **단파설교** – 예수님께서 나에게 제일 먼저 보여 주신 것이 단파설교였다. 장편소설이 있고 단편소설이 있듯이 설교도 구조면에서 볼 때 장파설교가 있고 단파설교가 있다. 거의 대다수의 설교자들이 즐겨 사용하는 설교 구조는 서론-본론-결론, 혹은 기승전결 형태의 장파설교long wave preaching이다. 장파 구조 설교의 가장 큰 문제는 지루함이다. 하지만 예수님의 설교에서 장파 구조의 설교는 찾아볼 수 없다. 예수님께서는 누구도 우리에게 가르쳐 주지 않은 단파설교short wave preaching만을 고집하셨다. 설교의 지루함을 막고 진리를 분명하게 기억하도록 단파 구조의 설교를 하셨다.

▶ **키워드** – 예수님께서는 키워드를 통해서 설교를 전개하신다. 한마디로 키워드 중심의 주제설교를 하셨다. 예수님의 설교에서는 키워드가 반복해서 등장하기 때문에 핵심주제가 무엇인지 누구나 쉽게 발견할 수 있다. 이 시대 많은 설교자들이 즐겨하는 설교가 강해설교다. 하지만 4복음서에 기록된 예수님의 설교에서 성경 본문을 파헤치는 식의 강해설교는 단 한 편도 찾을 수 없다.

▶ **키 메시지** – 예수님께서는 설교의 목적을 한 문장의 키 메시지에 담으셨다. 키 메시지는 설교 내용을 한 문장으로 요약 정리한 경구 형식의 핵심

문장을 말한다. 모든 설교 내용은 키 메시지로 요약되고, 반대로 키 메시지를 펼치면 설교의 모든 내용이 부챗살처럼 펼쳐진다. 예수님께서는 설교를 들은 회중들의 뇌리에 격언과 같은 한 문장의 키 메시지를 각인 시켜 주셨다. 예수님의 설교에서 키 메시지는 설교의 목적이었다.

▶ **3의 법칙** – 예수님께서는 3의 법칙을 설교에 적용하였다. 예수님께서는 키워드와 키 메시지를 드러내기 위해 보통 3개의 비유를 패턴 스토리로 사용하셨다. 각 비유 끝에는 3회에 걸쳐 키 메시지를 전하셨다. 키워드와 일치한 3개의 비유를 들려주시고, 키 메시지를 3회 반복하여 회중들에게 들려주셨다. 키 메시지를 비유와 함께 3회 반복해서 전하심으로써 회중들의 가슴에 말씀이 못처럼 박혀 진리를 잊지 않고 기억하도록 하셨다.

▶ **프레임** – 단파설교와 거의 동시에 발견한 것은 예수님의 설교 구조다. 단파설교를 위해서는 단파설교 구조에 맞는 프레임이 필요하다. 대부분의 설교자들은 설교 원고를 작성할 때 나름대로 사용하는 틀을 가지고 있다. 예수님께서 사용하신 설교 작성의 틀, 곧 프레임은 어떤 틀보다 간단하여 누구나 쉽게 익힐 수 있다. 4복음서를 통해 예수님의 설교를 분석해 보면 항상 일정한 틀을 가지고 설교하신 것을 알 수 있다. 설계도면을 보고 집을 짓는 것처럼 예수님께서는 프레임을 따라 설교하셨다.

▶ **주제 집중** – 성경의 각 권은 창세기부터 요한계시록까지 핵심주제를 중심으로 기록되었다. 말뚝을 박을 때 함마로 한두 번 쳐서는 말뚝이 단단히 박히지 않는 것처럼 예수님께서는 선택과 집중의 원리를 설교에 적용하셨다. 마태복음 5장에서는 '복'을 핵심주제로 삼아 말씀하셨고, 마태복음

13장에서는 '천국'을 핵심주제로 삼아 거기에 집중하셨다. 마태복음 23장에서는 화를 당하게 될 바리새인들을 향하여 집중하여 말씀하셨다. 예수님의 설교에서 선택과 집중의 원리는 핵심주제를 반복하여 말씀하시는 방법을 통해 나타난다.

▶ **질문** – 예수님께서는 사람들의 질문에 어떻게 반응하셨는가? 질문으로 답변하거나 비유를 들어 설명하셨다. 비유를 전하신 후에는 다시 질문하셨다. 이처럼 질문을 비유에 연결하여 진리를 전하는 것이 예수님의 설교 방법이었다. 예수님께서는 사마리아 여인에게 "나에게 물 한 잔 주겠소?"라는 질문을 통해 접근하여 진리를 전하셨다. "사람들이 나를 누구라 하느냐?"라는 질문을 통해 예수님 자신이 구세주요, 살아 계신 하나님의 아들이심을 드러내셨다. 질문은 말씀을 전개하는 중심축이요, 진리에 이르게 하는 징검다리였다. 예수님께서는 질문의 막강한 힘을 알고 계셨다.

▶ **적용 중심** – 비유를 통하여 전해지는 예수님의 설교는 당시 사람들이라면 누구나 쉽게 이해할 수 있었다. 진리가 비유, 곧 이야기 형식으로 전해질 때 듣는 사람들은 그것이 무엇을 의미하는지를 깨닫고 교훈을 얻었다. 한마디로 비유에는 간접적인 적용이 들어 있다. 하지만 비유가 누구나 이해하기 쉽게 잘 구성되어 있다 할지라도 간접적인 적용은 그림자와 같다. 그림자는 실체를 명확하게 드러낼 수 없다. 예수님께서는 비유를 통해 간접적인 적용을 하신 후 다시 직접적인 적용을 하셨다.

▶ **복음 중심** – 예수님께서는 잃어버린 자를 찾아 구원하려고 이 세상에 오셨다(눅 19:10). 죄로 말미암아 지옥 형벌을 받아야 할 백성을 구원하여

천국으로 인도하기 위해 오셨다. "회개하라. 천국이 가까이 왔느니라"(마 4:17)라고 선포하신 예수님은 비유로 하나님 나라를 보여 주셨다. 예수님의 비유 중에서 가장 많이 등장하는 비유가 천국 비유이다. 니고데모와의 만남에서는 "누구든지 거듭나지 않으면 하나님 나라를 볼 수 없다"고 하셨다. 이어서 모세가 놋 뱀을 장대에 달아 올려서 이스라엘 백성을 살린 사건을 비유로 소개하신 후 예수님 자신이 놋 뱀처럼 십자가에 달릴 것이라고 말씀하셨다. 예수님께서는 기회가 있을 때마다 천국을 소개하고 복음을 증거하셨다.

▶ **성령충만** – 예수님께서는 짜임새 있는 구조와 탁월한 전달 기법으로 설교하셨다. 하지만 그것이 전부가 아니다. 여기에 성령충만을 더하셨다. 예수님께서는 성령으로 세례를 받으시고, 성령의 충만을 입어, 성령의 이끌림을 받아 설교하셨다. 다시 말해 성령의 능력으로 하나님 나라를 전파하셨다. 짜임새 있는 구조와 탁월한 전달 기법, 여기에 성령충만을 더한 예수님의 설교를 들은 사람들은 경탄을 자아냈다.

예수님께서 사용하신 12가지 설교 원리와 방법은 마치 그물망처럼 서로 긴밀하게 연결되어 있다. 그래서 한두 가지만 따라 해도 금방 설교의 변화를 경험하게 된다.

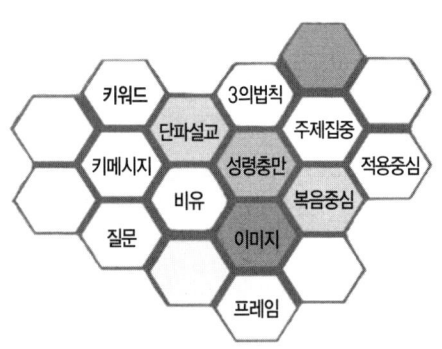

목회자의 사명, 나는 설교자다

프랑스 서해안에 있는 베르 섬에 케르도니라는 등대가 있다. 어느 날 등대지기가 등대 꼭대기에 올라가 등대를 청소하고 있었다. 그때 갑자기 외마디 비명 소리가 들렸다.

"여보, 여보…"

등대 청소를 하다 말고 급히 아래층으로 내려와 보니 아내가 쓰러져 있었다. 저녁이 되도록 아내를 열심히 간호했으나 병세는 점점 나빠졌다. 날이 어두워지고 있었지만 잠시도 아내의 곁을 떠날 수 없는 형편이었다. 그렇다고 등대에 불을 밝히는 일을 쉴 수도 없었다.

"등대에 불을 켜지 않으면 뱃길을 잡지 못하고 헤매다가 난파당하는 배가 생길지도 모르는데…"

등대지기의 마음은 두 곳에 있었으나 몸이 하나뿐이라 이럴 수도 저럴 수도 없어 안절부절못하고 있었다. 고민 끝에 등대의 불을 켜려고 일어섰다. 아내가 무사하기를 기도하면서 등대에 급히 올라갔다. 불을 밝히려고 올라가 보니 여러 부품들이 여기저기 흩어져 있었다. 생각해 보니 오후에 등대를 청소할 때 해체한 부품들을 그대로 둔 채 황급히 아내에게 달려갔던 것이다. 이것저것 부속품을 맞추어 조립해 보았으나 웬일인지 불빛을 모아 사방을 비추는 회전기가 돌지 않았다. 마음은 급한데 아무리 애를 써도 회전기는 돌지 않았다.

"아이고, 이 일을 어떻게 할꼬?"

회전기를 다시 해체한 후 조립하려면 몇 시간이 걸릴지 모른다. 그렇다고 이대로 그냥 방치하면 항해하는 배가 착각을 일으켜 어떤 참사가 일어날지 모를 일이다. 하는 수없이 등대지기는 밤 9시부터 다음날 아침 7시까지 등대에서 떠나지 않고 손으로 회전기를 돌려 간신히 소임을 마쳤다. 임무를 마치고 마음을 졸이며 돌아와 보니 아내는 이미 숨져 있었다. 남편은 아내를 끌어안고 비통의 눈물을 흘려야 했다.

목회자의 사명은 무엇인가? 어둠 가운데 있는 영혼들을 위해 복음의 등불을 밝히는 것이다. 등대지기에게 등대에 불을 밝히는 것이 차선이 될 수 없듯 목회자에게 설교는 차선이 될 수 없다.

[눅 12:42-43] 주께서 이르시되 지혜 있고 진실한 청지기가 되어 주인에게 그 집 종들을 맡아 때를 따라 양식을 나누어 줄 자가 누구냐 :43 주인이 이를 때에 그 종이 그렇게 하는 것을 보면 그 종은 복이 있으리로다

목회자는 하나님의 백성들에게 때를 따라 생명의 양식을 나누어 주는 청지기이다. 평신도 입장에서는 설교자를 통하여 하나님께서 주시는 양식을 공급받는다. 그래서 어느 시대를 막론하고 설교를 잘하는 설교자는 존경과 사랑을 받아 왔다. 하나님께서도 설교자의 사명을 충실히 잘 감당하는 종들에게 은혜와 복을 더하여 주신다. 목회자는 생명의 양식을 나누어 주는 청지기이다.

[행 6:2-4] 열두 사도가 모든 제자를 불러 이르되 우리가 하나님의 말씀을 제쳐 놓고 접대를 일삼는 것이 마땅하지 아니하니 :3 형제들아 너희 가운데서 성령과 지혜가 충만하여 칭찬 받는 사람 일곱을 택하라 우리가 이 일을 그들에게 맡기고 우리는 :4 오로지 기도하는 일과 말씀 사역에 힘쓰리라

18세기 영국 사회는 도덕적으로 타락해 갔고 교회는 영적으로 힘을 잃고 침체되어 가고 있었다. 이때 강력한 설교로 영국을 회복시킨 존 웨슬리

목사는 그의 일기에서 "나는 사실 설교 때문에 산다"라고 고백한다.

목회자의 주된 사역은 말씀을 전하는 일이다. 심방은 미룰 수도 있고 다른 사람에게 맡길 수도 있다. 전도도 중요하지만 다른 사람에게 맡길 수 있다. 교회행정도 그 일을 잘하는 사람을 고용하면 된다. 하지만 설교를 대신하게 할 수는 없다. 한두 주 동안 다른 사람에게 부탁을 할 수는 있지만 남에게 계속해서 강단을 맡길 수는 없다. 설교는 누구도 대신할 수 없는 목회자의 고유 사역이다.

찰스 스펄전 목사는 "생명과 죽음, 지옥과 천국이 설교에 달려 있고, 그 말씀을 듣느냐 듣지 않으냐에 달려 있다"고 했다. 설교자는 사망과 지옥 형벌의 심판에 있는 영혼들을 향해 생명의 길을 전하는 일로 선택받은 사람들이다.

2001년 9.11 테러 때 뉴욕시 소방관 343명이 희생되었다. 납치된 비행기가 뉴욕 무역센터를 공격했을 때 쌍둥이 빌딩은 순식간에 화염에 휩싸였다. 언제 무너질지 모르는 긴박한 상황에서 소방대원들은 인명구조를 위해 건물 안으로 진입해 들어갔다. 소방대원들은 건물이 곧 무너질 것을 알고 있었지만 그 건물 안에 갇혀 있는 사람들을 구하기 위해서 생명을 걸고 들어간 것이다. 인명구조를 위해 비상계단을 통해 올라가 사람들을 구하던 소방관 343명은 건물 붕괴와 함께 생을 마감했다. 건물이 곧 붕괴된다는 것을 알았고, 건물이 붕괴되면 자신들도 죽는다는 것을 알고 있었지만 맡은 사명에 충실했던 것이다.

2001년 홍제동 화제 사건 때 6명의 소방관이 순직했다. 순직한 6명의 소방관 중 김철홍 소방관의 책상 위에 놓여 있던 '어느 소방관의 기도'가 언론에 화제가 되었다.

하나님이시여!
제가 부름을 받을 때에는
아무리 뜨거운 화염 속에서도
한 생명을 구할 수 있는 힘을 주소서

너무 늦기 전에
어린아이를 감싸 안을 수 있게 하시고
공포에 떠는 노인을 구하게 하소서
언제나 안전을 기할 수 있게 하시고
가냘픈 외침까지도 들을 수 있게 하시어
신속하고 효과적으로 화재를 진압하게 하소서

저의 업무를 충실히 수행케 하시고
제가 최선을 다할 수 있게 하시어
저의 모든 이웃의 생명과 재산을
보호하고 지키게 하여 주소서

그리고 하나님의 뜻에 따라
저의 목숨을 잃게 되면
하나님의 은총으로
저의 아내와 가족을 돌보아 주소서

원래 이 기도는 미국의 스모키 린Smokey Linn이라는 소방관이 1958년 화재를 진압하던 중 세 명의 어린아이를 구하지 못한 안타까움과 죄책감에 작성한 기도이다. 그는 소방관으로서의 사명이 무엇이며, 그 일을 수행하기 위해 어떤 태도와 자세를 가지고 있어야 하는지를 잘 알고 있었다. 목회자는 말씀을 전하는 자, 즉 설교자로 부름을 받았다. 목회는 강단에서 결정된다. 주일 설교 한 편에 목회의 모든 것이 달려 있다. 다소 과장된 표현으로 들릴지도 모르지만 기독교는 예배에서 설교의 비중이 가장 크다. 목회자나 성도들은 설교에 가장 큰 기대를 가지고 있다. 설교를 통해 자신의 문제의 해답을 찾고, 한 주일 동안 살아갈 용기와 힘을 얻기를 기대한다.

목회자는 회중과 설교로 소통한다. 설교자와 회중이 소통되지 않으면 교회는 생명력을 잃는다. 하나님께서 맡겨 주신 영혼들을 위해 생명의 양식을 나누어 주는 일은 성도의 많고 적음을 떠나 목회자에게 결코 차선이 될 수 없다. 차선을 택하다 최선을 놓치는 것은 어리석은 일이다. 차선은 최선의 적이다.

롤 모델이 거장을 만든다

포스트 김연아로 떠오른 피겨 샛별 유영 선수는 김연아를 롤 모델로 삼아 피겨를 처음 시작했다고 밝혔다. 유영은 2016년 1월 치러진 전국 남녀 피겨스케이팅 종합선수권대회 여자 싱글 시니어부문에서 만11세 8개월의 나이로 우승했다. 김연아 선수가 세운 역대 최연소 우승 기록을 경신하며 차세대 피겨 퀸으로 우뚝 섰다.

유영은 대회에서 우승하고 난 뒤 "연아 언니가 2010년 밴쿠버올림픽에서 금메달을 따는 모습을 보고 피겨스케이팅을 시작했다. 너무너무 좋아하는 롤 모델 연아 언니처럼 훌륭한 피겨선수가 되는 게 꿈이다. 그 꿈을 이루기 위해 앞으로도 더욱 열심히 훈련하도록 하겠다"고 소감을 밝혔다.

빈센트 반 고흐는 어떤가? 반 고흐의 롤 모델은 장 프랑수아 밀레였다. 그는 밀레의 그림을 열렬히 모사했다. 반 고흐는 생전에 밀레를 단 한 번도 본 적이 없다. 그럼에도 이미 고인이 된 밀레를 평생 자신의 스승으로 삼았다. 독학으로 그림에 입문한 그에게 밀레는 영혼의 멘토였다. 라비에유 Adrien Lavieille는 밀레의 파스텔화 『정오-낮잠』을 본떠 1866년에 목판화를 제작했다. 반 고흐는 이 목판화를 보고 밀레의 작품을 상상해 자신만의 『정오-낮잠』을 완성했다. 창조적인 모방의 결실이었다.

반 고흐는 모사하되 자기 특유의 해석을 가미하여 자기 스타일로 그렸다. 반 고흐가 가장 열심히 모사한 그림은 밀레의 걸작 『씨 뿌리는 사람』이다. 밀레는 이 주제로 세 점 정도를 그렸으나 현재 두 점이 남아 있다. 하지만 반 고흐가 모작한 『씨 뿌리는 사람』은 현재 남아 있는 작품만 무려 열네 점이나 된다.

밀레는 반 고흐가 평생 흠모한 롤 모델이었다. 밀레의 그림을 모사한 그가 위대한 화가로 거듭난 것은 모방과 창의력이다. 그는 밀레를 뛰어넘는 위대한 화가가 되었다.

그렇다면 설교자는 가장 확실한 롤 모델을 어디서 찾아야 할까? 인류 역사상 최고의 설교자는 누구인가? 역사상 예수님보다 더 탁월한 설교자는 없었다. 예수님과 견줄 어떤 설교자나 연설가도 이 땅에 존재한 적이 없다. 예수님의 설교는 탁월하고, 완벽하고, 전혀 흠이 없다. 예수님의 설교는 어느 것 하나 부족함이 없는 완벽한 설교다. 예수님의 설교는 설교의 모범 답안이다.

설교자로서 최고 반열에 오르고 싶다면 예수님을 롤 모델로 삼아야 한다. 예수님은 누구인가? 모든 설교자의 주님이시다. 그러므로 모든 설교자가 예수님께서 보여주신 원리와 방법을 따르는 것은 지극히 당연한 종의 자세다. 예수님의 12가지 설교 원리와 방법은 절대로 어렵지 않다. 쉽고 간단해서 한두 가지만 따라 해도 누구나 빠르게 설교를 향상시킬 수 있다. 예수님을 롤 모델로 삼으면 누구나 탁월한 설교자가 될 수 있다. 예수님의 설교는 설교의 정석이다.

엄마가 아들에게 큰 기대를 갖고 물었다.

"아들! 세상에서 누가 제일 좋아?"

엄마는 당연히 '엄마' 하고 대답해 주기를 기대했다.

그러나 아들은 엄마의 눈길을 피하며 머뭇거렸다.

그래서 다시 아들에게 물었다.

"아들아! 세상에서 누가 제일 좋으냐고?"

그러자 아들이 귀찮다는 듯이 "수지 누나!" 하고 힘주어 말했다.

아들의 대답에 실망한 엄마가 시큰둥해 하고 있자 이번에는 아들이 엄마에게 물었다.

"엄마, 엄마는 세상에서 누가 제일 좋아?"

아들은 당연히 '우리 아들이지' 하고 대답해 줄 것을 기대했다.

하지만 "엄마는 현빈 오빠가 제일 좋아!" 하고 대답했다.

만일 내가 하나님께 "누가 세상에서 제일 좋으세요?" 하고 물으면 어떻게 대답하실까?

백 번을 물어도, 천 번을 물어도 하나님의 대답은 똑같다.

"나는 네가 세상에서 제일 좋다."

Chapter 1　예수님의 설교에서의 비유

설교, 예수님처럼 하라

제1장 예수님의 설교에서의 비유

📌 스티커처럼 착 달라붙는 스토리

 페르시아 제국의 샤리아르 왕은 용맹스러웠지만 성품은 인자했다. 사냥을 즐기던 왕은 어느 날 사냥을 나갔다가 예정보다 일찍 돌아왔다. 그런데 흑인 노예와 침대에 함께 누워 있는 왕비를 발견했다. 자기가 왕궁을 비울 때마다 아내인 왕비가 노예와 바람을 피운다는 소문이 사실로 드러난 것이다.
 "이런 발칙하고 못된 것들이 있나?"
 자신의 눈으로 왕비의 부정을 목격한 샤리아르 왕은 그 자리에서 왕비와 노예의 목을 베었다. 왕은 왕비를 처단한 후 여자에 대한 증오심으로 병적인 행동을 보이기 시작했다. 이 세상의 모든 여자들을 혐오하며 아내를 향한 복수심에 불타올랐다. 그는 예쁜 처녀들을 한 사람씩 왕궁으로 불러들여 하룻밤을 보낸 뒤 이튿날 아침이 되면 잔인하게 죽였다. 이 일로 수많은 처녀들이 꽃다운 나이에 죽어 갔다. 민심은 점점 흉흉해졌고 겁에 질린 여자들은 문 밖 출입을 하지 않아 페르시아 거리에는 여자들이 눈에 보이지 않을 지경에 이르렀다. 모두 샤리아르 왕을 저승사자처럼 여겨 온 나라가 두려움에 떨고 있었다.

대신들은 차례를 정하여 날마다 새로운 신부를 준비해야 했다. 만일 신부를 준비해 놓지 않으면 죽음을 면할 수 없었다. 결국 한 대신이 곤경에 빠졌다. 새 신부를 준비하여 왕 앞에 대령해야 하는데 합당한 신부를 구할 수가 없었다. 곤경에 빠져 어찌할 바를 몰라 하고 있을 때 그의 딸 셰에라자드가 자진하여 나섰다.

"아버지, 저를 오늘 밤 왕궁으로 보내주세요."

"넌, 왕궁으로 들어가면 어떻게 된다는 것을 모르고 하는 말이냐?"

아버지를 비롯하여 가족들은 모두 다 그녀를 말렸다. 하지만 그녀는 자신의 고집을 꺾지 않았다. 통곡하며 눈물로 배웅하는 가족들을 뒤로하고 결국 샤리아르 왕의 침실에 들어갔다. 딸을 왕궁으로 보낸 후 가족들은 온 밤을 뜬 눈으로 새웠다.

다음 날 아침 대신은 깊은 슬픔을 안고 여식의 시신을 수습하기 위해 궁궐로 들어갔다. 그런데 이게 웬일인가? 저 세상 사람이 되었으리라 여겼던 사랑하는 딸이 밝은 얼굴로 아버지를 맞이하고 있으니, 이게 꿈인지 생시인지 두 눈을 의심할 노릇이었다. 대신은 그다음 날 밤도 딸의 생명을 걱정하며 초조하게 밤을 보냈고, 이른 아침 궁궐에 가면 딸은 화사한 낯빛으로 방글방글 웃으며 아버지를 맞이했다.

다른 여자들과 달리 그녀는 어떻게 자신의 생명을 보존할 수 있었을까? 셰에라자드는 매일 밤 샤리아르 왕에게 재미있는 이야기들을 들려주었다. 자신의 목숨과 다른 여성들의 목숨을 담보로 한 이야기였다. 밤새 들려준 이야기는 아침이 되었는데도 끝나지 않았다.

"그래 그다음은 어떻게 되느냐?"

"예, 폐하! 그 이야기는 오늘 밤에 들려 드리도록 하겠습니다."

샤리아르 왕은 뒷이야기가 궁금해서 그녀를 도저히 죽일 수 없었다. 인생의 희로애락을 담은 상상을 초월한 이야기, 기상천외한 이야기는 1001일에 걸쳐 이어졌다.

왕은 애간장을 녹이는 이야기의 결말이 궁금해서 그녀의 처형을 하루하루 연기했다.

밤마다 셰에라자드의 이야기를 들은 왕의 분노는 점점 누그러졌다. 결국 여자에 대한 증오심도 사라져 잔인한 보복을 단념하기에 이르렀다. 목숨을 담보로 1001일 동안 들려준 이야기를 통해 왕은 지혜와 교훈을 얻고 마음의 상처를 치유받았다. 천일하고도 하룻밤을 더한 그녀의 이야기는 『천일야화』를 탄생시켰다.

"셰에라자드, 그대는 이 세상에서 가장 지혜로운 여자로다. 그대를 평생 왕비로 맞이할 것이다."

마침내 왕은 그녀의 지혜를 인정하여 셰에라자드를 왕비로 맞아들였다. 샤리아르 왕은 선정을 베풀어 페르시아 왕국의 큰 번영을 이루었다.

자, 이제 책을 덮고 한 시간 정도 휴식을 취하라. 그리고 곁에 있는 사람에게 한 시간 전에 읽은 이 이야기를 말해 보라. 한 번 읽은 이야기지만 아마 완벽하게 이야기를 전할 수 있을 것이다. 이야기에 나오는 샤리아르 왕의 이름이나 대신의 딸로 왕비가 된 셰에라자드의 이름은 어려워서 잊어버렸을지 모른다. 그러면 '페르시아 왕'과 '대신의 딸'로 바꾸면 된다. 이야기 내용을 빠짐없이 기억하고 있는데 문제 될 것이 뭐가 있겠는가? 이미 이 이야기는 스티커처럼 내 기억 속에 찰싹 달라붙어 있어서 언제든지 다른 사람에게 다시 전달할 수 있다.

이제 『크리스천투데이』에 실린 "새해, 희망을 노래하자"라는 제목의 사설을 읽도록 하자.

지난 몇 년간 한국교회에는 절망의 탄식 소리가 가득했다. 그도 그럴 것이, 모든 지표가 한국교회가 위기에 처했음을 경고하고 있었다. 교세는 성장 둔화나 정체를 넘어 감소하고 있고, 특히나 다음 세대 복음화율은 처참할 지경이다. 연합기관들의 분열, 일부 대형교회 목사 및 장로들의 추문 등은 계속되고 있다. 이런 가운데 이슬람, 안티기독교 등은 날로 그 세력을 더해가고, 동성애와 낙태 등 잘못된 문화도 걷잡을 수 없이 확산되고 있다.

그러나 언제까지나 절망에 빠져 있을 수만은 없다. 비탄에 젖어 있을 수만도 없다. 비관주의와 패배주의는 몰아내야 한다. 한국교회는 새해를 맞아 마음가짐을 새롭게 하고 희망을 노래해야 한다. 하나님에 대한 믿음으로 서서 성령의 충만함을 받고, 위기를 반등의 기회로 삼아야 한다.

비관적이고 부정적인 말과 행동은 우리를 금세 무기력하게 만든다. 되도록 밝고 희망적인 면들을 조명하고 부각시켜야 한다. 이는 현실을 부정하자거나 도덕적 해이에 빠지자는 의미가 아니다. 무분별한 비난과 정죄에 빠져 우리의 가능성과 잠재력까지 해치지 않도록 경계해야 한다는 의미다.

지도자들과 교인들도 더욱 각성해야 한다. 믿음도 실력도 노력도 없는 낙관론은 안이함과 무책임함일 뿐이고, 그런 태도로 기독교인임을 내세우는 것은 자부심이 아닌 알량한 자존심에 불과하다. 자신을 더욱 태우고 녹여 이 사회의 빛과 소금이 되고자 해야 한다.

현실은 분명 어렵다. 그러나 역사상 어느 때고, 하나님께서 인간의 수나 능력이나 도덕성을 보시고 부흥을 주신 일은 없다. 오히려 늘 작고 적고 연약한 죄인들을 사용하셨다. 그러니 우리는 우리의 상황과 조건을 살피기보다, 우리가 정말 하나님을 신뢰하고 있는가, 정말 하나님을 의지하고 있는가, 정말 하나님을 기대하고 있는가를 점검해야 한다.

다시 책을 덮고 한 시간을 쉬어 보라. 그러고 난 후 친구에게 전화를 걸어 사설의 내용을 설명해 보라. 아마 읽은 내용이 기억나지 않아 당황할 것이다.

우리 기억력에 양 극단이 존재한다는 사실을 아는가? 첫 번째 소개한 아라비안나이트의 이야기는 기억하려고 애쓰지 않아도 뇌리에 찰싹 붙어 있다. 그러나 두 번째 소개한 신문 사설은 내용에는 공감하지만 기억에 거의 남아 있지 않다.

만일 예수님께서 "새해, 희망을 노래하자"라는 제목으로 사설을 쓰셨다면 이렇게 쓰셨을까? 한 시간도 지나지 않아서 무슨 내용을 들었는지 가물가물한 사설 같은 설교가 얼마나 많은가? 내 설교의 유효기간(?)이 얼마나 될까? 회중들에게 설교를 듣고 기억하는 능력이 부족한 것인가, 아니면 회중들이 설교를 듣고 기억할 수 없는 설교를 하고 있는 것인가?

옛 페르시아 제국은 지금의 이라크에서부터 인도까지 넓은 땅을 통치했다. 이 거대한 제국을 다스리는 왕을 셰에라자드는 무엇으로 움직였는가? 밤마다 들려준 이야기가 왕을 구하고, 나라와 수많은 사람들의 목숨을 구했다.

권성수 목사는 앞서 소개한 『성령설교』에서 레너드 스윗 박사의 말을 인용하여 설교자를 '이야기 의사' story doctors라고 했다. 세상에서 삶의 고통과 문제를 안고서 교회에 나오는 사람들에게, 설교자는 이야기를 들려줌으로써 치료해 주는 의사인 것이다.

이야기는 마음의 상처를 치유한다. 이야기는 사람의 생각에 스티커처럼 달라붙어서 지속적으로 교훈과 지혜를 준다. 이것이 스토리텔링*의 힘이다. 그래서 예수님께서는 비유에 진리를 담아 설교하셨다.

★ 스토리텔링(Storytelling)은 Story(이야기)+Tell(말하다)+Ing(진행형)의 세 요소가 결합된 단어로 '이야기를 들려주다'는 의미의 문학 용어이다. 세스 고딘(Seth Godin)은 스토리텔링을 다음과 같이 정의했다. "타깃이 귀 기울이고 듣고 싶도록 매력적인 스토리를 만들고 쉬운 방법으로 들을 수 있게 해주는 것이 스토리텔링이다."

2500년 동안 살아남은 이솝 우화

이솝 우화 한두 개 정도를 모르는 사람이 있을까? '늑대와 양치기 소년', '토끼와 거북이', '양의 탈을 쓴 늑대', '황금알을 낳는 거위' 등 늘어놓자면 끝이 없다. 이런 이야기들은 2500년이 지난 것들이다. 그런데 아직도 사람들의 기억에 끈끈이처럼 달라붙어 있는 이유가 뭘까? 뿐만 아니라 이솝 우화는 사람들이 사는 곳이라면 어디든지 퍼져 있다. 이렇게 세계 각 나라에 널리 퍼져 있는 이유가 뭘까? 바로 하나님이 주신 인간의 본성 때문이다. 인간은 이야기를 추구하고 전달하는 본능을 가지고 있다. 그래서 이야기는 스티커처럼 달라붙어 기억되고 계속해서 전달된다.

신데렐라 이야기를 모르는 사람이 있을까? 신데렐라는 1200년 동안 전해 내려오는 이야기들 중에 가장 많이 알려진 이야기이다. 경희대학교 최혜실 교수는 『스토리텔링 그 매혹의 과학』에서 각 나라의 신데렐라 버전을 소개하고 있다.

프랑스의 『상드리용 혹은 작은 유리구두』, 독일의 『재투성이 소녀』, 이탈리아의 『고양이 신데렐라』, 중국의 『섭한』, 베트남의 『카종과 할록』, 영국의 『이끼옷』, 아르메니아의 『신데렐라』, 이라크의 『가난한 소녀와 암소』, 러시아의 『부레누슈카』, 아일랜드의 『얼룩소』, 아메리카 인디언의 『칠면조 소녀』, 필리핀의 『마리아』, 아프리카 하우사 족의 『처녀와 개구리, 그리고 추장의 아들』 등으로 세계에 퍼져 있다.★

★ 최혜실 교수는 서울대학교 국어교육과를 졸업하고 서울대학교 대학원 국문과에서 석사와 박사학위를 받았다. KAIST 인문사회과학부 및 문화기술학제 전공 교수, 하버드대학 방문교수를 역임했다. 현재 경희대학교 국어국문학과 교수로 재직 중이다. 『문학사상』으로 문단에 데뷔했고, 2002년 김환태 평론문학상을 수상했다.

우리나라의 콩쥐 팥쥐도 신데렐라와 같은 유형의 하나이다. 유럽에만 500개가 넘는 버전이 있다고 하니 깜짝 놀랄 일이 아닌가?

서울대학교 주경철 교수는 『신데렐라 천년의 여행』에서 세계 각지에 존재하고 있는 신데렐라 유형의 원전을 모아보면 약 1000여 편에 달한다고 했다. 이것들은 모두 신데렐라 이야기의 다른 이름들이다. 다소 차이는 있지만 어머니를 잃은 소녀가 새 가족들에게 구박을 받다가 지체 높은 청년을 만나 새 인생을 살게 되는 비슷한 내용이 전 세계에 걸쳐 발견된다. 이렇게 많은 신데렐라 이야기들은 대부분 각 나라의 문화 색을 입고 조금씩 다르게 1200년 동안 전해오고 있다.★

그렇다면 왜 세상에는 이토록 많은 신데렐라 이야기들이 있을까? 어떻게 1200년 동안이나 생명을 유지하고 있을까? 언젠가 어느 아파트 단지에 승용차를 주차해 놓았는데, 잠시 후 돌아와 보니 차량 앞 유리에 노랑 바탕에 주홍 글씨로 된 '주차금지' 스티커가 붙어 있었다. 아파트 경비원이 주차단속을 하면서 붙여 놓은 것이었다. 그런데 그 스티커를 떼어 내려고 아무리 애써도 잘 제거되지 않아 한참 동안 애를 먹은 적이 있다.

칩 히스Chip Heath와 댄 히스Dan Heath는 『스틱!Made to Stick』에서 이야기를 '스티커 메시지'sticker message라고 표현했다. 한 번 들은 이야기는 끈끈한 스티커처럼 가슴에 찰싹 달라붙어 떨어지지 않고, 언제든지 다른 사람에게 전달할 수 있기 때문이다. 이솝우화나 신데렐라는 세계 역사상 가장 끈끈한 '스티커 스토리'들이라고 했다.★

★ 주경철 교수는 서울대학교 사회과학대학 경제학과를 졸업하고, 동대학원 서양사학과를 졸업한 후, 파리 사회과학고등연구원(EHESS)에서 역사학 박사학위를 취득했다. 현재 서울대학교 자유전공학부 및 서양사학과 교수로 재직 중이다.
★ 칩 히스 교수는 시카고대학 경영대학원 교수를 거쳐 현재 스탠퍼드대학 경영대학원 교수로 재직하고 있다. 그가 스탠퍼드대학에서 개설한 '스티커 메시지 만드는 법'은 최고 인기 강의가 되었고 미국 내 카피

오스틴 터커Austin B. Tucker 박사도 자신의 30년 동안의 목회 경험을 바탕으로 쓴 *The Preacher as Storyteller: The Power of Narrative in the Pulpit*에서 이야기는 우리의 관심을 붙잡아서 끌고 가는 기능이 있다고 했다. 특히 이야기는 스티커처럼 우리 기억 속에 달라붙는다는 것이다.

다음은 『문화일보』에 "어릴 적 할머니 얘기에 '스피치 비법' 있다"란 제목으로 소개한 KBS 아나운서 김은성 박사의 저서 『마음을 사로잡는 파워 스피치』의 일부 내용이다.

어릴 적 할머니로부터 옛날이야기를 들어 볼 때의 기억을 떠올려 보자. 아마 많은 사람들은 할머니의 구수한 얘기에 귀를 쫑긋 세우며 시간 가는 줄 모르고 들었던 추억이 떠오를 것이다. 할머니의 얘기는 왜 그렇게 재미있었을까? 할머니의 옛날이야기는 바로 서사 구조, 즉 이야기체 형식이기 때문이다. 이처럼 효과적인 스피치를 위해서는 서사 구조 형식을 넣어주는 것이 좋다. 평범한 이야기라도 밋밋한 정보의 나열보다는 훨씬 더 호소력이 있기 때문이다. 좋은 스피치란 서사 구조를 가진 이야기를 자연스럽게 스피치 속에 녹여낼 줄 아는 것이다.★

그림 출처:문화일보

라이터, 기자, 작가, 마케터들에게 폭발적인 반응을 얻고 있다. 댄 히스는 하버드대학 경영대학원을 졸업하고 현재 세계 경영자 교육프로그램을 제공하는 듀크 기업교육원에서 워크아웃 전문가 및 컨설턴트로 일하고 있다.

★ 김은성 아나운서는 1997년 KBS 공채 아나운서로 입사해 줄곧 뉴스 앵커로 활동하고 있다. 경희대학교 철학과를 졸업하고, 경희대학교 언론정보학부 대학원에서 저널리즘 석사, 스피치 커뮤니케이션 박사학위를 받았다. 현재 경희대, 한국외국어대, 인하대, 성신여대 등에서 스피치 강의를 맡고 있다.

예수님의 설교 속에 뛰놀고 있는 비유

비유란 무엇인가? 한마디로 이야기다. 비유의 사전적 의미는 '어떤 진리나 도덕적인 교훈을 전할 목적으로 사용하는 이야기, 혹은 영적인 진리를 밝히기 위해 일상생활의 사건이나 사실들을 사용한 간단한 이야기'이다. 하지만 예수님의 비유는 하나님 나라 이야기다. 노만 페린Norman Perin 박사는 예수님의 비유는 '하나님 나라의 언어'라고 했다.

'비유'라는 단어는 마태복음 11:16에서 처음 발견되지만 비유는 그 이전에 등장한다.

> [마 11:16-17] 이 세대를 무엇으로 비유할까 비유하건대 아이들이 장터에 앉아 제 동무를 불러 :17 이르되 우리가 너희를 향하여 피리를 불어도 너희가 춤추지 않고 우리가 슬피 울어도 너희가 가슴을 치지 아니하였다 함과 같도다

예수님께서는 진리를 비유, 곧 이야기에 담아 전하셨다. 비유로 말씀하신 이유에 대해 마태는 두 가지로 규정하고 있다.

첫째, 마음이 완악한 사람들이 말씀을 깨닫지 못하도록 비유를 사용하셨다.

> [마 13:10-16] 제자들이 예수께 나아와 이르되 어찌하여 그들에게 비유로 말씀하시나이까 :11 대답하여 이르시되 천국의 비밀을 아는 것이 너희에게는 허락되었으나 그들에게는 아니되었나니 :12 무릇 있는 자는 받아 넉넉하게 되되 없는 자는 그 있는 것도 빼앗기리라 :13 그러므로 내가 그들에게 비유로 말하는 것은 그들이 보아도 보지 못하며 들어도 듣지 못하며 깨닫지 못함이니라 :14 이사야의 예언이 그들에게 이루어졌으니 일렀으되 너희가 듣기는 들어도 깨닫

지 못할 것이요 보기는 보아도 알지 못하리라 :15 이 백성들의 마음이 완악하여져서 그 귀는 듣기에 둔하고 눈은 감았으니 이는 눈으로 보고 귀로 듣고 마음으로 깨달아 돌이켜 내게 고침을 받을까 두려워함이라 하였느니라 :16 그러나 너희 눈은 봄으로, 너희 귀는 들음으로 복이 있도다

둘째, 선지자의 예언을 성취하고 감추어진 진리를 드러내기 위해 비유를 사용하셨다.

[마 13:34-35] 예수께서 이 모든 것을 무리에게 비유로 말씀하시고 비유가 아니면 아무것도 말씀하지 아니하셨으니 :35 이는 선지자를 통하여 말씀하신바 내가 입을 열어 비유로 말하고 창세부터 감추인 것들을 드러내리라 함을 이루려 하심이라

브루스 세이무어D. Bruce Seymour 박사는 *Creating Stories That Connect: A Pastor's Guide to Storytelling*에서 물고기에게 물이 필요하듯 인간에게는 이야기가 필요하다고 했다. 그는 이야기를 사용하는 목적을 여섯 가지로 정리했다.

첫째, 비범한 것을 설명하기 위해서
둘째, 중요한 것을 가르치기 위해서
셋째, 좀 더 쉽게 기억하도록 하기 위해서
넷째, 문제를 풀 수 있도록 돕기 위해서
다섯째, 정체성과 공동체를 창출하도록 하기 위해서
여섯째, 다른 사람들과 체험을 나누기 위해서*

장로회신학대학교 김운용 교수는 『설교의 새로운 패러다임』에서 이야기 특성을 다섯 가지로 정리했다.

첫째, 이야기가 시작될 때 사람들은 귀를 기울이며 무엇이 일어날 것인가 기대하게 된다(anticipate).
둘째, 이야기는 사람들로 하여금 말씀을 가장 잘 이해하도록 도와준다(understand).
셋째, 이야기는 사람들의 흥미와 관심을 유발하여 집중하도록 도와준다(attention).
넷째, 이야기는 오래 기억하게 한다(remember).
다섯째, 이야기는 감성 부분들을 고양시켜 준다(stir up).

1970년대 이후 현대 설교학의 중심적인 주제는 '어떻게 들려지는 설교를 할 수 있는가?'에 대한 것이었다. 엄밀한 의미에서 들려지지 않는 설교는 설교일 수 없다. 믿음은 들음에서 나오기faith comes from hearing 때문이다. 현대를 사는 설교자들이 단순히 설교만 한다고 해서 되는 것이 아니고, '어떻게 말해야' 잘 전달될 수 있을 것인가에 관심을 가져야 한다.★

그렇다면 '들려지는 설교', 즉 효과적인 전달을 위해 필요한 도구나 방법은 무엇일까? 김운용 교수는 각 개인들과 설교를 연결해 주는 것으로 이야기보다 더 효과적인 방법은 없다고 말한다.

예수님은 말씀하고자 하는 핵심주제를 항상 비유를 통해 전달하셨다. 말

★ 브루스 세이무어 박사는 달라스신학대학원(Th.M.)과 탈봇신학대학원(D.Min.)에서 에서 수학했다. 현재 뉴저지 주에 있는 뉴 몬모드 침례교회를 담임하고 있다. *Creating Stories That Connect: A Pastor's Guide to Storytelling*은 편집자들이 뽑은 2015년 베스트 북으로 선정되었다.

★ 김운용 교수는 장로회신학대학교 신학대학원(M.Div.), 동대학원(Th.M.), 미국 컬럼비아신학대학원(Th.M), 유니온신학대학원(Ph.D.)에서 예배학과 설교학을 공부했다. 현재 장로회신학대학원의 예배학과 설교학 교수이며 목회전문대학원장으로 재직하고 있다.

씀을 듣는 사람들은 비유를 통해 무엇을, 어떻게, 왜 해야 하는지를 쉽게 깨달을 수 있었다. 뿐만 아니라 비유는 스티커처럼 마음에 달라붙어 오랫동안 기억되었다. 예수님께서 비유를 통해 말씀을 전하셨을 때 사람들의 반응은 어떠했는가?

[마 7:28-29]예수께서 이 말씀을 마치시매 무리들이 그의 가르치심에 놀라니 :29 이는 그 가르치시는 것이 권위 있는 자와 같고 그들의 서기관들과 같지 아니함일러라

[막 12:37] 다윗이 그리스도를 주라 하였은즉 어찌 그의 자손이 되겠느냐 하시니 많은 사람들이 즐겁게 듣더라

예수님의 설교를 들은 사람들은 놀랐고 그 말씀을 권위 있는 말씀으로 받아들였다. 서기관들이 전한 말씀과는 다르게 반응했다. 뿐만 아니라 사람들은 예수님의 설교를 즐겁게 듣고 진리를 쉽게 이해할 수 있었다.

비유를 제일 먼저 사용하신 분은 누구일까? 구약성경에는 하나님께서 직접 사용하신 비유들이 넘쳐난다. 아브라함에게 장차 그의 후손이 번성할 것을 비유를 통해 말씀하셨다. 캄캄한 밤에 아브라함을 밖으로 불러내어 하늘을 쳐다보게 하시고 너의 후손이 '하늘의 별'과 같겠다고 하셨다.

또한 땅에 흩어져 있는 티끌과 바닷가에 있는 셀 수 없는 모래를 바라보게 하시고 그의 후손이 '땅의 티끌'과 '바닷가의 모래'와 같이 번성할 것이라고 비유로 말씀하셨다.

[창 13:16] 내가 네 자손이 땅의 티끌 같게 하리니 사람이 땅의 티끌을 능히 셀

수 있을진대 네 자손도 세리라

[창 22:17] 내가 네게 큰 복을 주고 네 씨가 크게 번성하여 하늘의 별과 같고 바닷가의 모래와 같게 하리니 네 씨가 그 대적의 성문을 차지하리라

[창 28:14] 네 자손이 땅의 티끌 같이 되어 네가 서쪽과 동쪽과 북쪽과 남쪽으로 퍼져나갈지며 땅의 모든 족속이 너와 네 자손으로 말미암아 복을 받으리라

아브라함은 하나님 앞에서 자신의 존재를 어떻게 표현하는가? 자신은 '티끌'이나 '재'와 같다고 비유를 통해 표현한다.

[창 18:27] 아브라함이 대답하여 이르되 나는 티끌이나 재와 같사오나 감히 주께 아뢰나이다

하나님께서는 천사들이 오르락내리락하는 사닥다리 비유(꿈)를 통해 야곱을 만나 주셨고(창 28:10-14), 곡식 단들과 해와 달이 절하는 비유(꿈)를 사용하여 요셉에게 장차 이루어질 일들을 말씀하셨다(창 37:5-11). 바로왕에게는 장차 올 일곱 해의 풍년과 일곱 해의 흉년을 살진 일곱 암소와 파리한 일곱 암소 비유, 일곱 좋은 이삭과 마른 일곱 이삭의 대조비유를 통해 말씀하셨다(창 41:1-36). 창세기 49장에서 하나님께서는 자신의 생을 마감하는 야곱을 통해 그 후손들에게 비유를 들어 유언을 남기게 하는 모습을 볼 수 있다.

또한 하나님께서는 선지자들을 통해 이스라엘 백성들에게 말씀하실 때 비유(이야기)로 말씀하셨다.

[겔 17:2] 인자야 너는 이스라엘 족속에게 수수께끼와 비유를 말하라

[겔 20:49] 내가 이르되 아하 주 여호와여 그들이 나를 가리켜 말하기를 그는 비유로 말하는 자가 아니냐 하나이다 하니라

[겔 24:3] 너는 이 반역하는 족속에게 비유를 베풀어 이르기를 주 여호와께서 이같이 말씀하시기를 가마 하나를 걸라

[호 12:10] 내가 여러 선지자에게 말하였고 이상을 많이 보였으며 선지자들을 통하여 비유를 베풀었노라

구약시대 하나님의 말씀을 대언하는 선지자들의 직분은 이 시대의 설교자의 직분이라 할 수 있다. 구약성경의 각 책들은 비유로 가득할 뿐만 아니라 특히 모든 선지서에는 비유가 없는 경우가 없다. 선지서에 나오는 대표적인 비유들을 살펴보자.

이사야서 1장은 비유로 가득 채워져 있다. 소와 임자, 나귀와 주인의 구유, 병든 몸, 포도원의 망대, 참외밭의 원두막, 은의 찌꺼기, 물이 섞인 포도주, 도둑과 짝한 고관들, 잎사귀 마른 상수리나무, 물 없는 동산 등 수많은 비유가 나온다. 이사야서에 나오는 대표적인 비유는 포도원 비유(5:1-7), 평화의 나라 비유(11:1-9, 35:1-10), 벗은 선지자 비유(20:1-6), 토기장이 비유(45:9-10) 등이 있다.

예레미야서에 나오는 대표적인 비유는 살구나무 가지와 끓는 가마 비유(1:11-19), 허리띠 비유(13:1-7), 토기장이 비유(18:1-12), 깨진 옹기 비유(19:1-13), 좋은 무화과와 나쁜 무화과 비유(24:1-10) 등이 있다.

에스겔서에는 머리털과 수염을 깎는 비유(5:1-17), 불에 던질 땔감 비유(15:1-8), 방탕한 음녀 비유(16:23-34), 독수리와 포도나무 비유(17:1-10), 포도나무 비유(19:10-14), 풀무불 비유(22:17-22), 오홀라와 오홀리바의 행음 비유(23:1-49), 녹슨 가마 비유(24:1-5), 백향목 비유(31:1-18), 큰 악어 비유(32:1-16), 골짜기 마른 뼈 비유(37:1-14), 이상 중에 본 예루살렘 성읍 비유(40:1-49) 등이 있다.

다니엘서는 특별히 꿈이나 환상을 통하여 드러난 비유들이 많다. 느브갓네살 왕이 꿈에 본 우상(2:1-45), 느브갓네살 왕의 두 번째 꿈(4:1-33), 손가락이 나타나 벽에 기록된 글자(5:5-31), 다니엘이 환상을 통해 본 네 짐승(7:1-28), 환상을 통해 본 숫양과 숫염소(8:1-27), 힛데겔 강가에서 본 환상(10:1-21) 등이 있다.

월터 부르그만Walter Brueggemann 박사는 『설교자는 시인이 되어야 한다 *Finally Comes The Poet*』에서 구약의 설교자들은 누구나 하나님의 말씀을 보게 하고, 느끼게 하고, 듣고 만지게 하는 시인이었다고 말한다. 그러므로 설교자는 시인처럼 회화적이고 이미지적인 그림언어를 활용하여 설교해야 한다고 주장한다.

하나님께서는 선지자들에게 비유를 통해 말씀하셨고, 선지자들은 하나님께서 자신들에게 가르쳐 주신 비유나 보여 주신 환상을 백성들에게 전했고, 백성들은 비유를 통해 하나님의 말씀을 이해할 수 있었다. 신구약 성경에서 사용된 모든 비유는 하나님의 진리를 하나님의 백성들에게 드러내기 위한 하나님의 전달 방법이었다. 왜 예수님께서는 비유를 사용하여 말씀을 전하셨을까? 비유는 진리를 전달하는 가장 확실한 하나님의 방법이기 때문이다.

비유가 뛰놀던 자리를 빼앗은 논리

어떤 사람들은 예화나 간증을 세속적이고 통속적인 것들로 여긴다. 설교자가 예화나 비유를 사용할 때는 세속적인 것들을 사용해서는 안 된다고 목소리를 높인다. 만일 예화나 비유를 사용하려면 오직 성경에 나오는 것들만 사용해야 한다는 것이다. 또 가능하면 예화나 비유를 사용하지 말고 성경 본문의 뜻을 드러내는 데 힘을 기울여야 한다고 말한다.

그들의 주장이 성경적인가? 과연 설득력이 있는 주장인가? 예수님께서 말씀을 전하실 때 오직 성경에 나오는 비유만을 사용하셨을까? 예수님께서 사용하신 비유 중에 구약성경에 나와 있는 것들은 아주 소수에 불과하다. 오히려 누구나 쉽게 이해할 수 있도록 세상적인 것들을 비유로 더 많이, 더 자주 사용하셨다. 그렇다면 세상적인 비유를 사용하신 예수님의 설교가 거룩의 본질을 떠난 세속적인 설교요 비복음적인 설교인가?

[요 3:34] 하나님이 보내신 이는 하나님의 말씀을 하나니 이는 하나님이 성령을 한량없이 주심이니라

예수님께서는 비유를 통해 회중들을 그 사건의 현장으로 이끌고 가셨다. 회중들은 비유를 통해 그 사건 현장을 보고 듣고 경험했다. 이처럼 예수님은 하나님 나라의 놀라운 보화를 비유에 담아 설교하셨다.

예수님께서는 하나님의 뜻을 어떻게 드러내셨는가? **"모든 것**을 비유로 말씀하시고 비유가 아니면 **아무것도** 말씀하지 않으셨다"면 비유는 진리를 전달하는 예수님의 유일한 방법이었다. 예수님의 설교 속에는 항상 비유가 뛰놀고 있다.

[마 13:34]예수께서 이 모든 것을 무리에게 비유로 말씀하시고 비유가 아니면 아무것도 말씀하지 아니하셨으니

예수님께서는 "내 이웃이 누구입니까?"라는 질문에 "첫째, 내가 만나는 사람이다. 둘째, 주위에 어려움을 당한 사람이다. 셋째, 나의 도움이 필요한 사람이다"와 같은 3대지 설교 방법으로 말씀하지 않으셨다. 예수님은 교리적인 구조와 논리적인 설명을 하지 않으셨다. 대신에 "예루살렘에서 여리고로 내려가다 강도를 만난 한 사람이 있었다. …"라는 식으로 이야기를 전하셨다. 비유를 통해 어떤 정의보다 선명하고 확실하게 이웃에 대한 정의를 내리셨다.

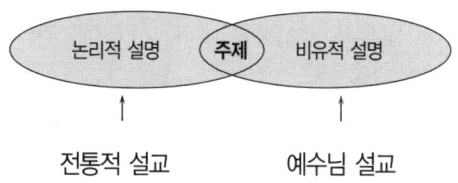

예수님께서 비유로 말씀을 전하신 이유가 무엇일까? 이야기는 오감을 자극하고 상상력을 동원하여 그 사건의 현장을 보고 듣고 체험하게 한다. 회중들은 예수님의 비유를 들으면서 여리고로 가는 길에 서게 되며, 강도를 만나 피투성이가 된 사람을 만나게 된다. 결국 비유는 사람들의 기억 속에 스티커처럼 달라붙는다.

하지만 오늘날의 설교는 어떤가? 미국의 사회학자 로버트 벨라Robert N. Bellah 박사는 "미국 기독교 내에서 상상이 점진적으로 말라붙는 과정"이라고 했다. 한국교회 강단도 다르지 않다. 비유를 몰아내고 그 자리를 논리가 차지하고 있다.

어느 부부가 있었다. 아내가 몸이 아파서 주일예배에 참석하지 못하고 남편만 예배에 참석하고 돌아왔다.

"여보, 오늘 설교 말씀은 어땠어요?"

"최근에 들었던 설교 중에서 가장 탁월했던 것 같아."

"그래요? 어떤 내용이었는데요? 이야기 좀 해줘요."

"글쎄? 내용이 뭐였더라. 설교 내용은 생각나지 않지만 아무튼 은혜로운 설교였어."

예배를 마치고 난 후 금방 들은 설교가 무슨 내용이었는지 기억하지 못한다면 말씀을 삶에 적용하며 사는 것은 불가능한 일이다. 논리적인 설명으로 전개되는 전통적인 설교의 문제점이 무엇인가? 설교를 귀담아 들어도 설교가 끝나면 설교 내용이 남아 있지 않다는 것이다. 설교자 역시 자신이 무슨 설교를 했는지 내용을 기억하지 못하는 경우가 허다하다. 하나님의 자녀들에게 설교는 기억하지 못해도 되는 내용이 아니라 반드시 기억하고 간직해야 할 하늘의 만나다.

설교를 듣고 난 후 기억하지 못하는 것은 누구의 책임인가? 논리적인 설명이나 지적인 논증 구조의 설교는 돌아서면 금방 잊어버린다. 이런 설교는 이성을 만족시켜 줄지 모르지만 가슴은 건드리지 못한다. 하지만 예수님처럼 비유를 통해 설교하면 진리에 대한 이해(understanding)와 더불어 말씀이 오랫동안 가슴에 기억(remembering)되어 사고와 태도의 변화(changing)를 가져오게 된다.

나는 누구에게도 '비유적 설명'과 '논리적 설명'에 대해 가르침을 받은 적이 없다. 그런데 예수님의 설교를 통해 비유적 설명을 깨닫고 난 후 발견한 책이 한 권 있다. 세계 최고 MBA 중의 하나인 와튼 스쿨의 스튜어트 다이아몬드Stuart Diamond 교수가 쓴 『어떻게 원하는 것을 얻는가*Getting*

More』이다. 그는 어떤 주제를 설명할 때 논리적 접근 대신에 서사적 접근, 즉 비유적 설명을 한다. 이 책은 비유적 설명으로 가득 채워진 책이다.

그다음으로 발견한 책들이 몇 권 더 있다. MBC 희망특강 '파랑새'의 강사였던 『김미경의 아트 스피치』, 김자영 교수의 『말을 디자인하면 경영이 달라진다』, 강미은 교수의 『커뮤니케이션 불변의 법칙』, 이서영 교수의 『끌리는 말에는 스토리가 있다』 등이다.

이 책들은 모두 스피치에 관한 책들로 어떤 주제를 설명할 때 에피소드를 통해 설명한다. 주제를 스토리텔링을 통해 비유적으로 설명하고 있어 독자들로 하여금 이해와 공감을 갖게 한다.

이상하지 않은가? 세상 사람들은 예수님처럼 어떤 주제를 스토리를 통해 설명하는데 설교자들은 어떤 주제를 논리적으로 설명하고 있으니 말이다. 세상은 이미 스토리텔링의 막강한 힘을 알고 그 힘을 적극적으로 활용하고 있다. 교육, 광고, 영화, 신문 등 거의 모든 분야에서 스토리텔링을 폭넓게 활용하고 있다. 하지만 예수님을 주님으로 따르는 설교자들은 스토리텔링의 힘을 모르고 있다. 비유적 설명은 곧 스토리텔링이다.

이 시대 설교의 가장 큰 문제는 무엇인가? 비유가 뛰놀던 자리를 논리가 차지하고 있는 것이다. 성경 속에는 비유가 뛰놀고 있다. 예수님의 설교에서 뛰놀던 비유는 우리의 설교에서 쫓겨났다.

설교자여, 스토리텔러가 돼라

앞서 소개한 『곽선희 목사에게 배우는 설교』에서 "설교를 쉽게 하는 방법이 무엇입니까?"라는 질문에 대한 곽선희 목사의 대답이다.

설교자는 스토리텔러Storyteller가 되어야 합니다. 옛날에는 말씀을 탈무드처럼 이야기에 담아서 설명했습니다. 사람들이 그 이야기를 들어가면서 하나님을 만났습니다. 이것이 바로 예배였습니다. 탈무드 이야기하듯 성경을 매력적으로 이야기해야 명설교가 될 수 있습니다. 이야기 공부를 하십시오. 이야기를 창작도 하고 이야기식 화법도 익혀야 합니다. 말씀을 이야기로 풀어서 사람들에게 매력을 주어야 합니다. 예수님도 비유로 말씀하셨습니다. 그 비유란 모든 것을 이야기로 전한 것입니다.

곽선희 목사는 『교회 발전을 위한 예배 개발』, "예배와 설교"에서도 설교자들에게 스토리텔러가 되라고 권면한다.

저는 전국에서 제일 지식이 높은 사람들을 놓고 시무하고 있지만 어렵게 얘기하지 않습니다. 아주 쉽게 이야기합니다. 쉽게 이야기해서 마음속에 쏙 들어가게 말합니다. 그러니까 'Storyteller'가 되어야 한다는 것을 잊지 마십시오. 탈무드 얘기하듯이 매혹적으로 이야기를 풀어나갈 수 있는, 마치 어린아이들이 이야기가 너무 재미있어서 꼼짝도 안 하고 듣는 것처럼 성도들에게 얘기해야 합니다.

예수님의 비유는 교사의 가르침이나 해설서, 혹은 주석서의 도움을 받아야 이해할 수 있는 것이 아니다. 만일 아리송한 이야기나 해석이 필요한 난해한 시(詩)였다면 예수님의 비유를 듣던 당시 회중들은 아무도 심오한 뜻을 이해하지 못했을 것이다. 예수님의 비유는 당시 이스라엘 사람들이 일상생활에서 흔히 경험할 수 있는 것들이어서 비유를 들으면 누구나 고개를 끄덕일 수밖에 없었다. 그래서 어린아이도 쉽게 이해할 수 있었다. 무엇보다 예수님의 비유는 생생한 그림이나 영화처럼 전달된다. 비유는 예수님께서 회중들과 소통하는 가장 탁월한 도구였다.

예수님께서 비유로 말씀하신 이유는 무엇인가? 유진 로우리Eugene L. Lowry 교수는 『설교자여, 준비된 스토리텔러가 돼라How to Preach a Parable』에서 예수님이 말씀하신 '선한 사마리아 사람'과 같은 비유는 누구나 쉽게 이해를 할 수 있는 이야기라고 했다.

여리고로 내려가는 길을 이해하기 위해 반드시 성지순례를 갔다 와야 하는 것이 아니며, 선한 사마리아 사람의 스토리를 이해하기 위해서 강도를 만난 경험이 있어야 하는 것도 아니다. …그렇게 하지 않아도 청중들은 충분히 감정이입을 하며, 그럴 만한 상상력을 가지고 있다.★

고든콘웰신학교 설교학 교수인 제프리 아더스Jeffrey D. Arthurs 박사는 『목사님 설교가 다양해졌어요Preaching With Variety』에서 자신의 연구에 의하면 성경의 60%가 이야기로 구성되어 있다고 했다.

해돈 로빈슨Haddon W. Robinson 교수는 자신이 내러티브 형식의 설교에 많은 관심을 갖는 이유는 성경의 3/4이상이 내러티브 형식으로 기술되었다는 사실에 기인한다고 했다.

설교학자 그래디 데이비스H. Grady Davis 박사는 *Design for Preaching*에서 "복음서는 어떤 일반적인 사상을 언어적으로 주해하고 설명해주는 주석서가 아니다. 그럼에도 불구하고 오늘날 우리의 설교의 90% 정도는 언어적 주해나 논쟁으로 채워지고 있다. 사실 복음서에서 주해는 고작 10%도 안 된다. 복음서의 중심 내용은 대부분 이야기의 형태로 기록되었다"고

★ 유진 로우리 박사는 드류대학(B.A.)과 컬럼비아대학(M.A.), 캔사스대학(Ph.D.)에서 공부했다. 캔사스성 바울신학교의 설교학 교수로서 미국에서 가장 존경받는 설교자 중 한 사람이다. 『이야기식 설교구성』, 『신비의 가장 자리에 춤추는 설교』 등과 같은 내러티브 설교와 관련한 책을 저술했다.

했다.

김운용 교수는 『새롭게 설교하기』에서 성경은 이야기로 가득 차 있으며, 하늘의 메시지를 전달하는 중요한 도구가 바로 이야기였다고 한다.

말씀 사역자들의 사명은 "인간의 이야기와 하나님의 이야기를 끊임없이 연결하는 것이다. 우리는 이러한 이야기를 유산으로 물려받았다"고 나우웬은 주장한다. 랍비들은 이야기를 통해 사람들을 인도하였다. 이스라엘의 가장 위대한 랍비였던 예수님도 이야기를 통해서 하늘의 메시지를 전하셨다. 기억하고 영감을 불어넣어 주는 데에는, 신앙교리에 대한 창백한 설명이나 제시보다 이야기가 더 강력한 도구가 되기 때문이다. 성경도 하나님의 백성들이 하나님의 원하시는 곳으로 나아가기 위한 일반적인 아이디어를 제공하지 않는다. 오히려 성경의 많은 인물들, 즉 아벨, 에녹, 노아, 아브라함, 사라, 이삭, 야곱, 모세와 다른 많은 위대한 사람들에 대한 이야기를 담고 있다. 왜냐하면 이야기는 사람들로 하여금 생각하고 느끼게 하고 보게 하며 결단하게 하는 하나의 장場을 마련해 주기 때문이다. … 이야기는 강요하지 않지만 이야기 세계로 우리를 초청하고, 거기서 함께 만나게 하며 대화를 나누게 한다. 이야기는 진정한 이상으로 나아가도록 억압하며 끌고 가지는 않지만 우리를 진리의 세계로 조용히 인도한다. 이렇게 이야기는 하나님의 진리의 세계로 인도하여 그것을 보게 하고 듣게 하며 경험하게 해주는 데 중요한 도구가 된다. 그래서 설교자는 하나님의 이야기꾼이 되어야 한다.

이야기가 성경에 기록된 방식이며 하나님께서 진리를 전달하시는 방법이라면, 설교자가 비유를 통해 설교하신 예수님처럼 스토리텔링 형식으로 설교하는 것은 성경의 원리를 따르는 것이다.

주승중 교수도 『성경적 설교의 원리와 실제』에서 "성경은 하나님의 이야기, 즉 예수 그리스도를 통해 인간을 구원하시는 하나님의 이야기이다. 그러므로 설교는 이야기 형식이 되어야 한다"고 말한다.

유진 피터슨Eugene H. Peterson 박사는 『비유로 말하라Tell It Slant: A Conversation on the Language of Jesus in His Stories and Prayers』에서 비유로 말씀을 전하는 예수님을 소개하면서 네러티브 설교의 중요성을 강조하고 있다.

우리 모두는 예외 없이 예수님의 언어를 철저하게 교육받아야 할 필요가 있다. 또 내러티브 설교의 중요성을 모르는 설교자들은 성경 전체 내용의 75%가 이야기로 구성되어 있다는 사실을 모르고 있다.★

구약성경 속에는 수많은 이야기들이 뛰놀고 있다. 구약성경의 선지자들은 비유를 통해 진리를 전달했다. 예수님의 설교 속에도 비유가 뛰놀고 있다. 예수님께서 비유를 통해 스토리텔링으로 말씀을 전하셨을 때 사람들은 놀랐고 즐겁게 말씀을 들었다(마 7:28-29, 막 12:37). 비유를 통해 전해지는 예수님의 설교는 상상력을 통해 눈앞에서 생생하게 전개된다. 영적 세계를 눈으로 보고, 만지게 해주며, 느끼게 해주어 스티커처럼 기억에 찰싹 달라붙는다. 비유는 예수님의 설교를 이해하기 위한 열쇠다. 예수님은 스토리텔링의 힘을 알고 계셨다.

★ 유진 피터슨 박사는 시애틀 퍼시픽대학에서 학사학위를, 뉴욕신학교에서 철학 학사학위를, 존스홉킨스대학에서 히브리어를 전공하여 석사학위를 받은 뒤 미국장로교단(PCUSA)에서 목사 안수를 받았다. 캐나다 리전트대학에서 영성신학을 가르쳤으며, 미국 메릴랜드 주에 있는 장로교회(Christ Our King Presbyterian Church)에서 30년 간 목회자로 사역했다. 개신교 영성신학의 대표적인 신학자이자 『메시지 성경』의 저자이다.

아모스 N. 윌더Amos N. Wilder 교수는 신약성경의 배후에 있는 초대교회의 설교가 어떠했는지를 추적하였다. 그의 저서 *Early Christian Rhetoric*에서 초대교회 설교의 바탕은 이야기였으며, 이야기가 그들의 생활과 증언의 토대를 이루고 있었다는 것이다.

그렇다면 설교에서 이야기가 외면을 받게 된 원인은 무엇인가? 랄프 루이스Ralph L. Lewis와 그랙 루이스Gregg Lewis 박사가 공저한 *Learning to Preach Like Jesus*에서 이야기 중심의 예수님의 설교법이 외면받게 된 원인을 다음과 같이 지적했다.

우리는 전통적인 신학과 윤리 시스템, 모든 철학적 세계관을 세우기 위해 예수 그리스도의 생애와 말씀을 중요 요소로 사용하면서 왜 예수님께서 설교자로서 보여주신 모본은 너무도 태평스럽게 무시하는가? 단순히 예수님의 설교가 전통적인 설교학의 틀에 맞지 않기 때문인가? 예수님을 따르던 1세기 초대교회 설교자들과 사도행전에 기록된 그들의 설교는 예수님의 귀납적 설교와 회중 중심의 설교 스타일을 채택했다. 예를 들면, 바울은 그가 회심한 이야기를 서로 다른 상황에서 세 번에 걸쳐 전했고, 스데반은 이스라엘 역사에 등장하는 9명의 조상들의 이야기를 함으로써 그의 처형이 연기되었다.

예수님과 그를 따르는 초기 제자들의 이야기 구조의 단순한 설교는 3-4세기 이후부터 급진적으로 바뀌었다. 이야기는 사라지고 충고하는 내용들로 서서히 채워졌다. 그들에게는 이야기 구조의 설교만으로는 충분하지 않아 보였다. 그리하여 설교학이 수사학의 의붓자식으로 탄생하게 되었다. 헬라 수사학과 인간 논리학이 설교를 복잡하게 만들어 버린 것이다.

신약성경에 나오는 이야기 중심의 단순한 설교는 사람의 세련된 지성에 의해 죽임을 당했다. 대신 연역법 설교가 규범이 되었다. 결국 예수님과 초대교회 설교자들의 설교는 고려의 대상에서 점점 멀어져 갔고, 이후 우리의 설교학 교과서에서 완전히 자취를 감추게 되었다.*

랄프 루이스 박사는 예수님의 귀납적 설교와 회중 중심의 단순한 설교 스타일은 3-4세기부터 헬라의 수사학과 논리학, 그리고 인간의 세련된 지성에 의해 밀려났다고 주장한다. 한마디로 말하면 인본주의 사상에 의해 묻혀 버렸다는 것이다.

한스 W. 프라이Hans W. Frei 박사는 『성경의 서사성 상실The Eclipse of Biblical Narrative』에서 설교에서 이야기는 헬라 문화를 접하면서 점점 상실되기 시작했고, 인간의 이성에 중점을 두었던 계몽주의 영향으로 신학과 설교에서 이야기는 철저하게 외면받게 되었다고 한다. 이러한 현상을 가리켜 "성경의 서사성의 일식현상"으로 규정했다. 특히 그는 성경해석학에서 성경의 서사적 측면이 너무 무시되거나 위축되었음을 안타까워했다.

한국교회 강단에서도 비유는 무시되고, 때로는 비난받고, 그 효력이 의심받는 천덕꾸러기가 되었다. 예수님의 설교 속에 뛰놀던 비유는 우리의 설교에서 푸대접을 받고 있다. 이제 논리가 뛰어 놀던 자리에 비유가 뛰어 놀게 해야 한다.

★ 랄프 루이스 박사는 미시간대학교에서 스피치 전공으로 박사학위(Ph.D.)를 받았다. 12년 동안 목회사역을 감당했으며 켄터키 주 윌모어에 위치한 에즈베리신학대학원의 설교학 교수로 재직했다. *Learning to Preach Like Jesus*와 *Inductive Preaching*: Helping People Listen을 그의 아들 그랙 루이스(Gregg Lewis)와 함께 공저했다.

신문을 보던 남편이 투덜거렸다.

"이놈의 주식 또 떨어졌잖아! 에이, 괜히 투자를 해가지고…."

그러자 옆에 있던 아내도 투덜거렸다.

"아우, 속상해. 그토록 다이어트를 했는데 별 효과가 없으니…."

남편이 아내의 통통한 몸매를 쳐다보며 힘없는 목소리로 말했다.

"내가 투자한 것 중에 두 배로 불어난 건 당신의 몸매밖에 없네."

옳은 말이라도 비꼬는 말이 있다.

비꼬는 말꼬리를 잡지 마라.

말꼬리를 잡고 늘어지면 말이 날 뛴다.

Chapter 2 예수님의 설교에서의 이미지

설교, 예수님처럼 하라

제2장 예수님의 설교에서의 이미지

구글세대에게는 이미지로 설교하라

한국을 수차례 방문한 세계적인 미래신학자 레너드 스윗 박사는 2009년 『21세기 리더십과 설교』라는 제목으로 강의했다. 그는 젊은 세대를 '구글세대' 라고 불렀다.

구글세대는 이전 세대와는 사고방식이 다르다. 전혀 다른 패러다임을 적용해야 한다. 구글세대는 '이미지'에 약하다. 이러한 구글세대에게 메시지를 효과적으로 전달하기 위해서는 이미지와 소리, 스토리를 잘 사용해야 한다. 구글세대에게 이미지의 영향은 막강해 때로는 맹목적으로 이미지를 쉽게 따른다.

예를 들면 텍사스의 한 작은 교회에서 복음을 전하기 위해 만든 영상을 보라. 십대들이 만든 작은 동영상이지만 유튜브에 올렸더니 3백만이 넘는 클릭수를 기록했다. 구글세대는 소리와 이미지를 통해 비전을 듣는다.

기독교의 이미지는 예수 그리스도로 압축되며 예수 그리스도는 하나님의 아들이며 그분이 이미지이다. 또 성경의 이미지는 가장 강력하다. 그것을 전달하는 것이 우리의 역할이다. 설교 역시 이미지로 전할 수 있다. 예수 그리스도는 하나님 나라를 이미지로 그릴 수 있는 언어로 전달하셨다. 예수님께서는 자신을 '생명의 떡'이나 '선한 목자'로 묘사하셨다.*

미국의 한 통계에 따르면 한 아이가 초등학교를 졸업할 때까지 텔레비전을 통해 보는 살인 장면은 평균적으로 무려 8,000회에 달한다고 한다. 초등학교를 졸업할 때까지 학교에서 보내는 시간은 13,000시간, 그러나 텔레비전 시청에 쓰는 시간은 15,000시간이다. 그리고 매주 1,000개 이상의 광고를 보게 된다. 이런 식으로 따지면, 한 아이가 스무 살이 될 때까지 보게 될 광고는 무려 백만 회가 넘는다. 이것이 레너드 스윗 박사가 말하는 구글세대의 모습이다. 그는 특별히 이 시대 설교자들에게 "구글세대에게는 '이미지'로 설교하라"고 당부한다.

칼빈 밀러Calvin Miller 박사도 『설교: 내러티브 강해의 기술Preaching: The Art of Narrative Exposition』에서 시대의 변화에 따라 설교의 방식도 변해야 한다고 했다.

청각적인 측면으로 메시지를 흡수했던 시대가 있었듯이 오늘날 이 시대의 청중은 시각적인 면이 더욱 발달한 측면이 있다. 설교자는 사람들이 가장 잘 들을 수

★ 위의 내용은 『크리스천투데이』에 실린 레너드 스윗 박사의 강의 내용으로 레너드 스윗 박사는 현재 미국 뉴저지 주 드루신학대학원 석좌교수와 오레곤 주 조지폭스대학교 명예교수이다. 1995-2001년까지 드루대학교 교무부처장과 신학교 총장을 역임했다. 그는 50권 이상의 저서와 200여 편의 논문, 1,300여 편의 설교문을 출간했다.

있는 방식으로 설교할 수 있도록 모든 노력을 다해야 한다. 모든 청취의 형태와 청중이 시각적 시대에 살고 있다는 것을 고려하여 설교자는 이미지 중심의 수사학을 창조해야 한다.★

레너드 스윗 박사와 칼빈 밀러 박사의 주장처럼 시대의 변화에 따라 우리는 이미지로 설교해야 하는가? 맞는 주장이다. 하지만 예수님께서는 영상시대 이전, 2천 년 전에 이미지로 설교하셨다. 구약성경의 선지자들도 역시 이미지로 설교했다. 이미지로 전달된 설교는 구글세대, 곧 영상시대 이전에 이미 존재했다.

구글세대 이전에 이미지로 기록된 성경

'이미지'란 무엇인가? "말과 글을 통해 마음에 그려진 그림, 혹은 눈으로 직접 보는 것과 같은 마음속에 떠오르는 심상"을 말한다. 그래서 사람들은 시각적 표상만을 이미지로 생각하는 경우가 많다. 시각적 이미지가 여러 종류의 이미지 중에서 가장 중요한 역할을 하는 것은 사실이지만 시각적 이미지와 더불어 다양한 이미지가 존재한다.

총신대학교 김지찬 교수는 『신학지남』에 발표한 "설교자는 이미지스트 Imagist가 되어야 한다"라는 제목의 논문에서 성경에 나타난 이미지 종류를

★ 칼빈 밀러 교수는 시인 및 소설가, 화가로 다양한 재능을 펼쳐 보였다. 오클라호마 침례대학교를 졸업하고, 미드웨스턴 침례신학대학원에서 신학 석사와 목회학 박사학위를 받았다. 풍부한 영적 감수성이 돋보이는 기독 작가로 밀리언셀러의 반열에 오르기도 했다. 목회자로서 30년 이상을 목회 일선에 있다가 사우스웨스턴 침례신학대학원에서 커뮤니케이션과 설교학 교수로 재직하였다. 『설교: 내러티브 강해 기술』은 2007년 '올해의 설교학 책'으로 선정되었다.

소개한다. 그는 시각적 이미지, 청각적 이미지, 촉각적 이미지, 후각적 이미지, 미각적 이미지, 공감각적 이미지 등으로 이미지를 구분하여 설명한다. 또한 이미지를 통하여 전달된 메시지는 회중들의 오감을 자극하여 감각적 체험을 하게 한다는 것이다.★

'감각적 체험'이란 '포도'라는 단어를 들으면 포도의 생김새와 맛이 떠올라 입 안에는 벌써 침이 고이는 것을 말한다. '보름달'이라는 단어를 들으면 구름 한 점 없는 밤하늘에 두둥실 떠 있는 달을 그리게 된다. 이러한 것들을 감각적 체험이라고 하는데 우리는 성경 첫 장에서부터 감각적 체험을 하게 된다.

> [창 1:1-3] 태초에 하나님이 천지를 창조하시니라 :2 땅이 혼돈하고 공허하며 흑암이 깊음 위에 있고 하나님의 영은 수면 위에 운행하시니라 :3 하나님이 이르시되 빛이 있으라 하시니 빛이 있었고

2절은 "땅이 혼돈하고", "공허하며", "흑암이 깊음 위에 있고", "하나님의 영은 수면 위에 운행하시니라"는 시각적 이미지를, 3절의 "하나님이 이르시되 빛이 있으라 하시니 빛이 있었고"는 하나님의 장엄한 음성을 청각적 이미지로, 하나님의 말씀에 빛이 임하고 어둠이 물러가는 광경을 시각적 이미지로 표현하고 있다. 이 성경 본문은 시각적 이미지와 청각적 이미지가 함께 쓰이고 있다.

이제 김지찬 교수가 그의 논문에서 제시한 성경 구절들 중에서 몇 구절을 택하여 감각적 체험을 하게 하는 이미지들을 살펴보자.

★ 김지찬 교수는 총신대학교(B.A.)와 신학대학원(M.Div.)을 졸업하고, 미국 칼빈신학대학원(Th.M.)과 화란 캄팬신학대학교(Th.D.)에서 수학했다. 현재 총신대학교 신학대학원 구약학 교수로 재직하고 있다.

[겔 21:7] 그들이 네게 묻기를 네가 어찌하여 탄식하느냐 하거든 대답하기를 재앙이 다가온다는 소문 때문이니 각 마음이 녹으며 모든 손이 약하여지며 각 영이 쇠하며 모든 무릎이 물과 같이 약해지리라 보라 재앙이 오나니 반드시 이루어지리라 주 여호와의 말씀이니라 하라

"각 마음이 녹으며", "모든 손이 약하여지며", "각 영이 쇠하며"는 재앙을 만난 이스라엘 백성들의 마음이 녹아내리는 아픔과 고통, 팔 하나 움직일 수 없는 기력 상실, 정신을 잃고 어찌할 바를 몰라 하는 두려움을 나타내는 촉각적 이미지라면, "모든 무릎이 물과 같이 약해지리라"는 무릎에 힘이 빠져 마치 물처럼 흐느적거리며 걷는 모습을 회화적인 언어, 곧 그림 언어를 통해 시각적 이미지로 표현하고 있다. 이 성경 본문은 촉각적 이미지와 시각적 이미지가 함께 쓰이고 있다.

[욜 2:4-6] 그의 모양은 말 같고 그 달리는 것은 기병 같으며 :5 그들이 산꼭대기에서 뛰는 소리는 병거 소리와도 같고 불꽃이 검불을 사르는 소리와도 같으며 강한 군사가 줄을 벌이고 싸우는 것 같으니 :6 그 앞에서 백성들이 질리고 무리의 낯빛이 하얘졌도다

"그"와 "그들"은 메뚜기 떼를 말한다. 메뚜기 떼—말, 기병, 강한 군사 등—는 시각적 이미지로, 메뚜기 떼가 지나가는 소리—병거 소리, 불꽃이 검불을 사르는 소리—는 청각적 이미지로, 재앙을 당한 백성들의 마음과 얼굴빛—"그 앞에서 백성들이 질리고", "무리의 낯빛이 하얘졌도다"—은 촉각적 이미지로 표현하고 있다. 이 성경 본문은 시각적 이미지와 청각적 이미지, 그리고 촉각적 이미지가 함께 쓰이고 있다.

[시 55:21] 그의 입은 우유 기름보다 미끄러우나 그의 마음은 전쟁이요 그의 말은 기름보다 유하나 실상은 뽑힌 칼이로다

"그의 입은 우유 기름보다 미끄러우나", "그의 말은 기름보다 유하나"는 그 사람의 말을 촉각적 이미지로, "그의 마음은 전쟁이요", "실상은 뽑힌 칼이로다"는 그 사람의 내면을 시각적 이미지로 표현하고 있다. 이 성경 본문은 촉각적 이미지와 시각적 이미지가 함께 쓰이고 있다.

[아 7:7-9] 그대의 늘씬한 몸매는 종려나무 같고, 그대의 가슴은 그 열매 송이 같구나 :8 이 종려나무에 올라가 가지들을 휘어잡아야지 그대의 가슴은 포도송이 그대의 코에서 풍기는 향내는 능금 냄새 :9 그대의 입은 가장 맛 좋은 포도주(새번역 성경)

아가서의 이 성경 본문은 시각과 후각, 미각의 이미지를 복합적으로 드러내고 있다. 신부의 몸매는 종려나무, 가슴은 열매 송이와 포도송이로 시각적 이미지, 신부의 콧김은 사과 냄새로 후각적 이미지, 신부의 입술은 가장 맛 좋은 포도주로 미각적 이미지를 통해 표현하고 있다. 이 성경 본문은 시각적 이미지와 후각적 이미지, 그리고 미각적 이미지가 함께 쓰이고 있다.

[고후 2:14-16] 항상 우리를 그리스도 안에서 이기게 하시고 우리로 말미암아 각처에서 그리스도를 아는 냄새를 나타내시는 하나님께 감사하노라 :15 우리는 구원받는 자들에게나 망하는 자들에게나 하나님 앞에서 그리스도의 향기니 :16 이 사람에게는 사망으로부터 사망에 이르는 냄새요 저 사람에게는 생명으로부터 생명에 이르는 냄새라 누가 이 일을 감당하리요

바울 사도는 구원받은 그리스도인의 삶과 복음의 영향력을 "그리스도를 아는 냄새", "그리스도의 향기"라는 단어를 통해 후각적 이미지로 표현하고 있다.

그렇다면 이미지는 어떤 기능을 하는가? 성경에 나오는 선지자들, 그리고 예수님께서 이미지를 통해 말씀을 전하신 이유가 무엇일까?

침례신학대학교 대학원장 이형원 교수는 『구약성서 비평학 입문』에서 이미지의 기능에 대해 다음과 같이 말한다.

독자들은 성경 본문에서 사용된 비유적 언어를 통하여 그들의 마음속에서 하나의 새로운 세계로 몰입하게 된다. 그리고 그들은 그 세계 속의 주인공이 되거나 관람자가 되어 마음껏 그 세계를 여행한다. 그렇기 때문에 어떤 학자들은 비유적 언어가 독자에게 실재하는 것들에 대하여 '이야기한다'라고 말하지 않고 '보여준다'고 표현했다. …즉 독자들은 성경 본문이 담고 있는 여러 이미지를 통해 자신이 본문의 세계로 빠져 들어가며 거기에 등장하는 주인공과 감정 이입을 통하여 기쁨, 슬픔, 화, 연민, 두려움, 사랑의 감정을 토로하게 된다.★

김지찬 교수와 이형원 교수는 성경에서 이미지는 말씀을 전달하는 핵심 수단으로 오감을 통해 독자들로 하여금 감각적 체험을 하도록 이끈다고 했다. 이처럼 이야기 속의 주인공과 정서적으로 일체감을 갖게 하여 감각적 체험을 하는 상태를 '이야기 도취' narrative transport 현상이라 부른다.

★ 이형원 교수는 침례신학대학교 졸업 후, 미국남침례교 신학대학원에서 석사와 박사학위를 취득했다. 현재 침례신학대학교 구약학 교수이며 대학원장으로 재직하고 있다.

뇌로 통하는 다섯 개의 문

리차드 H. 콕스Richard H. Cox 박사는 『뇌는 설교를 어떻게 받아들이는가 Rewiring Your Preaching』에서 "인간의 오감은 정보가 두뇌로 들어가는 문"이라고 했다. 설교를 듣는 회중들이 더 많은 감각을 사용할수록 뇌에 더 빠르고 더 정확하게 전달되어 오랫동안 기억할 수 있게 된다. 다시 말해서 우리가 듣고, 보고, 느끼고, 맛보고, 냄새를 맡을 때 다섯 개의 모든 감각 기관들이 뇌에 정보를 준다. 만약 우리가 단지 듣기만 한다면 잠재적 학습 능력의 1/5만 사용하는 것이라고 했다.

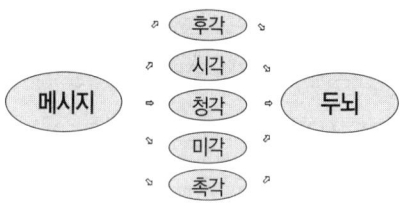

메시지가 두뇌에 전달되는 통로

가르침을 오래 유지하도록 하기 위해서는 가능한 한 많은 문(감각기관)을 활용해야 한다. 많은 감각들이 동시에 작동될 때, 그 신경들의 주요 교차지점에서 매우 강력한 고속도로가 생성된다. 그렇기 때문에 배우고 기억하고 결정하는 신경의 주요 교차지점들이 더 많이 생성되도록 우리는 동시에 더 많은 신경들이 함께 작동할 수 있도록 도울 필요가 있다. …그동안 상업 세계와 산업 세계에서는 소비자들의 일시적인 만족을 마케팅하기 위해 가능한 모든 뇌의 문들을 사용하는 법을 배웠다. 그런데 왜 교회는 그렇게 강력한 상징들과 자원들을 가지고 있으면서도 조금 더 현명하게 그것을 활용하지 못하고 있는 것일까?*

리차드 H. 콕스 박사는 효과적인 설교 전달을 위해 뇌로 통하는 문들, 감각기관들의 수를 증가시켜야 한다고 주장한다.

제이 E. 아담스Jay E. Adams 박사는 사무엘 로간 2세Samuel T. Logan Jr. 박사가 편집한 『개혁주의 설교와 설교자The Preacher and Preaching』 13장 "감각 호소와 이야기"에서 설교자가 메시지 전달의 최대 효과를 누리려면 회중의 오감을 자극하는 '감각 호소' sense appeal를 적극 사용할 것을 권면한다.

'감각 호소'란 설교자가 말하는 바를 회중이 "보거나", "느끼거나", 또는 "경험하도록" 돕는 것을 말한다. …시각을 자극하는 그림언어("녹색의", "번쩍이는"), 청각을 자극하는 의성어("윙윙거리다", "꽝하다"), 촉각을 자극하는 단어("꺼끌꺼끌한", "부드러운"), 후각을 자극하는 단어("악취의", "향기"), 그리고 미각을 자극하는 단어("신", "짠")를 말한다. 온전한 효과를 위해 이런 단어들은 다른 단어들과 함께 결합되어 사용되어야 한다. "덜 익어 녹색인 으깬 감자를 먹는 공포", "백미러의 번쩍이는 붉은 불빛을 보며 가슴이 철렁하는 느낌", "톱이 윙윙거리며 그의 깁스를 자르며 나갈 때", "차문이 꽝하며 닫힐 때 그의 손가락이 그 안에 끼었다", "내 큰 발가락에 달라붙은 꺼끌꺼끌한 씨앗", "나는 지끈거리는 머리를 차가우면서 부드러운 베개에 뉘였다", "죽은 동물은 썩어서 악취가 나는 버터처럼 냄새난다", "저녁 공기는 장미꽃의 향기로 진동했다", "그것은 레몬을 빤 것보다 심했다", "그는 벌어져 있는 상처에 짠 피클 소스를 발랐다."*

★ 리차드 H. 콕스 박사는 미국 러쉬대학교와 노스웨스턴대학교에서 의과대학 교수로 재직했으며 현재는 듀크대학교 의과대학에서 정신의학 및 행동과학을 가르치고 있다. 그는 심리학자이자 의사이며 동시에 장로교회 목사로서 말씀을 전하는 설교자의 삶을 살고 있다.
★ 제이 E. 아담스 박사는 개혁주의 신앙 전통을 따르는 실천신학자이며 기독교 심리학자이다. 그는 전문적인 지식만을 나열하거나 무책임한 주장을 제기하지 않는 것으로도 명성이 높다. 존스홉킨스대학과 템

그는 설교자가 감각 호소를 사용하는 것과 사용하지 않는 것은 흑백텔레비전과 컬러텔레비전의 차이보다 크다고 했다.

워렌 W. 위어스비Warren W. Wiersbe 목사는 『상상이 담긴 설교Preaching and Teaching with Imagination』에서 단순히 지식전달에 그치는 설교자와 그 설교를 듣고 아무런 변화도 없는 회중들을 향해 "강단에 서 있는 해골, 좌석에 늘어진 시체들"이라고 은유적으로 표현했다. 설교를 듣는 회중은 도대체 어떤 존재인가? 사람은 '상상하는 존재'이며 '이미지에 굶주려 있는 존재'이다. 그러므로 회중들을 변화된 삶으로 이끄는 설교는 단지 '말'로써 전달되는 설교가 아니라 '이미지'로 전달되는 설교라야 한다는 것이다. 그는 상상이 결여된 설교의 문제점을 날카롭게 지적한다.

요즘 설교는 강단에 해골을 갖다 세우고 좌석을 송장으로 가득 차게 하는 결과를 낳고 있다. 그 이유는 오늘날 교회가 설교하는 것과 실제 행동 사이에는 큰 괴리가 있기 때문이다. 그리스도인이라고 자처하는 사람들이 교회에 의무적으로 출석해서 소위 성경적이라는 설교를 꼬박꼬박 듣는데, 교회 밖에 나가서는 믿지 않는 사람들이나 다름없이 사는 이유는 무엇일까? 목회자들이 딜레마에 빠져 고민하는 이유가 여기에 있다. 도대체 연구하고 기도하고 설교해서 얻는 게 뭐냐? 이런 회의를 피할 수가 없는 것이다.

사실 간단한 답이 있을 수 없다. 하지만 나는 그 한 가지 이유가 교인들이 너무나 상상에 주려 있기 때문이라는 생각을 떨쳐버릴 수 없다. 성경도 많이 배우고 설교도 줄곧 듣지만, 한 번도 성경의 진리가 그들의 상상에까지 미치는 법이 없이 끝

플대학(S.T.M), 미주리대학교에서 설교학으로 박사학위(Ph.D.)를 취득했고, 웨스트민스터신학대학원에서 오랫동안 실천신학과 기독교 상담학을 가르쳤다.

나기 때문이 아니냐 하는 말이다.

　머릿속에 성경 지식을 차곡차곡 쌓고 누가 물어보면 그런 지식을 선뜻 꺼낼 수 있을 정도로 배우지만, 하나님과 그리스도인 생활에 관한 진리가 그들의 상상에까지는 전혀 영향을 미치지 못하는 현실! 물론 불순종 행위의 책임이야 당사자가 져야 마땅하다. 하지만 하나님의 진리를 흥미진진하고 개개인의 가슴에 닿도록 선포하지 못한 책임은 설교자들이 져야 한다.*

　이미지로 전달되지 않는 설교는 지식을 쌓아 줄 수는 있어도 삶의 변화는 이끌지 못한다. 선지자들이나 예수님처럼 이미지를 통해 말씀을 전할 때 회중은 생생한 감각적 체험을 하게 되어 비로소 삶의 변화를 얻게 된다.
　신학자 샐리 맥패그Sallie Mcfague 교수는 "이미지는 개념을 먹여 살찌우고, 개념은 이미지의 규율을 잡는다. 개념이 빠진 이미지는 장님과 같고 이미지가 없는 개념은 불모지와 같다"고 했다.

이미지를 생산하는 3요소

　구약성경의 선지자들은 어떻게 설교했는가? 예수님께서는 어떻게 설교하셨는가? 구글세대 이전부터 이미지로 설교하셨다. 이미지를 만드는 세 가지 요소가 있다. 그렇다면 이미지를 생산해 내는 3요소는 무엇인가?

★ 워렌 위어스비 박사는 미국을 비롯하여 세계적으로 존경받는 탁월한 설교자로 시카고 무디기념교회를 담임했다. 100권 이상의 책을 펴낸 왕성한 저술가이며 그의 저서 *Preaching and Teaching with Imagination*은 트리니티 복음주의신학교의 목회학 박사(D.Min.) 과정에서 가르친 내용을 출판한 것이다. 3부로 구성된 이 책은 1부와 3부를 묶어 「상상이 담긴 설교」로, 2부는 「이미지에 담긴 설교」로 번역되었다.

▶ **비유** – 예수님의 비유는 상상력을 통해 회중들을 그 사건 현장으로 이끈다. '선한 사마리아 사람'의 비유를 들으면 우리는 어느새 여리고의 음침한 길목, 강도 만난 사람 곁에 서 있게 된다. '탕자의 비유'를 들으면 이미지를 통해 그 현장에 동참하게 된다. 예수님께서는 스토리텔링을 통해 회중들의 상상력을 불러일으키셨다. 이처럼 비유, 곧 스토리는 회중들을 그 현장으로 인도하여 감각적 체험을 하게 한다. 예수님의 비유를 듣고 있으면 생생한 이미지가 파노라마처럼 펼쳐진다.

김운용 교수는 『새롭게 설교하기』에서 비유의 역할과 특성에 대해 다음과 같이 말한다.

> 비유는 한 편의 그림이며 이미지를 통해 구성된다. 이제 비유를 통해 청중들은 한 편의 그림을 보게 되면서 흥미를 느낀다. 그러나 그러한 이미지는 거기에 안주하도록 하지 않으며 그 그림을 보고 있는 동안 그것은 거울이 되어 자신의 모습을 보게 된다. …예수님에게서 소작인 비유(마 21:33-46)를 들었을 때 그들은 생생한 '그림'을 보면서 자신들이 지금 어디에 서 있는지를 보게 된다. 예수님의 비유는 그들에게 단순한 예화가 아니었다. 그것은 그들 자신을 보게 하는 하나의 '거울'이 되었다. 이제 청중들은 거울을 보는 것으로 그치는 것이 아니라 '창문'을 통해서 하나님을 보게 되고 미래를 보면서 비전을 갖게 된다.

윌리엄 바우쉬William J. Bausch 신부는 *Storytelling: Imagination and Faith*에서 "모든 설교자들은 나단 선지자의 편에 서 있다. 나단 선지자뿐만 아니라 선지자들, 그리고 예수님과 성경을 기록한 사람들의 전통에 서 있다. 그들은 모두 이야기라는 아주 독특한 표현 양식을 통해 말씀을 전하였다"고 했다. 예수님께서는 비유를 통해 하나님 나라를 그림처럼 선명하게 계시하셨다.

▶ **은유** – 비유와 더불어 이미지를 불러일으키는 두 번째 요소는 무엇인가? 은유metaphor이다. 은유도 듣는 사람의 머릿속에 영상이 떠오르게 한다. 예수님의 설교에서 비유(이야기)와 은유는 새의 두 날개와 같다. 은유와 비유는 이미지를 향해 날아오른다.

은유는 '메타포'라는 헬라어의 번역으로 '메타' meta(건너편에, 건너와서)와 '페레인' perein(운반하다)의 합성어이다. 즉 은유란 '건너편으로 운반하다'는 뜻으로써, 서로 무관한 두 사물을 결합시켜 전혀 새로운 이미지를 나타내는 기능을 한다.

신학자 테렌스 틸리Terrence W. Tilley는 *Story Theology*에서 "은유는 의미를 전달하는 기관차다"라고 했다. 이어서 그는 "가장 강력한 은유는 영원히 살아 움직인다. 그것은 결코 죽지 않는다"고 했다.

소설가 워커 퍼시Walker Percy는 "은유는 참으로 이상한 것이다. 둘을 하나로 연결시켜 놓고 보면 그전까지는 보이지 않던 의미가 새롭게 발견된다"고 했다.

김지찬 교수는 『신학지남』에 발표한 논문 "설교자는 시인이 되어야 한다"에서 기독교 신앙에서 은유의 중요성을 다음과 같이 피력한다.

> [창 15:1] 이 후에 여호와의 말씀이 환상 중에 아브람에게 임하여 이르시되 아브람아 두려워하지 말라 나는 네 방패요 너의 지극히 큰 상급이니라

하나님께서는 자신을 아브라함의 방패요 상급이라고 하셨다. 이것은 "단순한 사실의 언어"의 수준에서 보면 거짓이다. 어떻게 하나님이 방패가 될 수 있는가? 하나님은 하나님이요 방패는 방패일 뿐, 하나님이 방패일 수는 없는 노릇이다. 그럼에도 불구하고 우리는 이 같은 "A는 B이다"식의 은유를 수도 없이 많이 볼 수 있

다. 사실상 인간은 영광의 하나님을 실제로 본 사람이 없기 때문에 하나님에 대해 이야기할 때는 그것이 아무리 부적합하다 하더라도 비유적 표현 가운데 하나인 은유가 아니고는 하나님을 기술할 수 없다. 따라서 성경에 나타난 하나님에 대한 모든 진술이 은유라고 해도 과언이 아니다.

예수님께서도 자신을 '떡', '빛', '문', '목자', '포도나무' 등 은유를 통해 소개하셨다. 또한 제자들의 역할을 '사람을 낚는 어부', '세상의 빛', '세상의 소금'으로 연결시키셨다.

[마 4:19] 말씀하시되 나를 따라오라 내가 너희를 사람을 낚는 어부가 되게 하리라

[마 5:13-14] 너희는 세상의 소금이니 소금이 만일 그 맛을 잃으면 무엇으로 짜게 하리요 후에는 아무 쓸 데 없어 다만 밖에 버려져 사람에게 밟힐 뿐이니라 :14 너희는 세상의 빛이라 산 위에 있는 동네가 숨겨지지 못할 것이요

또한 바리새인과 서기관들을 '독사의 자식들', 혹은 '소경', '회칠한 무덤'으로, 헤롯을 '여우'로 표현하셨다. 이처럼 은유는 막연하고 추상적이기만 한 어떤 진리를 이미지를 통해 감각적 체험을 하게 하는 기능을 한다.

C. S. 루이스Lewis 박사는 은유적 표현을 통해 진리가 이미지로 전달될 때 회중들은 설교자를 향해 "아, 목사님이 말씀하는 바가 내 눈에도 보여요!" 하는 반응을 하게 되는데 이와 같은 감각적 체험은 신앙성장을 가져온다고 했다.

워렌 위어스비 박사는 정신의학자 엘런 시글먼Ellen Y. Siegelman 박사의 글

을 인용하여 은유적 이미지의 역할과 중요성을 강조한다.

인간의 내면은 감동을 받고 이해하는 일이 생기지 않는 한 절대로 변하지 않는다. 그런데 내가 믿기로는 이런 이해와 감동이 일어나는 과정을 매개하는 것이 바로 상상이요 은유적 이미지들이다. 감동이 없는 채로 무엇을 인지한다는 것은 단순한 지적 작용일 뿐 수명도 그리 길지 않다.★

▶ **그림언어** – 워렌 위어스비 목사는 한 폭의 그림을 그리듯이, 또는 한 폭의 그림을 보여주듯이 사용되는 상상력을 불러일으키는 언어를 그림언어라고 지칭한다. 또한 청중들의 상상력을 자극하여 보게 하고, 느끼게 하고, 이해하게 해주는 언어가 그림언어라는 것이다.

맨해튼 고층 빌딩의 널찍한 사무실에 세상에서 가장 노련한 금융 전문가 18명이 컨설턴트와 함께하고 있었다. 이들은 강력한 글로벌 금융 기관의 고위 임원들이다. 금융계의 모든 상황을 손바닥 보듯 훤하게 파악하고 있는 사람들로 수초 만에 수십억 달러를 세계 각지로 송금하는 큰 손들이다. 이 엘리트 그룹의 성과가 은행의 수입과 이윤, 그리고 주가를 좌우한다고 해도 과언이 아니다.

컨설턴트가 입을 열었다.

"여러분께 이렇게 묻겠습니다. 지금 하는 일을 왜 하고 있습니까?"

하나둘씩 말문이 터지기 시작했다.

"제가 이 일을 하는 이유는 고객에게 큰 도움을 줄 수 있기 때문입니다."

★ 엘런 시글먼 박사는 캘리포니아의과대학 정신의학 교수이다. 정신과 의사와 심리치료사로 20년 이상의 경험을 바탕으로 *Metaphor & Meaning in Psychotherapy*을 저술했다. 이 책은 그녀의 대표적인 책으로 연구 공헌을 인정받아 1983년 미국 심리학협회 표창을 받았다.

"고객의 인생에 긍정적인 영향을 끼치는 것이 즐겁습니다."

"이 일이 가장 어렵기도 하지만 가장 보람찬 일이기도 합니다."

"항공모함 갑판위에서 저 멀리 수평선을 내다보며 지원 사격을 기다리는 고객을 탐색하는 기분입니다."

"고객을 위해 종합적인 시각을 제공합니다."

"저는 고객과의 관계를 궁극적으로 책임지는 역할을 합니다. 모든 게 저한테 달려 있지요."

"고객과 맺는 깊고 친밀한 관계가 좋습니다."

앤드루 소벨Andrew Sobel과 제럴도 파나스Jerold Panas의 공저 『질문이 답을 바꾼다Power Questions』에서 소개하는 내용이다. 이들의 이야기를 들었다면 가장 인상적인 대답, 혹은 가장 기억에 남는 대답은 어떤 것인가? 왜 그 대답이 기억에 남는가? 그림언어를 사용한 사람은 한 사람뿐이다. 이 사람의 말은 그림언어를 통해 시각적 이미지로 전달되었기 때문에 기억에 남는다. 그림언어는 한 폭의 그림을 보는 것과 같다.

스티커처럼 달라붙어 기억에 남는 언어, 상상력을 불러일으켜 감동을 주는 언어가 바로 그림언어다. 그림언어는 이미지를 통해 전달된다. 그러므로 설교자는 그림언어 사용에 귀재가 되어야 한다.

예수님께서 이미지를 불러일으키기 위해 은유와 함께 자주 사용하는 언어가 그림언어다. 그림언어를 어떤 이는 '비유적 언어'라고도 한다. 예수님께서는 유대 백성을 향한 사랑을 표현하실 때도 "내가 너희를 얼마나 사랑하는 줄 아느냐?"라고 하지 않고 "암탉이 그 새끼를 날개 아래에 모음 같이 내가 네 자녀를 모으려 한 일이 몇 번이더냐?"(마 23:37)라고 하시며 그 분의 사랑을 이미지를 통해 생생하게 보고 느끼게 하셨다. 또한 '공중 나는 새'와 '들에 핀 백합화', '양의 탈을 쓴 거짓 선지자' 등도 이미지를 불러오는 그림언어이다.

이미지적인 전달이 이해도 빠르고 분명하다. 귀로 전달되는 정보보다는 눈으로 전달되는 정보가 더 분명하다. 정보 전달 측면에서 그림언어는 시각을 통해 전달되기 때문에 청각을 통한 전달보다 훨씬 강력하다. 그 차이는 라디오와 텔레비전만큼 크다.

'잔고가 바닥난 통장', '시들어 빛바랜 꽃다발', '여기저기 찌그러져 굴러다니는 양은 냄비', '흐릿한 눈으로 하루 종일 창밖을 내다보는 노인' 등은 이미지로 전달되는 그림언어다. 그림언어는 듣는 순간 상상력을 자극하여 이미지를 만들어 낸다.

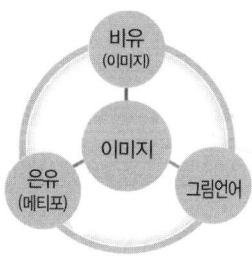

이미지를 만드는 3요소

프레드 B. 크래독 박사는 "상상력은 삶의 현실을 반영할 뿐만 아니라 지루하고 무기력한 설교에서 구할 수 있는 가장 실제적인 것이다"라고 했다. 비유(이야기)와 은유, 그림언어를 통해 설교가 전달될 때 머릿속에 생생한 이미지가 떠올라 회중들은 상상력을 동원해서 설교를 듣게 된다. 이미지로 전달되는 예수님의 설교는 현장감이 있다.

워렌 위어스비 목사는 "나는 설교자로서 하나님의 말씀을 사람의 마음에 전한다. 사람의 마음은 화랑과 같다. '그림언어'로 마음의 화랑에 하나님의 말씀을 그려 줄 때, 청중은 말씀을 들으면서 눈으로 그림을 그리며 하나님의 말씀을 받게 된다. 성령께서 그 '그림언어'를 가슴에 전해주시기 때문에 청중은 변화를 경험한다"고 했다.

구약성경의 선지자들도 하나님의 메시지를 전할 때 추상적인 언어를 사용하지 않았다. 그림을 그리듯이 보고 듣고 느낄 수 있도록 메시지를 전달했다. 유다를 향한 심판을 남쪽으로 기울어진 '끓는 가마', 바벨론의 침략을 '말발굽 소리'로 시청각적 요소를 사용하여 이미지로 전했다.

다윗과 시편 기자들은 하나님을 어떻게 표현하는가? 여호와는 나의 '피난처', '산업', '잔의 소득', '분깃', '반석', '목자', '빛', '생명의 능력', '그늘' 등으로 은유적 표현을 통해 이미지로 전달하고 있다. 특히 시편 18:2에는 은유가 무더기를 이루고 있다.

> [시 18:2] 여호와는 나의 반석이시요 나의 요새시요 나를 건지시는 이시요 나의 하나님이시요 내가 그 안에 피할 나의 바위시요 나의 방패시요 나의 구원의 뿔이시요 나의 산성이시로다

이미지를 통해 진리가 오감으로 전달될 때 "아! 뭔가 보인다. 뭔가 알겠다. 뭔가 느껴진다"는 공감을 불러일으켜 말씀을 경험하게 된다. 이처럼 선지자들이나 예수님께서는 사람들의 귀에 하나님의 말씀을 담으려 하지 않고 눈과 머리, 가슴에 말씀을 각인시키려 하셨다.

그래서 에드워드 막쿼아르트Edward F. Markquart 목사는 *Quest for Better Preaching*에서 적절하게 활용된 이미지는 회중들이 메시지에 참여할 수 있도록 방아쇠를 당기는 역할을 해주며, 창조적인 상상력을 자극하여 삶을 변화시키는 동기를 제공한다고 했다.

이미지 앞에 무릎 꿇은 논리

논리와 이미지가 대결하면 누가 이길까? 압살롬은 반란을 일으켜 아버지 다윗 왕의 왕좌뿐 아니라, 군대 통수권마저 한 손에 거머쥐었다. 다윗 왕은 예루살렘을 황급히 빠져나와 도망을 쳤다. 압살롬은 그의 모사 아히도벨에게 광야로 달아난 아버지 다윗을 어떻게 처리해야 할지 물었다.

> [삼하 17:1-4] 아히도벨이 또 압살롬에게 이르되 이제 내가 사람 만 이천 명을 택하게 하소서 오늘 밤에 내가 일어나서 다윗의 뒤를 추적하여 :2 그가 곤하고 힘이 빠졌을 때에 기습하여 그를 무섭게 하면 그와 함께 있는 모든 백성이 도망하리니 내가 다윗 왕만 쳐죽이고 :3 모든 백성이 당신께 돌아오게 하리니 모든 사람이 돌아오기는 왕이 찾는 이 사람에게 달렸음이라 그리하면 모든 백성이 평안하리이다 하니 :4 압살롬과 이스라엘 장로들이 다 그 말을 옳게 여기더라

아히도벨의 계략을 들은 압살롬은 후새의 의견이 어떠한지 듣기 원했다. 후새가 다윗 왕의 편인 줄 몰랐던 압살롬은 후새를 불러 그의 모략을 들었다.

> [삼하 17:5-13] 압살롬이 이르되 아렉 사람 후새도 부르라 우리가 이제 그의 말도 듣자 하니라… :7 후새가 압살롬에게 이르되 이번에는 아히도벨이 베푼 계략이 좋지 아니하니이다 하고 :8 또 후새가 말하되 왕도 아시거니와 왕의 아버지와 그의 추종자들은 용사라 그들은 들에 있는 곰이 새끼를 빼앗긴 것같이 격분하였고 왕의 부친은 전쟁에 익숙한 사람인즉 백성과 함께 자지 아니하고 :9 지금 그가 어느 굴에나 어느 곳에 숨어 있으리니 혹 무리 중에 몇이 먼저 엎

드러지면 그 소문을 듣는 자가 말하기를 압살롬을 따르는 자 가운데에서 패함을 당하였다 할지라 :10 비록 그가 사자 같은 마음을 가진 용사의 아들일지라도 낙심하리니 이는 이스라엘 무리가 왕의 아버지는 영웅이요 그의 추종자들도 용사인 줄 앎이니이다 :11 나는 이렇게 계략을 세웠나이다 온 이스라엘을 단부터 브엘세바까지 바닷가의 많은 모래같이 당신께로 모으고 친히 전장에 나가시고 :12 우리가 그 만날 만한 곳에서 그를 기습하기를 이슬이 땅에 내림같이 우리가 그의 위에 덮어 그와 그 함께 있는 모든 사람을 하나도 남겨 두지 아니할 것이요 :13 또 만일 그가 어느 성에 들었으면 온 이스라엘이 밧줄을 가져다가 그 성을 강으로 끌어들여서 그 곳에 작은 돌 하나도 보이지 아니하게 할 것이니이다

처음에 아히도벨의 계략을 들었을 때 압살롬과 이스라엘 장로들이 그의 말을 옳게 여겼다. 하지만 후새의 말을 들은 압살롬과 온 이스라엘 사람들은 마음이 변했다.

[삼하 17:14] 압살롬과 온 이스라엘 사람들이 이르되 아렉 사람 후새의 계략은 아히도벨의 계략보다 낫다 하니 이는 여호와께서 압살롬에게 화를 내리려 하사 아히도벨의 좋은 계략을 물리치라고 명령하셨음이더라

압살롬이 아히도벨의 계략을 버리고 후새의 계략을 선택한 이유는 하나님의 역사였다. 하지만 아히도벨과 후새의 진술에는 놀라운 차이점을 발견할 수 있다. 두 사람의 진술에는 어떤 차이가 있을까?

아히도벨은 압살롬의 지성을 자극하는 언어를 사용하여 논리적인 제안을 한다. 반대로 후새는 감성에 호소하는 그림언어를 사용하여 이미지화

했다. 압살롬은 아히도벨의 말은 '귀로 들었지만' 후새의 말은 '눈으로 보고 느꼈다.'

후새가 사용한 언어를 한번 살펴보자. "들에 있는 곰이 새끼를 빼앗긴 것 같이", "사자 같은 용사의 아들이라도 낙심하리니", "바닷가의 많은 모래 같이", "이슬이 땅에 내림같이", "밧줄을 가져다가 그 성을 강으로 끌어들여서" 등이다. 후새는 압살롬으로 하여금 상상 속에서 생생한 이미지를 떠올릴 수 있게 하였다. 그는 이미지를 통해 이미 승리의 주인공이 된 자신을 그려 볼 수 있었다. 압살롬의 마음에는 후새가 그려준 그림이 걸려 있었다.

설교자들은 후새에게 무엇을 배워야 할까? 오늘날 많은 설교자들은 아히도벨같이 설교를 한다. 논리적 진술로 회중을 설득하려고 한다. 그래서 성경의 해석이나 개요를 잔뜩 늘어놓는다. 식당에 온 손님은 메뉴를 구경하려고 오지 않았다. 음식을 먹으려고 온 것이다. 아히도벨이 음식의 메뉴를 설명했다면 후새는 음식의 맛을 보게 했다.

곽선희 목사는 『교회발전을 위한 교육개발』, "성공적인 목회자의 성품"에서 설교자는 성도들의 수준에서 설교해야 한다고 강조한다.

저는 35년 동안 신학대학에서 많은 학생을 가르치면서 그들이 졸업하고 나가서 어떻게 목회하나 유심히 살펴보았습니다. 결론은 간단합니다. 공부를 많이 했다고 목회에 성공하는 것이 아닙니다. 공부를 많이 한 목사는 교인들이 듣거나 말거나 자기 전문적인 용어에 취해 있습니다. 그러면서 교인들이 수준이 낮아서 내 설교를 알아듣는 사람이 별로 없다고 한탄하니 교회가 부흥되겠습니까? 누구를 위해 종을 울리는 것입니까? 시간 시간마다 자기 지식 자랑만 합니다. 히브리어, 헬라어, 몰트만 등 쓸데없는 소리만 하고 있으니 교인들이 잠이나 자게 됩니다.

『성경과 설교』, "교회 성장을 위한 효과적 설교"에서도 곽선희 목사는 이 점을 다시 지적한다. "설교의 제일 큰 함정이 있는데 설교를 강의로 생각하는 것이다. 말 잘하고 논리적으로 정리할 줄 아는 것, 그게 설교의 최고조라고 생각하는 것이다. 설교는 지식을 말하는 강연이 아니다"라고 한다.

예수님께서는 어떻게 설교하셨는가? 랄프 루이스 박사는 *Inductive Preaching: Helping People Listen*에서 예수님께서는 회중과의 원활한 소통을 위해 비유를 사용하여 회중 중심의 설교를 하셨다고 했다. 뿐만 아니라 베드로, 바울, 어거스틴, 성 프란시스, 웨슬리, 에드워즈, 무디 등도 예수님의 스타일을 따라 회중 중심의 설교했다는 것이다.

다음은 워렌 위어스비 목사가 어느 고등학교 초청 강의에서 실패한 경험을 털어놓은 것이다.

내가 시카고에 있는 무디교회에서 목회할 때 어느 고등학교에서 사회 시간에 "성윤리에 대한 성경적 관점"이라는 제목으로 강의해 달라는 부탁을 받은 적이 있다. 그런 부탁이 나한테 왔다는 사실이야 영광이었으나 정작 강의는 그렇지 못했다. 내가 두 가지 실수를 범한 탓이다. 첫 번째 실수는 내가 앞에서 말한 '수도관' 방식으로 온갖 신학을 보따리로 학생들 앞에 풀어놓은 데서 비롯되었다. 불행히도 그 신학 내용들은 그저 수도관 안만 맴돌았을 뿐 학생들의 마음에 전달되지는 못했다. 두 번째 실수는 내 말을 듣는 학생들은 상상력과 감수성이 풍부한, 우뇌적인 학생들이 대다수였는데, 내가 그들을 논리적인, 즉 좌뇌적인 학생들로 전제하고 내 주장을 펼쳐 나간 데서 발생했다. 그러니 그들은 내 말을 듣는 동안 마음은 이미 자리를 걷어차고 멀리멀리 떠나고 만 것이다.

예일대학교 설교학 교수를 지낸 할포드 루콕 Halford E. Luccock 박사는 "설교의 목적은 듣는 사람이 설교의 합리성을 인식하게 하는 데 있는 것이 아니라 그 설교를 통해서 어떤 비전을 보게 하는 데 있다"고 했다.

김지찬 교수는 『언어의 직공이 되라』에서 오늘날 기독교는 이미지와 상징과 은유를 거부하고 오직 이성과 논리만을 중시하고 있다고 지적한다.

성경은 어떤 주제를 부각시키기 위해 이미지로 전달한다. 이것은 인간을 가장 잘 아는 하나님의 깊은 배려다. 성경 속에는 비유와 은유, 그림언어가 함께 뛰놀고 있다. 성경은 이미지의 보고다.

메시지 전달을 뛰어나게 만드는 이미지

구약성경의 선지자들은 예언과 성취를 비유와 은유, 그림언어를 통해 이미지로 전달했다. 선지자들이 진리를 이미지에 담아 전한 이유는 무엇인가? 자신이 직접 보고 듣고 느끼고 경험한 것을 백성들도 보고 듣고 느끼고 경험하도록 하기 위함이다.

사도 바울은 서신서에서 군인, 운동선수, 신부, 그릇, 건축물, 몸 등과 같은 다양한 비유와 은유, 그림언어를 통해 그리스도와 우리의 관계를 이미지로 설명한다.

내가 보고 듣고 느끼고 경험한 것보다 더 선명한 것은 없다. 이미지를 사용하여 설교하면 회중들은 사건 현장을 보고 그 인물을 만나는 경험을 하게 된다. 이것은 인간을 창조하신 하나님께서 우리의 두뇌를 글보다 이미지에 더 빨리 반응하도록 만들어 놓으셨기 때문이다. 특히 영상 시대에 살고 있는 회중들은 듣는 것보다 눈으로 보는 것에 익숙해져 있다.

제드 메드파인드Jedd Medefind와 에릭 로케스모Erik Lokkensmoe는 공저한

『화술의 달인 예수The Revolutionary Communicator』에서 "예수님은 어떤 생각도 어렴풋하고 추상적이고 이론적이고 막연하게 남겨두지 않았다. 이야기로 꾸며졌든, 비유나 실례를 들었든 간에 그분이 말한 모든 개념은 냄새로 맡아지고, 눈에 보이고, 맛으로 느껴지고, 소리로 들리고 손으로 만져졌다. 그리고 이것은 예수님께서 지속적으로 했던 일이다"라고 했다. 예수님께서 오감을 통해 설교하신 이유는 무엇인가? 이미지는 말씀을 감각적으로 체험할 수 있도록 돕고, 감각적 체험은 믿음을 성장시킨다.

다음은 일명 '메라비언 법칙'으로 알려진 UCLA 교수인 앨버트 메라비언Albert Mehrabian 박사의 실험 결과이다.

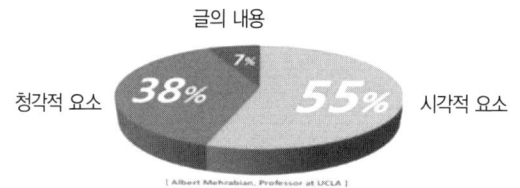

커뮤니케이션에서 가장 큰 영향력을 갖고 있는 요소는 무엇인가? 스피치에서 영향을 미치는 요소는 시각적 요소가 55%, 목소리 크기나 음색 등 청각적 요소가 38%를 차지하며, 전달 내용인 언어는 고작 7%밖에 되지 않는다. 메라비안 법칙에서 알 수 있듯이 사람들은 말을 들을 때 시각적 요소가 결정적인 역할을 한다. 이처럼 설교에서 시각적 이미지가 얼마나 큰 영향을 미치는지 가늠할 수 있다. 시각적 요소에 청각적 요소를 합하면 그 영향력은 무려 93%나 된다.

예수님께서는 비유와 은유, 그림언어를 통해 회중을 진리 안으로 초청하셨다. 회중들은 이미지를 통해 자신들의 모습을 발견했다. 신구약 성경 속에는 비유와 함께 은유와 그림언어가 뛰놀고 있다. 예수님의 설교 속에도 비유와 함께 은유와 그림언어가 뛰놀고 있다. 하지만 우리의 설교 속에는 논리와 추상적인 개념이 뛰놀고 있다. 지혜로운 설교자는 이미지의 효력을 안다.

시골에서 살던 국수가 서울로 이사를 왔다.

같은 동네에 사는 칼국수가 '촌놈'이라고 엄청 놀렸다.

그러던 어느 날 국수가 칼국수에게 대들다가 얻어터졌다.

칼국수가 질질 짜면서 집에 와서 엄마한테 일렀다.

국수 엄마는 화가 머리끝까지 치밀어 칼국수를 붙잡아 실컷 두둘겨 패고 있었다.

"아줌마, 아줌마! 나 칼국수 아니어요. 국수 때린 적 없어요. 나는 라면이어요. 라면!"하고 소리 질렀다.

그러자 국수 엄마가 하는 말,

"야, 칼국수, 너 이놈의 새끼! 네가 파마하면 내가 모를 줄 알았냐?"

살다 보면 오해도 받고, 누명도 쓰고, 억울한 일을 당하기도 한다.

그래서 인생은 직선이 아니라 곡선이다.

하나님과 동행하면 곡선은 곡哭이 아니라 곡曲이 된다.

Chapter 3 예수님의 설교에서의 단파설교

설교, 예수님처럼 하라

제3장 예수님의 설교에서의 단파설교

용어 자체가 낯선 단파설교

먼저 "말은 화복(禍福)의 문"이라는 제목으로 「매일경제신문」에 실린 김용환 한국수출입은행장의 단파 구조의 칼럼을 살펴보자.

늘 말이 문제다. 짐승인 말(馬)이 아니라 사람 입에서 나오는 말(言)이다. 최근 언론 지면에서 일반인이나 유명인 할 것 없이 각종 설화(舌禍)로 곤욕을 치르는 걸 심심찮게 볼 수 있다. 한 번 뱉으면 주워 담을 수 없는 게 말인데도 그게 참 힘든 모양이다.

구화지문 설참신도(口禍之門 舌斬身刀). 후당(後唐) 때 재상을 지낸 풍도(馮道)라는 사람이 한 말로 "입은 곧 재앙의 문이요, 혀는 곧 몸을 자르는 칼"이라는 뜻이다. 그만큼 말 한마디 한마디에 신중을 기하라는 당부로, 필자도 늘 대화 자리에서 염두에 두는 글귀다.

그렇다고 말이 꼭 나쁜 것만은 아니다. 인간은 감정 상태나 사물의 현상, 나아가

추상적 개념까지 소통하는 등 발달된 언어체계에 힘입어 문명을 일으키고 발전시켜왔다. 말은 자기 암시적인 부차 기능도 가지고 있다. 예를 들어 금연을 결심할 때면 흔히들 주변 사람에게 먼저 알리라고 한다. 다른 사람들에게 말을 통해서 내 의지를 표명한 이상, 스스로 그 약속을 지키려고 부단히 노력하게 된다는 것이다. 굳이 이름을 붙이자면 '선언적 효과'랄까?

역사상 가장 위대한 복서 중 한 명으로 꼽히는 무하마드 알리도 말의 긍정적 힘을 빌려 자신의 목표를 이룬 경우다. 그는 언론 매체와 인터뷰를 할 때면 늘 당당하게 "I'm pretty(나는 아름답다)" "I'm the greatest(내가 가장 위대하다)"를 외쳐대곤 했다. 어떤 이들은 그런 그를 두고 '떠벌이'라고 놀렸지만, 훗날 불세출의 챔피언 자리에 오른 그는 "내가 챔피언이 된 것은 반은 실력이고, 반은 말의 힘이다"고 밝혔다. 인종차별이 남아 있던 시절, 한 젊은 흑인 청년이 말이 주는 자기 암시와 긍정적 효과를 일찍이 깨닫고 적절히 잘 활용함으로써 마침내 최고의 자리에 오른 것이다.

반면 말 한마디에 목숨을 잃는 경우도 있다. 촉의 한중을 공략하던 조조는 닭을 먹던 중 '계륵'(鷄肋)을 그날의 암호로 정했다. 부하들은 이 뜻을 놓고 갈팡질팡했지만, 참모 양수는 철군을 예언했다. 주군의 속마음을 너무나 정확히 꿰뚫어 본 그는 결국 괘씸죄로 참수를 당하고 만다. 말이란 '잘하면 약, 못하면 독'인 것이다.

'말'을 핵심 키워드로 사용하여 쓰인 이 칼럼에는 '말의 화복'에 관한 짧은 이야기가 무려 4개나 들어 있다. 말의 중요성을 강조하기 위해서 짧은 이야기 4개를 끌어와 '단파' 구조로 쓰인 칼럼이다. 그래서 이 글을 읽는 독자들에게 큰 울림과 교훈을 준다.

'단파설교'라는 용어 자체가 우리 모두에게 낯설다. 우리는 그동안 장파 구조의 설교만 해왔기 때문에 예수님께서 사용하신 단파 구조의 설교에 대해서는 잘 알지 못한다.

일곱 가지 무지개 빛깔도 장파와 단파로 나뉜다. 파랑색, 남색, 보라색 등은 가시광선 중에서도 파장이 짧은 단파에 속하고, 빨간색, 노란색, 오렌지색 계통의 색은 파장이 긴 장파에 속한다. 파도나 전파도 단파와 장파로 구분된다. 소설에는 장편소설이 있고 단편소설이 있다. 연설문이나 설교문의 구조도 장파와 단파로 구분할 수 있다.

예수님의 설교에는 장파설교long wave preaching가 없다. 예수님의 설교는 단파설교short wave preaching다. 그런데 대부분의 설교자들은 단파설교와 거리가 너무 먼 장파설교를 한다.

'단파설교' 란 무엇인가? 일관된 주장을 펴기 위해 주제는 같으나 내용이 다른 비유들을 하나로 묶어 전달하는 설교 구조를 말한다. 이때 사용되는 비유, 곧 이야기를 '패턴 스토리' pattern story라고 한다. 다시 말해서 패턴 스토리는 단파 구조의 연설이나 설교, 혹은 칼럼에서 꼭 필요한 요소이다.

그렇다면 '패턴 스토리' 란 무엇인가? 전미 최고의 명강사 더그 스티븐슨 Doug Stevenson은 『명강의 무작정 따라하기Never be boring again』에서 패턴 스토리에 대해 다음과 같이 설명하고 있다.

패턴 스토리는 일정한 패턴을 가지고 있는 이야기를 말한다. 마치 잘 짜인 한 편의 연극처럼 이야기 속에 뚜렷이 점증하는, 또는 하강하는 패턴을 가지고 있다. 이것은 전문 연설가들이 사용하는 아주 정교한 스토리 타입이다. 패턴 스토리는 같은 테마를 다룬 이야기 몇 개를 한꺼번에 담아 강의하는 기법을 말한다. 패턴 스토리에 등장하는 이야기들은 하나의 일관된 교훈을 향해 달려가야 하기 때문에 매우 정교한 스토리 라인이 갖춰져 있어야 한다. 잘 짜인 패턴 스토리는 청중에게 스릴과 기대 그리고 만족감을 줄 수 있다는 점에서 최고의 전문 연설가들이 즐겨 사용하는 기법이다.*

옷감이나 벽지, 혹은 포장지에서 일정한 문양들이 규칙적으로 반복되어 있는 것을 발견한다. 아래 그림처럼 일정하게 반복되는 형태의 문양이나 무늬를 디자인 분야에서는 '패턴 스토리'라고 부르기도 한다.

이처럼 설교나 강의, 혹은 연설을 할 때, 주제는 같으나 내용이 서로 다른 이야기들을 '패턴 스토리'라고 한다.

패턴 스토리로 구성된 단파설교

이제 마태복음 6:1-18에 나오는 예수님의 단파설교에서 패턴 스토리가 어떻게 사용되고 있는지 살펴보자.

▶ 비유1 : 구제할 때 외식하는 자(1-4절)

사람에게 보이려고 그들 앞에서 너희 의를 행하지 않도록 주의하라 그리하지

★ 더그 스티븐슨은 수년간 연극배우로 활동한 경력을 지닌 미국 최고 명강사이자 강의법 코치 전문가다. 스토리텔링을 이용한 연설 분야에서 명성을 떨쳤다. 미국 국방부, UPS, 폭스바겐의 CEO들에게 강의법을 코치했으며, 전 세계 유수 기업 및 유명인들의 연설, 강연, 프레젠테이션 컨설턴트로 활동하고 있다.

아니하면 하늘에 계신 너희 아버지께 상을 받지 못하느니라 :2 그러므로 구제할 때에 외식하는 자가 사람에게서 영광을 받으려고 회당과 거리에서 하는 것 같이 너희 앞에 나팔을 불지 말라 진실로 너희에게 이르노니 그들은 자기 상을 이미 받았느니라 :3 너는 구제할 때에 오른손이 하는 것을 왼손이 모르게 하여 :4 네 구제함을 은밀하게 하라 은밀한 중에 보시는 너의 아버지께서 갚으시리라

▶ 비유2 : 기도할 때 외식하는 자(5-8절)
또 너희는 기도할 때에 외식하는 자와 같이 하지 말라 그들은 사람에게 보이려고 회당과 큰 거리 어귀에 서서 기도하기를 좋아하느니라 내가 진실로 너희에게 이르노니 그들은 자기 상을 이미 받았느니라 :6 너는 기도할 때에 네 골방에 들어가 문을 닫고 은밀한 중에 계신 네 아버지께 기도하라 은밀한 중에 보시는 네 아버지께서 갚으시리라 :7 또 기도할 때에 이방인과 같이 중언부언하지 말라 그들은 말을 많이 하여야 들으실 줄 생각하느니라 :8 그러므로 그들을 본받지 말라 구하기 전에 너희에게 있어야 할 것을 하나님 너희 아버지께서 아시느니라

▶ 비유3 : 금식할 때 외식하는 자(16-18절)
금식할 때에 너희는 외식하는 자들과 같이 슬픈 기색을 보이지 말라 그들은 금식하는 것을 사람에게 보이려고 얼굴을 흉하게 하느니라 내가 진실로 너희에게 이르노니 그들은 자기 상을 이미 받았느니라 :17 너는 금식할 때에 머리에 기름을 바르고 얼굴을 씻으라 :18 이는 금식하는 자로 사람에게 보이지 않고 오직 은밀한 중에 계신 네 아버지께 보이게 하려 함이라 은밀한 중에 보시는 네 아버지께서 갚으시리라

이는 마태복음에서 처음 발견되는, 패턴 스토리로 구성된 예수님의 단파설교의 모델이다. 예수님께서 사용하신 3가지 비유가 바로 패턴 스토리다. 각 비유의 키워드는 같지만 비유의 내용은 서로 다르다.

마태복음 6:25-32에서 예수님께서 '염려'를 키워드로 패턴 스토리를 사용하여 단파설교를 하신 예를 다시 한 번 살펴보자.

▶ 비유1 : 하나님이 기르시는 공중의 새(25-27절)
그러므로 내가 너희에게 이르노니 목숨을 위하여 무엇을 먹을까 무엇을 마실까 몸을 위하여 무엇을 입을까 염려하지 말라 목숨이 음식보다 중하지 아니하며 몸이 의복보다 중하지 아니하냐 :26 공중의 새를 보라 심지도 않고 거두지도 않고 창고에 모아들이지도 아니하되 너희 하늘 아버지께서 기르시나니 너희는 이것들보다 귀하지 아니하냐 :27 너희 중에 누가 염려함으로 그 키를 한 자라도 더할 수 있겠느냐

▶ 비유2 : 하나님이 기르시는 들의 백합화(28-29절)
또 너희가 어찌 의복을 위하여 염려하느냐 들의 백합화가 어떻게 자라는가 생각하여 보라 수고도 아니하고 길쌈도 아니하느니라 :29 그러나 내가 너희에게 말하노니 솔로몬의 모든 영광으로도 입은 것이 이 꽃 하나만 같지 못하였느니라

▶ 비유3 : 하나님이 기르시는 들풀(30-32절)
오늘 있다가 내일 아궁이에 던져지는 들풀도 하나님이 이렇게 입히시거든 하물며 너희일까보냐 믿음이 작은 자들아 :31 그러므로 염려하여 이르기를 무엇을 먹을까 무엇을 마실까 무엇을 입을까 하지 말라 :32 이는 다 이방인들이 구하

는 것이라 너희 하늘 아버지께서 이 모든 것이 너희에게 있어야 할 줄을 아시느니라

예수님께서 단파설교를 위해 사용하신 것이 무엇인가? 패턴 스토리다. 3개의 비유들은 하나의 일관된 교훈을 가지고 있는 패턴 스토리다.

예수님의 단파설교는 모든 설교자가 믿고 따를 수 있는 가장 확실한 모델이다. 아니 모든 설교자가 반드시 믿고 따라야 할 모델이다.

패턴 스토리로 구성된 단파강의

현재 세계 최고 MBA 강의로 명성을 얻고 있는 교수는 스튜어트 다이아몬드다. 다이아몬드 교수의 강의에 대한 평가는 어떻게 나타나고 있는가? 협상 코스 과목은 와튼 스쿨 MBA 과정에서 가장 비싼 강의임에도 불구하고 15년 연속 최고의 인기 강의로 명성을 이어오고 있다. 그의 강의 내용이 『어떻게 원하는 것을 얻는가』라는 이름으로 세상에 나왔다.

다음은 협상 코스 제2강, 사람과 관계 "진심을 헤아리는 법"의 강의 내용이다.

면접을 앞둔 한 학생이 백화점에 갔다. 그는 350달러로 할인된 500달러짜리 양복을 골랐다. 카운터에 갔을 때 담당 직원은 다른 고객들에게 시달리고 있었다. 불평하는 고객들이 떠날 때까지 한참을 기다렸다.

"진상 고객을 상대하는 일이 만만치 않죠?" 하고 직원을 위로했다. 그리고 다른 추가 할인 혜택은 없는지 물었다. 직원은 없다고 대답했다. 그는 포기하지 않고 웃

으면서 말을 이어갔다.

"저같은 좋은 고객을 위한 할인은 없나요?"

"50달러 정도면 될까요?"

이 학생은 지쳐있는 백화점 직원을 위로해준 덕분에 추가 할인 혜택을 누렸다.

한 번은 강의에 늦은 적이 있었다. 왕복 2차선 도로에서 고장 난 트럭 한 대가 차선 하나를 가로막고 있었다. 차들이 서로 대치하면서 비킬 생각을 하지 않았다. 차에서 내려 반대편 차들을 막고 경적을 울려대는 택시 운전수에게 다소 강압적인 어투로 말했다.

"꼭 그렇게까지 해야겠습니까?"

그는 몹시 못마땅한 얼굴로 나를 노려보았다. 나는 실수를 저질렀다는 사실을 깨달았다.

"그러니까 제 말은… 조금만 양보해주시면 좋을 것 같아서 하는 얘기입니다."

하지만 그는 여전히 꿈쩍도 하지 않았다. 그것만으로는 충분하지 않았던 것이다. 나는 정말 간절한 눈빛으로 진심을 담아 말했다.

"아무래도 운전을 가장 전문적으로 하는 분이 먼저 길을 열어주셔야 할 것 같습니다."

그는 그제야 어깨를 으쓱하더니 차를 뺐다.

나는 교통경찰에게 걸릴 때마다 최대한 존중하는 말투로 "처분에 맡기겠습니다"라고 말한다. 뉴욕 시내에서 안전띠를 착용하지 않아 교통경찰에게 적발된 적이 있다.

"수고하십니다. 적발되지 않았으면 안전띠를 안 맨 것조차 몰랐을 뻔했네요. 지적해 주셔서 감사합니다."

당연히 나는 벌금을 물지 않았다.

데니스의 다섯 살 난 딸 레지나는 공주처럼 살고 싶어 하는 꼬마 아가씨다. 방은 온통 공주 그림으로 도배해 지저분했다. 데니스는 야단을 치기보다 딸의 입장에서 접근했다.

"공주님 방은 이렇지 않아, 그렇지?"

레지나는 잠시 생각하다가 "네."하고 대답했다.

"그럼 어떻게 해야 할까?"

"깨끗하게 청소해서 진짜 공주님 방처럼 만들어야 해요."

문제가 해결되는 데는 채 3분도 걸리지 않았다.*

스튜어트 다이아몬드 교수의 강의 구성은 어떤가? 위에서 소개한 네 개의 사례가 전부가 아니다. 무려 여섯 개의 사례를 패턴 스토리로 묶어 학생들에게 들려준다. 강의 구성이 예수님의 단파설교와 아주 흡사하다. 그는 하버드대학 로스쿨을 졸업한 변호사다. 하지만 변호사 출신답지 않게 논리적인 설명 대신에 비유적 설명을 한다. 그는 어떤 주제도 예수님처럼 패턴 스토리로 접근하여 비유적으로 설명하는 단파강의를 한다. 그가 MBA 과정의 학생들에게 일관되게 스토리텔링을 통해 단파강의를 하는 이유가 뭘까? 패턴 스토리를 통한 단파강의의 막강한 힘을 알고 있기 때문이다.

★ 스튜어트 다이아몬드 교수는 와튼 스쿨 MBA와 하버드 로스쿨을 졸업했다. 뉴욕타임스 기자로 활동 당시 퓰리처상을 받았으며 변호사와 컨설턴트, 협상 전문가로 명성을 얻었다. JP모건, 체이스, IBM, 구글, 마이크로소프드 등 세계 100대 기업 중 절반이 그에게 직접 컨설팅을 받았다. 펜실베이니아대학교의 와튼 스쿨Wharton School은 1881년 세워진 미국 최초의 경영대학원으로 MBA분야에서 세계 최고의 학교로 평가받고 있다. 투자의 귀재라 불리는 워렌 버핏, 도널드 트럼프 미국 대통령, 책벌레로 알려진 안철수 국회의원도 와튼 스쿨 졸업생이다.

MBC TV 희망특강 "파랑새"의 주 강사였던 김미경 원장도 단파강연을 한다. 『김미경의 아트 스피치』에서 "에피소드* 하나로 끝장을 보려 하면 안 된다. 하나의 논리를 받쳐주는 여러 에피소드를 서로 연결해 여러 번 검증할수록 스피치는 탄력을 받는다"고 했다. 그리고는 "매너리즘에 빠지지 말자"라는 자신의 주제 강연을 예로 들었다.

고속버스 터미널에서 매표소 직원의 말을 생각해 보세요. '감사합니다'라는 말을 하는 건지 마는 건지 그저 '솨솨' 소리만 들리잖아요. 일한 지 3개월 된 분들도 3년 된 것처럼 '솨솨' 소리만 내요. 고속 터미널만 그러나요?

예전에 은행도 그랬어요. 제가 15년 전 은행에 대출 때문에 전화했는데 하도 '솨솨' 해서 무슨 말인지 도대체 알아듣지를 못했거든요. 그러다가 대출계로 전화가 넘어 갔는데 어떤 여자가 낭랑한 목소리로 '감사합니다. 이 아무개 대리입니다'라고 전화를 받는 거예요. 그 또렷한 목소리에 감동했죠. 대출 자격을 확인하기 위해 통장 번호를 불러 달래요. 그런데 통장이 어디 가고 안 보이잖아요. 당황해서 지금 없다고 하니까 상냥한 목소리로 '대신 주민등록번호를 말씀해주셔도 됩니다' 하더군요.

다른 분들은 그런 경우 짜증을 내면서 '원래는 안 되는데 이번만 해드릴 테니 주민번호 부르세요' 이랬거든요. 나중에는 대출 자격이 된다면서 '지금 필기 준비 되셨습니까? 준비할 것은 인감도장, 주민등록등본, 통장입니다'라고 친절하게 말하는데 속으로 놀랐어요. 괜찮은 사람이다 싶더라구요. 보통은 기다려달라고 외치면서 허겁지겁 받아 적거나 무슨 소리인지 몰라 포기하고 끊는 경우가 많거든요.

★ 에피소드(episode)의 사전적 의미는 텔레비전 드라마에서 한 회를 말한다. 그러나 일반적으로 에피소드는 남에게 알려지지 않은 짧은 이야기 혹은 사건을 말한다.

이런 매너리즘에 빠진 직원들이 또 어디에 있을까요? 병원입니다. 10년 된 간호사는 엄청 무서워요. 환자는 벌벌 떨면서 말하죠. '자궁암인 것 같아 조직 검사 받으러 왔는데요.' 그럼 간호사가 뭐라고 하는지 아세요? '다들 그래서 오신 거니까 진찰권 놓고 저기서 줄을 서세요.' 환자는 평생 처음으로 암에 걸려서 정신이 없지만 간호사는 10년 동안 암에 걸린 사람만 봐서 지겨운 겁니다. 간호사는 10년을 일했어도 프로가 아닌 거죠.

백화점 구두 매장에서 '이것 얼마예요?' 물어볼 때 뛰어오면 입사 3개월 미만이고 '거기 써 있잖아요' 하면서 구두칼로 다리를 치면서 돌아다니는 사람은 3년차 이상이래요. 여러분, 매너리즘에 빠지는 순간 직업적 가치는 땅에 떨어집니다.

여기서 4개의 에피소드는 서로 맞물려 있다. 중심 에피소드에 3개의 보조 에피소드를 연결함으로써 4번이나 검증하고 설득하는 과정을 거치게 된다. 이렇게 '매너리즘' 이라는 주제의 4개의 에피소드가 결합하면 논리에서 벗어나지 않을 뿐만 아니라 청중들은 '에피소드의 십자포화' 속에서 스스로 사고하고 정리하게 된다는 것이다.★

김미경 원장은 일관된 주제를 가진 4개의 에피소드를 패턴 스토리로 묶어 단파강연을 한 것이다. 이야기는 힘을 가지고 있다. 하나의 주제가 패턴 스토리로 뭉쳐질 때 이야기는 막강한 폭발력을 갖게 된다.

예수님께서 설교에 목말라하는 나에게 제일 먼저 보여 주신 것이 단파설교였다. 대부분의 설교자들이 서론-본론-결론, 혹은 기승전결 형태의 장

★ 김미경 원장은 연세대학교 음대 작곡과를 졸업하고 이화여대 정책과학대학원에서 석사학위를 받았다. 29세 때 독학으로 강의를 시작했다. 그 후 16년간 각종 교육현장, 방송, 라디오 등에서 강의했다. 특히 MBC 희망특강 「파랑새」에서 '국민강사' 의 반열에 올랐다. 현재 아트 스피치 연구원 원장으로 있다.

파설교를 한다. 귀납법적 설교, 혹은 내러티브 설교를 주장하는 학자들도 장파설교를 한다. 하지만 예수님께서는 단파설교를 고집하셨다. 4복음서에는 단 한 편의 장파설교도 찾을 수 없다. 왜 예수님께서는 단파설교를 하셨을까?

첫째는 탁월한 이해력과 설득력을 들 수 있다. 김미경 원장이 언급한 것처럼 비유를 여러 번 겹쳐서 전할 때 회중도 '그래, 맞아' 하고 설득을 당하게 된다.

둘째는 지루함을 막을 수 있다. 앞서 언급한 바와 같이 사람은 누구나 지루한 것을 견디지 못한다. 그러므로 단파설교에 사용되는 비유들은 짧다. 하지만 장파설교는 서론부터 결론까지 다 들으려면 기다리는 인내(?)를 감수해야 한다. 서론부터 결론까지 정신을 차리고 끝까지 들어야 이해가 가능하다. 잠깐 다른 생각을 하다가 흐름을 놓치면 그만 혼돈에 빠지게 된다.

예수님께서는 철저하게 논리적인 설명과 장파설교를 배제하셨다. 예수님께서 패턴 스토리를 통해 단파설교를 하신 것은 그만큼 회중 이해가 탁월하셨기 때문이다.

패턴 스토리로 구성된 단파연설

미국 역사상 첫 흑인 대통령, 검은 케네디로 불리는 버락 오바마는 감성을 자극하는 연설가로 유명하다. 44대 미국의 대통령이 되어 세계를 놀라게 했던 그가 재선에 성공한 성공 비결 중 하나는 사람들의 마음을 사로잡는 스피치 실력에 있다. 민주당 대선후보 수락연설을 시청한 사람이 4천만 명을 넘은 것으로 AP통신은 추산했다.

오바마의 2008년 대선후보 수락연설과 유세연설, 그리고 당선연설에서 가장 두드러지게 나타난 특징은 패턴 스토리를 사용한 단파연설이다. 특히 대선후보 수락연설과 유세연설의 내용은 차이가 거의 없다. 차이가 있다면 대선후보 수락연설에서는 패턴 스토리를 집중해서 사용했지만 키 메시지는 사용하지 않았다. 하지만 유세연설에서는 **패턴 스토리+키 메시지** 구조의 단파연설을 했다.

제가 일리노이 주 게일즈버그에서 만난 노동자들, '메이택' 공장이 멕시코로 이전하는 바람에 일자리를 잃고 이제 시간당 7달러짜리 일자리를 놓고 자기 자식과 경쟁해야 합니다.

제가 만난 한 아버지, 일자리를 잃고서 건강보험 없이 한 달에 4,500달러나 하는 아들 약값을 어찌해야 할지 몰라 걱정하며 눈물을 참던 그는 아들을 위해 더 많은 일을 해야 합니다.

이스트 세인트루이스에서 만난 젊은 여성, 성적도 우수하고 의지도 확고하지만 등록금이 없어 대학에 못 가는 그녀와 같은 수많은 사람들은 더 많은 일을 해야 합니다. 자, 오해하지 마십시오. 작은 마을이나 큰 도시에서, 식당과 상업지구에서 제가 만난 사람들은 정부가 그들의 모든 문제들을 풀어주길 기대하지 않습니다. 그들은 성공하기 위해 열심히 일해야 한다는 사실을 잘 알고 있고, 그러기를 원하고 있습니다. 하지만 일자리가 부족합니다. '변화! 우리의 필요입니다!'

오늘밤에도 더 많은 미국인이 직장을 잃고, 더 많은 근로자가 적은 임금에 혹사당하고 있습니다. 여러분 중 많은 이들이 살 집을 잃고 있으며, 그보다 더 많은 이들이 여러분의 집값이 폭락하고 있는 것을 지켜보고 있습니다. 여러분 중 많은 이들은 운전해 볼 엄두도 못 낼 자동차를 소유하고 있으며, 결제할 능력도 없는 신용카드와

도저히 감당할 수 없는 학자금을 떠안고 있습니다. '변화! 우리의 필요입니다!'

이런 문제들이 모두 정부 탓은 아닙니다. 그러나 워싱턴 정가와 조지 W. 부시 행정부는 정책은 물론, 이에 대해 제대로 조치를 마련하는 것조차 실패함으로써 문제의 직접적 원인을 제공하고 말았습니다. 미국 국민 여러분, 우리에게는 지난 8년보다는 더 나은 삶을 누릴 자격이 있습니다. 우리에게는 이보다 더 나은 나라에 살 자격이 있습니다. '변화! 우리의 필요입니다!'

공화당 후보 존 메케인은, 용맹과 기품으로 미군 제복을 입고 있으며, 그런 이유로 우리는 그에게 감사와 존경을 보냅니다. 그리고 다음 주 우리에게 필요한 변화를 가져올 증거로, 자신의 당과 함께 그가 깨 버릴 기회에 대해 듣게 될 것입니다. 하지만 기록은 명확합니다. 존 메케인은 조시 부시의 정책 중 90%를 찬성했습니다. 메케인 상원의원은 판단력에 대해 말하기를 좋아하는데, 여러분이 조지 부시가 90% 이상 옳았다고 생각하신다면 그런 판단에 대하여는 어떻게 말해야 할까요? 여러분은 어떨지 모르겠지만, 저와 우리 모두는 10%뿐인 변화의 기회를 선택할 준비는 되어 있지 않습니다. '변화! 우리의 필요입니다!'

이 나라는 오하이오 주에 사는 어떤 여성이 평생 열심히 일했음에도 불구하고 은퇴 직전, 그동안 끔찍하고 고단했던 불운한 처지에서 벗어나는가 싶더니 그만 자신이 병에 걸린 것을 안, 그런 나쁜 나라가 아닙니다. 이 나라는 인디애나 주에 사는 한 남성이 20년 동안 일하면서 썼던 장비를 직접 포장해 그것이 중국으로 선적되는 걸 지켜보고 집으로 돌아와 가족에게 그 일을 전하며 목이 메어 패배감을 이야기하는, 그런 인색한 나라가 아닙니다. 우리는 퇴역군인을 노숙하게 만들며 가정을 빈곤으로 밀어 넣는 정부보다는 배려심이 더 깊습니다. 미국의 주요 도시가 우리 눈앞에서 물에 잠겼는데도 수수방관하는 정부보다는 말입니다. 오늘밤, 저는 이 위대한 땅 전국에 계신 미국 국민께, 민주당원과 공화당원, 그리고 무소속 유권자 분들께 말씀드립니다. 더 미룰 수도 없습니다. 더 기다릴 수도 없습니다. 바로 지금 우리 앞에 기회가 왔습니다. 이제 우리는 기회를 놓쳐서는 안 됩니다. '변화! 우리의 필요입니다!'

이 순간, 이 선거는 우리가 21세기를 맞아 미국의 약속을 살릴 기회입니다. 다음 주, 미네소타 주에서 조시 부시와 딕 체니가 두 번 연임을 누렸던 바로 그 당이, 이 나라에서 세 번째로 집권할 것인지 물을 것이기 때문입니다. 그리고 우리는 이 나라를 너무나 사랑하기에, 다음 4년을 지난 8년과 똑같은 지경이 되도록 놔둘 수 없어 여기 모였습니다.

11월 4일 우리는 일어나 외쳐야 합니다. 8년이면 충분합니다. 이제 의혹을 걷어 냅시다. '변화! 우리의 필요입니다!'

오바마 연설은 왜 먹힐까? 보통 연설은 지루하다. 그러나 오바마 연설은 전혀 지루하지 않다. 오바마의 연설에는 보통 6-8개 정도의 패턴 스토리가 나오는데 그 이야기들이 길지 않다. 단파연설을 위해 키워드 '변화'에 맞추어 패턴 스토리로 연설을 구성했다. 그리고 패턴 스토리에 키 메시지를 담아 반복해서 짧게 전한다. 패턴 스토리와 키 메시지가 몇 번 반복적으로 이어지면 어느새 청중들은 오바마가 언제 키 메시지를 외칠 지를 알아차린다. 그리고 청중들은 "변화! 우리의 필요입니다!"라는 키 메시지를 오바마와 함께 외치게 된다.

누가 즐겨 사용했던 방법인가? 오바마 연설의 구조는 예수님께서 사용하셨던 단파설교 구조와 일치한다. 버락 오바마 대통령은 단파연설의 고수다. 그래서 사람들은 "오바마처럼 연설하고 오프라처럼 대화하라"고 한다.

이야기에는 사람의 감성을 자극하는 힘이 있다. 그러나 어떤 이야기도 길어지면 감동이 반감된다. 감동이 식으면 그 자리는 지루함이 채운다. 식은 감동을 다시 불러일으키는 것보다 청중들 속에 있는 감동을 이어가기가 훨씬 쉽다. 그러므로 패턴 스토리로 짜인 단파연설은 지루함을 주지 않을 뿐더러 감동을 끝까지 이어갈 수 있는 장점이 있다.

패턴 스토리로 구성된 단파칼럼

다음은 「국민일보」에 실린 하버드대학교 조세핀 김 교수의 "우리 아이들의 팔은 세상을 향해"라는 제목의 칼럼이다.

우리 자녀들은 글로벌 시민의 비전을 키워야 한다. 더 넓은 시야를 가지고 온 세계를 생각할 수 있는 마인드를 가져야 한다. 팔을 안으로만 굽히지 말고 전 세계를 향해 펼쳐야 한다. 나아가 천국의 시티즌이라면 하나님의 마음과 눈으로 온 세상을 사랑할 수 있어야 한다. 글로벌화 된 이 세상은 점점 작아지고 좁아지고 있다. 하지만 우리는 얼마나 다른 사람들을 마음에 품고 하나님의 눈으로 세상을 바라보고 있을까? 세계에서 일어나는 일들을 남의 일이라 여기지 말고, 세계적인 사건들에 대해 아이들을 교육시키며 관심을 갖게 해야 한다. 남의 일을 바로 우리 일로 만들어야 한다. 하나님이 원하시는 일이다.

엘렉스 스콧은 만 한 살 때 소아암 진단을 받았다. 스콧은 네 살 때 소아암 때문에 힘들어하는 다른 아이들을 위해 무언가 할 수 있는 게 있지 않을까 고민했다. 그래서 소아암 연구를 위해 기부금 모금을 생각했다. 집 앞에 레몬에이드 스탠드를 만들어 그것을 팔아 모은 돈을 기부하기로 했다. 스콧에 대한 소문이 퍼져서 첫 레모네이드 스탠드를 통해 2,000달러를 모을 수 있었다. 매일 이 일을 위해 온 가족이 헌신했다. 스콧은 8세 때 하나님 품에 안겼지만 1996년 네 살 꼬마가 시작한 레모네이드 스탠드는 지금도 운영되고 있다. 오늘날까지 7,500만 달러가 스콧 이름으로 소아암 연구를 위해 전달됐다. 스콧은 아픈 몸을 가졌지만 팔을 안으로 굽히지 않고 세계를 향해 펼쳤다.

6세 라이언 렐젝은 어느 날 아프리카 아이들이 먼 거리를 걸어 매일 물을 길어 온다는 소식을 접했다. 자기는 물을 너무 쉽게, 편하게 원하는 만큼 사용할 수 있지만 같은 또래 아이들이 이런 노동을 해야 한다는 사실이 마음 깊은 곳에 아픔으로 전해졌다. 렐젝은 집안일을 하며 용돈을 모으고 깨끗한 물의 중요성을 알렸다. 그리고 모아진 기금으로 99년 우간다의 한 초등학교에 첫 우물을 파줬다. 오늘날까지 667개 우물을 16개국에 만들어주었다. 아프리카의 72만 명의 아이들이 렐젝이 제공해준 깨끗한 물로 삶의 질을 개선할 수 있었다.

초등학교 1-2학년 아이들을 주일학교에서 지도할 때 이 아이들과 북한에 대해 나누며 기도할 기회가 있었다. 어린 초등학생들이 공감의 능력을 발휘했다. 스스로 북한을 위해 모금하고 교회에서 바자회를 열겠다고 말했다. 한 학생은 자기들이 모금한 것이라며 꽤 많은 동전을 가져왔다. 북한에 있는 아이들은 굶는데 자기들은 너무 풍족하다며 그동안 한 끼를 금식하며 기도했다고도 했다.

제커리 바너는 어렸을 때 오토바이 사고로 아버지를 잃었다. 엄마, 누나와 힘들게 살았다. 그러던 어느 날 바너는 뉴스에서 허리케인 피해자들이 물을 필요로 한다는 보도를 봤다. 일곱 살 바너는 물을 모으기로 했다. 빨간 수레를 끌고 동네를 다니며 물을 모았다. 다음 날에는 속옷, 양말, 칫솔 등이 필요하다고 모았다. 바너는 배낭을 기증받아 물건을 담았다. 짧은 시간에 400개의 배낭을 준비하고 물과 함께 전달했다. 9년 후 바너는 비영리 단체를 세워 지금까지 계속 남을 돕는 일을 하고 있다. 2010년도에 바너는 미국 플로리다 주에서 캘리포니아 주까지 4,000km가 넘는 거리를 걸으면서 노숙인들에게 먹을 것을 나눠줬다. 집집마다 노크하며 "얘들아, 우리가 지금 이러고 있을 때가 아니야. 우리는 할 일이 너무 많아. 이 일을 함께하지 않을래?"라며 아이들을 일깨우는 일도 했다. 기자들이 바너에게 물었다. 어떻게 어린 나이에 이런 엄청난 일을 할 수 있는지, 이런 마인드는 어떻게 생겼는지를 말이다. 바너는 "엄마가 주말마다 봉사하며 섬기는 모습을 지켜봤다. 하나님은 모든 사람에게 삶의 목적을 주시는데, 남을 돕는 이 일이 나에게 주신 내 삶의 목적"이라고 고백했다. 그는 팔을 넓게 펼쳐 하나님의 마음을 전 세계에 전달했다.

21세기에는 기부하는 방법도 다양하다. 6만 원이면 물과 우유를 한 가정에게 제공해주는 양 한 마리를 선물할 수 있다. 3만 원이면 새끼 돼지를 기부할 수 있는데, 이 돼지가 1년 만에 한 가정을 먹여 살리는 100kg의 돼지가 된다. 4만 원이면 병아리 12마리를 선물할 수 있는데 온 가족이 달걀을 먹고 팔 수 있는 선물이 된다.*

오바마의 유세 연설처럼 조세핀 김 교수의 칼럼도 패턴 스토리를 사용한 단파구조의 칼럼이다. 자신의 주장을 펴기 위해 4개의 패턴 스토리를 끌어

★ 조세핀 김 교수(한국명 김명화)는 현재 미국 하버드대학교 교육대학원 교수로 재직하고 있다. 정신건강 전문 상담가이자 대학교 내 폭력문제 전문가로 2007년 버지니아공대에서 발생한 조승희 총기난사 사건 후 캠퍼스 전문 상담가, 언론 자문위원으로 활동하고 있다. 저서로는 『우리 아이 자존감의 비밀』, 『교실 속 자존감』 등이 있다.

왔다. 다른 사람들의 칼럼을 읽다보면 지루하다. 하지만 조세핀 교수의 칼럼은 지루함이 없다. 마치 예수님의 설교처럼 누구나 흥미를 갖게 된다. 그리고 마침내는 쉽게 설득당할 수밖에 없다.

연설이나 설교의 최고의 적

연설이나 설교의 최고의 적은 무엇일까? 지루함이다. 보통 연설은 지루하다. 연설이 지루한 이유는 무엇일까? 서론-본론-결론 형태의 논리적 설명을 하기 때문이다. 스토리텔링이 빠진 장파연설이나 설교는 누가 어떻게 해도 지루할 수밖에 없고, 시간이 갈수록 감동은 점점 반감된다.

해돈 로빈슨Haddon W. Robinson 교수는 그의 아들과 공저한 『1인칭 내러티브 설교First-person Narrative Messages』에서 설교에서 지루함을 다음과 같이 경계하고 있다.

지루함은 탄저병*과 같아서 무언가를 말라 죽게 할 수도 있다. 사람들은 기독교 신앙에 설득당하기보다 갈수록 설교를 더 지겨워하고 있다. 지루하고 무미건조한 설교는 눈이 감기게 하고 꾸벅꾸벅 졸게 할 뿐 아니라 생명과 소망을 파괴한다. 하나님과 예수 그리스도, 그리고 성경을 주간 신문의 구직 광고들처럼 지겨운 것으로 생각하게 만드는 것보다 사람들의 믿음을 더 손상시키는 일이 있을까? 지루함은 이처럼 청중을 무기력하게 만든다. …지겨움을 제거하는 최상의 방법은 이야기를

★ 탄저병은 문헌에 남아 있는 동물의 질병 중 가장 오래된 것의 하나로 출애굽기 9:9에서 모세가 언급하고 있다. 18-19세기에는 유럽의 남부에 퍼져 수많은 사람과 동물의 생명을 앗아갔다. 이 질병의 무서운 공포에 대해서는 고대 그리스와 로마, 중세와 현대의 많은 저자들에 의해 언급되었다.

전하는 것이다. 예수님은 설교하실 때 이야기로 말씀하셨다. 우리가 예수님을 신학자로 생각하지 않는 이유는 아마도 그분이 이야기꾼이셨기 때문일 것이다. …예수님의 이야기는 효력을 발휘했다. 평민들은 예수님의 말씀을 듣기 위해 먼 거리를 걸어 올 정도로 그 비유에 열광했고, 그분의 대적들은 예수님을 제거할 정도로 그 이야기의 요점을 뼈저리게 깨달았다. 이야기는 귀납적이다. 이야기는 폭탄을 투척하기 위해 방어 시설로 잠입하는 비밀 폭파범과 유사하다.*

현대인은 지루함을 참지 못한다. 짧은 비유들을 패턴 스토리로 묶어서 전하는 예수님의 설교는 전혀 지루하지 않다. 이야기가 순식간에 끝을 맺고 다음 이야기로 진행되기 때문에 흥미를 갖게 한다. 또한 다음에는 어떤 이야기가 나올까 하고 궁금증을 자아내게 한다. 회중들이 설교에 흥미를 갖고, 정확히 설교를 이해하고, 설교가 기억에 남도록 전달하는 예수님의 탁월한 설교 능력은 누구와 비교할 수 없다.

김자영 교수는 CEO를 위한 스피치의 노하우를 위해 저술한 『말을 디자인하면 경영이 달라진다』에서 논리적 구조의 연설의 문제점을 지적한다.

여러분은 여러 사람들 앞에서 이야기를 할 때, 어떤 순서로 이야기하는가? 적지 않은 사람들이 서론-본론-결론의 순서를 따른다. 학교에서 배운 글의 이상적인 구조가 무의식중에 남아 있는 것이다. 즉 서론에서는 이런저런 들어가는 이야기를 하며 전달하고 싶은 메시지를 위해 분위기를 조성하고, 본론에서는 이유나 근거를 쭉 늘어놓다가, 결론에 이르면 핵심 메시지를 쾅하고 제시하는 거다. 그런데 사실 이

★ 해돈 로빈슨 박사는 커뮤니케이션의 전문가이자 탁월한 설교자다. 달라스신학교에서 19년 동안 설교학 교수로 재직했다. 지금은 고든콘웰신학교의 설교학 교수로 재직하고 있다. 강해설교뿐만 아니라 내러티브 설교에 대한 그의 관심은 효과적인 메시지 전달에서 기인한다.

구조는 문학이나 장문의 글에서는 효과적일지 몰라도 스피치에서는 치명적인 약점을 가지고 있다. 사람들이 글을 읽을 때와 달리 누군가의 말을 들을 때는 잘 기다리지 못한다. 이야기가 장황해지면 제대로 몰입하지도 않으려 한다. 그러면 어떻게 할까?*

예수님께서 2000년 전에 이미 사용하셨던 단파설교 구조를 세상 사람들은 이미 사용하고 있다. 오바마 전 대통령, 스티브 잡스, 마틴 루터 킹 목사의 연설은 단파 구조이다. 스튜어드 다이아몬드 교수, 조세핀 교수의 강의나 글도 단파 구조의 스토리텔링이다. 하지만 예수님을 전하는 설교자들은 장파설교의 족쇄에 묶여 단파설교가 있다는 것도 전혀 모르고 있다.

예수님께서는 장파설교와 논리적 설명을 철저하게 배격하셨다. 대신에 단파설교와 비유적 설명을 고집하셨다. 누구를 위해서 이런 선택을 하셨을까? 말씀을 듣는 사람들을 위한 예수님의 배려다. 이 세상의 어떤 설교 이론이나 방법도 예수님의 방법보다 탁월할 수는 없다.

> [고전 1:25] 하나님의 어리석음이 사람보다 지혜롭고 하나님의 약하심이 사람보다 강하니라

패턴 스토리로 구성된 단파설교는 예수님께서 보여주신 모델이다. 단파설교는 모든 설교자가 믿고 따를 수 있는 최고의 모델이다. 단파설교는 설교의 정석이다.

★ 김자영 교수는 서울대학교 영문학과를 졸업하고, 서강대학교 언론대학원에서 석사학위를 받았으며, 미국 보스턴대학교 커뮤니케이션 대학원에서 수학했다. 1987년부터 2008년까지 KBS 아나운서로 오랫동안 활동했으며, 서울종합예술학교 아나운서학부장을 역임했다. 2010년부터는 IGM세계경영연구원에서 CEO들을 대상으로 커뮤니케이션 코칭을 담당하고 있다.

핸드폰 벨 소리 때문에 예배가 방해를 받을 때마다 목사님은 항상 야단을 쳤다.

그러던 어느 주일, 목사님의 설교가 한참 진행되고 있을 때였다.

"삐리리~ 삐리리~" 하고 그만 핸드폰 벨 소리가 울렸다.

벨 소리는 그치지 않고 한참 동안이나 계속되었다.

설교는 중단되고 열이 오른 목사님은 범인(?)을 찾고 있었다.

교인들은 서로 얼굴을 쳐다보며 목사님의 눈치를 살폈다.

핸드폰 벨 소리는 바로 목사님 주머니속에서 계속 울리고 있었다.

황급히 핸드폰을 꺼내든 목사님 왈 ….

"아! 하나님이세요? 제가 지금 예배 중이거든요. 예배 끝나는 대로 전화드리겠습니다."

목사님의 멘트에 모두가 뒤집어졌다.

온전한 삶을 추구하는 사람은 많다.

하지만 온전한 사람은 단 한 사람도 없다.

Chapter 4 예수님의 설교에서의 키워드

설교, 예수님처럼 하라

제4장 예수님의 설교에서의 키워드

막강한 힘을 가진 키워드

강미은 교수는 『커뮤니케이션 불변의 법칙』에서 키워드 마케팅으로 국내 치약 시장에 일대 파란을 일으킨 '2080 치약'을 다음과 같이 소개한다.

'2080'이라는 치약이 처음 나왔을 당시 치약시장은 브랜드가 무려 108개나 되는 성숙된 시장이었다. 산술적으로 따지면 치약 하나가 갖는 시장 점유율이 1%도 안 되는 빽빽한 시장이었다. 그런 상황에서 혜성처럼 등장한 2080 치약은 1년 만에 경쟁사들을 따돌리고 시장점유율 20%를 넘으며 일등을 차지하기에 이르렀다.

그렇다면 2080 치약이 어떻게 108개나 되는 치약 브랜드 중에서 높은 시장점유율을 석권할 수 있었을까? 치약이 좋아서이기도 하겠지만, 사실 치약이 좋으면 얼마나 좋고 나쁘면 또 얼마나 나쁘겠는가? 2080 치약의 성공 요인은 20세 치아를

80세까지라는 핵심 메시지를 명확하게 드러낸 데 있었다. 이 메시지는 바로 소비자들의 뇌리 속에 각인됐고, 20세의 치아를 80세까지 유지하고 싶었던 소비자들은 당장 반응을 보였다.*

애경의 2080 치약은 1998년 12월 발매 이래 99년 히트 상품 선정, 2002년, 2003년, 2004년 마케팅 대상 베스트 명품상을 수상하며 LG 생활건강이 주도해 오던 국내 치약 시장에 일대 파란을 일으켰다. '2080'이라는 키워드가 소비자의 마음을 움직였기 때문에 치약 시장을 석권할 수 있었다. 이것이 바로 키워드의 힘이다.

오리온 초코파이의 키워드 마케팅 성공사례를 살펴보자. 1974년부터 출시해온 오리온 초코파이는 국민 간식이 되었다. 비슷한 종류의 제품들이 잇달아 출시되었지만 오리온 초코파이의 아성을 무너뜨릴 수는 없었다.

오리온 초코파이는 군인, 할머니, 아버지, 어머니 등을 내세운 스토리텔링 광고를 통해 일관되게 키워드 마케팅을 해왔다. 그 키워드가 바로 '정' 情이다. 한국인은 '정'이 많은 민족이다. 이러한 한국인의 감성을 담아 "초코파이를 사는 것은 정을 사는 것이며, 초코파이를 선물하는 것은 정을 선물하는 것이며, 초코파이를 나눠 먹는 것은 정을 나누어 먹는 것"이라는 키워드 마케팅 전략을 사용했다.

국내에서 판매된 누적 매출이 1조 원 이상을 달성했고, 판매된 양만해도 90억 개로 국민 1인당 평균 190개 이상의 초코파이를 먹은 것과 같다. 초코파이를 한 줄로 늘어놓으면 지구를 15바퀴나 돌 수 있는 거리다. 초콜릿

★ 강미은 교수는 연세대학교 영문학과를 졸업하고, 미국 오하이오 주립대학에서 저널리즘 석사학위, 미시간대학에서 커뮤니케이션 박사학위를 받았다. 미국 클리블랜드 주립대학교 신문방송학과 교수로 재직했고, 현재는 숙명여자대학교 언론정보학부 교수로 재직 중이다.

사용량만 해도 8톤 트럭 7,700대 이상의 분량이라고 한다. 키워드 '정'이 소비자들의 마음을 움직인 것이다.

  오리온은 중국시장에 진출하면서 중국인들의 마음을 움직일 수 있는 키워드가 필요했다. 오리온은 "어진 사람은 나눠 먹을 줄 안다"는 중국 속담을 찾아냈다. 그래서 초코파이 포장에 인仁을 새겨 넣었다.

  그 결과 어떻게 되었을까? 초코파이는 2007년 중국 진출 이후 매년 평균 48%의 성장을 보여 시장 점유율 80%를 넘어섰다. 2013년까지 1조 12억 원의 매출을 돌파했다. 초코파이는 부유층 자녀의 생일 상차림으로 가장 선호하는 메뉴가 되었다. 심지어 결혼식 답례품으로 사용할 만큼 그 위상이 대단하다. 오리온은 키워드 '仁'으로 중국인들의 마음을 잡았다.

  1997년 대선 당시 김대중 후보에 대한 이미지는 좋지 않았다. '대통령 선거에서 세 번씩이나 떨어진 후보'라는 부정적인 인식을 지울 수 없었다. 김대중 후보 캠프에서는 유권자들의 부정적인 인식을 바꿀 묘책이 필요했다. 마침내 김대중 후보 진영에서 들고 나온 것은 키워드였다. 부정적인 이미지를 바꿀 수 있는 그 회심의 키워드가 바로 '준비'였다. 그동안의 세 번의 실패는 대통령이 되기 위한 준비 과정이었다는 것을 유권자들에게 어필했다. 준비 없이 대통령 후보가 된 상대 후보와 달리, 오랫동안 준비해 온 후보라는 것을 내세웠다. 한순간에 김대중 후보는 '세 번씩이나 떨어진 후보'라는 딱지를 떼고 **김대중=준비된 대통령 후보**로 탈바꿈했다. 결국 한 단어가 부정적인 이미지를 긍정적인 이미지로 바꾸어 놓은 것이다. 이것이 키워드의 힘이다. 키워드는 생각의 틀을 바꾸는 막강한 힘이 있다.

  2007년 대선에서 이명박 후보는 '경제'라는 키워드를 내세웠다. 대선기간동안 이명박 후보를 확고하게 지탱해준 든든한 버팀목은 '경제'라는 키워드였다. 이명박 후보의 비리 의혹을 제기하는 목소리가 거듭되었지만 '경제 대통령'이라는 대세를 바꾸지는 못했다. 오히려 '경제'라는 키워드가 유권자들의 머리에 각인되어 이명박 후보의 편이 되어 주었다.

"어차피 다 썩었는데……."

"정치하는 사람들 중에 안 썩은 놈이 어디 있어?"

"물이 너무 맑으면 물고기도 안 모인다고 하잖아."

키워드는 부정적인 이미지도 묻어 버리는 힘이 있다. 당시 사람들의 마음에는 '비리는 좀 있어도 경제는 꼭 살려 달라'는 요구가 있었다. 현대건설 사장(CEO) 출신이니까 경제는 잘할 거라는 기대감도 있었다. 이명박 후보는 자신의 경력과 시대적 상황이 키워드와 함께 맞물려 '비리'라는 부정적인 이미지를 덮어 버렸다. 반대로 '경제 대통령'이라는 긍정적인 이미지를 강하게 어필할 수 있었다.

당시 이명박 후보가 내세웠던 광고 문구가 '잃어버린 10년'이었는데 유권자들은 지난 10년간 김대중, 노무현 정권이 잘못한 국가 경제를 이번에는 정권을 바꿔서 살려야 한다는 생각을 하게 되었다. '욕쟁이 할머니'까지 광고에 출연시켜 "경제나 살려, 이놈아"라는 말을 빌려서 '경제'라는 키워드를 끊임없이 전했다. 결국 국민들에게 **이명박=경제**라는 등식을 확고하게 심어 주었기 때문에 압도적인 지지를 받을 수 있었다. 키워드는 사람의 이미지를 바꾸기도 한다.

세상은 키워드의 막강한 힘을 알고 있다. 키워드로 이미지를 바꾸고, 키워드로 선거 운동과 연설을 하고, 키워드로 광고를 한다. 특히 상품 광고에서 키워드는 절대적이다. 마케팅 시장은 한마디로 키워드 전쟁이다. 그래서 "키워드가 곧 돈이다", "키워드가 상품의 생명이다", "대박이냐 쪽박이냐는 키워드에서 결정된다"라는 말들이 나온다. 세상은 이미 키워드의 힘을 간파하고 거의 모든 분야에서 키워드로 소통하고 있다.

설교를 이끌고 가는 키워드

나는 이번 주일 무엇을 주제로 설교할 것인가? 설교 준비에서 첫 단추는 핵심단어에 있다. 핵심단어가 바로 설교의 주제어, 키워드key word이다. 배의 방향을 배의 키가 결정하는 것처럼 설교에서 키워드는 설교의 목적, 설교의 방향을 결정한다. 그래서 설교자는 먼저 주제어, 곧 키워드를 결정한 후 그 키워드를 중심으로 설교를 작성해야 한다.

듀안 A. 릿핀Duane A. Litfin 박사는 *Public Speaking*에서 키워드 중심의 설교는 수천 년 커뮤니케이션 역사가 보증하는 원칙이라고 한다.

지난 2500년이 넘는 세월 동안 대중연설을 연구하고 실천해온 사람들 사이에 놀라운 의견일치가 있다. 그것은 하나의 단일한 생각을 중심으로 연설을 구상하는 것이 가장 효과적이라는 것이다. 고대 그리스, 로마 수사학자들부터 현대 커뮤니케이션 이론가들까지, 성경에 소개되는 설교부터 오늘날 강단에서 울려 퍼지는 설교까지, 오래전 정치 연설부터 우리 시대의 설득 메시지까지, 대중연설의 역사와 그 역사로부터 우리가 얻은 교훈이 한목소리로 힘주어 말하기를, 한 연설에서 최대치의 효력을 발휘하려면 어떻게 하든 오직 하나의 주된 명제를 개진하도록 힘써야 한다.★

★ 듀안 리트핀 박사는 휘튼대학 총장을 17년 동안 역임했다. 그는 두 개의 박사학위를 가지고 있는데 퍼듀대학교에서 커뮤니케이션 전공으로 박사학위(Ph.D.)를 받았고, 옥스퍼드대학교에서 신약신학을 전공하여 박사학위(Ph.D.)를 받았다. 달라스신학교, 퍼듀대학교, 인디아나대학교에서 교수로 활동했으며 제일 복음교회 담임목사로 재직했다.

우리는 흔히 아이들의 일기처럼 주제가 없거나 주제가 여러 개인 연설이나 설교를 자주 목격한다. 하나의 주제가 나타나 있지 않고 그날 있었던 일들을 나열식으로 써놓은 일기와 같은 설교가 얼마나 많은가? 설교에서 '사랑'과 '믿음', '구원'과 '순종' 등 이것저것을 한꺼번에 쏟아 놓으면 회중들은 목자 잃은 양떼처럼 이리저리 방황한다. 요한 왓슨John Watson 박사는 "설교는 잡화상이 아니라 한 가지 상품을 파는 전문 대리점이다"라고 했다. 그러므로 설교자는 키워드를 결정한 후, 키워드 중심으로 설교를 준비하고, 키워드 중심으로 설교해야 한다. 키워드는 징검다리처럼 설교의 목적과 방향을 하나로 이어주기 때문에 자주 반복되어야 한다.

내가 아내에게 25년 넘게 습관처럼 하는 질문이 있다.

"그 설교의 주제가 뭐라고 생각해?"

그러면 아내가 대답한다.

"나도 몰라."

만일 주제를 알고 있다면 나는 다시 묻는다.

"그것이 본문에 맞는 주제일까?"

아내는 대체로 부정적으로 답한다. 메시지의 요점이 전체적으로 불만족스럽다는 내 의견과 일치한다. 내가 지난 25년간 들었던 설교 중에 요점이 분명한 설교는 15% 정도다. 즉 "그 설교의 주제는 이것이다"라고 말할 수 있다. 하지만 그 15% 중에 요점이 본문에 충실한 설교는 10% 미만이다.★

★ 데이비드 고든 박사는 그로브시티대학교 교수이다. 웨스트민스터신학교에서 석사학위를, 유니온신학교에서 박사학위를 받았다. 13년 동안 고든콘웰신학교에서 바울서신을 집중적으로 가르쳤고, 뉴햄프셔 내슈아에 있는 그리스도교회에서 9년 동안 목회를 했다. 현재는 펜실베이니아 슬리퍼리록에 있는 그레이스교회를 담임하고 있다.

위의 글은 데이비드 고든David Gordon 박사의 저서 『우리 목사님은 왜 설교를 못할까Why Johnny Can't Preach』에 나오는 내용이다.

설교를 듣다보면 무엇을 말하는지 목적도 없고 방향도 없는 횡설수설한 설교가 있다. 무엇이 문제인가? 설교자는 어떤 주제로 설교할 것인지 먼저 키워드를 결정해야 한다. '기도' 혹은 '전도' 아니면 '순종' 등과 같이 오직 하나의 키워드를 선택해야 한다. 기도에 대해 말하다가 전도에 대해 말하고, 다시 순종에 대해 말한다면 그 설교는 기관 고장으로 이리저리 떠도는 배와 같다.

▶ **강준민 목사 칼럼의 키워드**

우리는 행복을 원한다. 행복을 원치 않는 사람을 본 적이 없다. 행복이 의미하는 바가 사람마다 다를 수는 있지만 그 심층에 들어가 보면 누구나 행복을 원한다. 그런 까닭에 행복에 관한 책들이 많이 출판되었다. 행복은 어떤 면에서 느낌이다. 행복한 감정이다. 그런데 문제는 이 감정이 자주 바뀌는 데 있다. 행복이란 감정은 밀물과 썰물처럼 작용한다. 때로는 밀물처럼 밀려오다가, 때로는 썰물처럼 빠져 나간다.

우리는 행복을 원하면서도 행복에 대해 깊이 생각해 보려고 하지 않는다. 행복이 무엇이며, 행복이 어떻게 주어지는지에 대해 깊이 생각하지 않는다. 행복을 그토록 갈망하고 그토록 추구하면서도 진정한 행복이 어떻게 임하는가를 생각하지 않는다. 행복이 감정에서 오는 것이라면 감정을 자극하는 것은 생각이다. 그러므로 깊이 생각할 줄 아는 사람이 깊은 감정을 느낄 수가 있고, 깊이 있는 행복을 맛볼 수 있다.

행복이란 열매이지 씨앗이 아니다. 천국의 식품점에는 열매는 없고 씨앗만 판매한다는 말이 있다. 하나님이 우리에게 주신 것은 씨앗이다. 우리가 행복하기 위해서는 행복을 위한 씨앗을 심어야 한다. 즉 원인을 제공해야 한다. 행복의 씨앗이 바로 생각이다. 아브라함 링컨은 "사람은 누구나 마음먹는 것만큼 행복하다"고 말했다.

환경을 무시할 수 없지만 환경이 행복을 만드는 것이 아니라 우리의 생각, 우리의 마음, 우리의 태도가 행복을 불러온다. 행복은 멀리 있는 것이 아니다. 우리의 시각에 있다. 행복을 보는 시각이 행복한 감각을 자극시켜 우리를 행복하게 만든다.

행복은 추구함으로 임하는 것이 아니라 원인을 제공함으로 임하는 것이다. 행복은 작은 데 있다. 그래서 작은 것을 잘 가꾸어야 한다. 행복은 남을 배려할 때 임한다. 희생적으로 사랑할 때 임한다. 남을 위해 눈물을 흘릴 때 임한다. 자신에게 주어진 책임을 다할 때 임한다. 깊은 행복은 깊은 섬김을 통해 임한다. 특별히 감사할 때 집 떠난 행복의 파랑새가 다시 찾아와 가정에 깃든다.

행복은 자신을 잊어버릴 정도로 의미 있는 일에 몰입할 때 임한다. 자신을 잊어버린 채 주님을 찬양할 때 임한다. 자신을 많이 생각할수록 행복한 것이 아니라 자신을 잊어버릴 때 행복감을 느낀다. 자신을 잊을 정도로 웃을 때, 아름다움에 감탄할 때, 주어진 일에 빠져들 때, 하나님의 사랑에 몰입할 때 행복이 깃든다. 성경이 가르쳐주는 행복의 절정은 거룩에 있다. 거룩을 심으라. 그리하면 행복을 거두리라. 거룩은 참된 행복을 불러오고, 그 행복을 지켜준다. 죄악의 쾌락이 행복을 보장해주는 것이 아니라 거룩이 영원한 행복을 보장해준다. 그래서 행복은 신비다.★

"깊이 있는 행복의 신비"라는 제목으로 「국민일보」에 실린 강준민 목사의 칼럼이다. 이 글에서 키워드는 무엇인가? '행복'이란 키워드가 계속해서 반복되는 것을 볼 수 있다.

★ 강준민 목사는 서울신학대학 졸업(B.A.) 후 아주사신학대학원(M.A./M.Div.), 탈봇 신학교(Th.M.)를 마쳤다. 미국 LA 소재 로고스교회, LA 동양선교교회에 이어 현재 새생명비전교회 담임목사로 재직하며 KOSTA 강사로 섬기고 있다.

▶ **이경숙 권사 간증의 키워드**

처음 학교 총장직을 맡았을 때 학교는 만성 적자에 허덕이고 있었습니다. 학생들이 등록금 인상을 반대하는 시위를 하고 있을 때, 설상가상으로 노조가 임금 인상을 요구하며 파업을 시작했습니다. 결국 하나님께 금식하며 기도할 수밖에 없었습니다. 마지막 40일째 고비에서 어려움에 부닥쳤을 때, 목사님에게서 전화가 왔습니다. 기도하던 중에 생각난 말씀이 있다고 하면서 노조원들을 잘 먹이라는 것입니다. 그런데 목사님의 말씀을 따라 순종하려니 아무리 생각해도 목사님의 말씀이 현재 상황과 앞뒤가 맞지 않았습니다.

"노조원들이 배가 고파야 흩어질 텐데 어떻게 그분들을 잘 먹이란 말인가?"

목사님의 말씀을 묵살하고 내 생각대로 그냥 있으려고 하니 마음이 불편했습니다. 결정을 내리지 못하고 어떻게 할까하고 고민하다가 하나님께 기도하며 묵상하는데 그분들을 먹이라는 것이었습니다. 결국 내 생각을 접었습니다. 하나님의 말씀에 순종하여 비서실에 연락을 해서 파업하는 노조원들에게 피자와 치킨을 시켜서 배불리 먹이라고 지시했습니다. 그랬더니 이번에는 비서실에서 그러면 안 된다고 반대했습니다.

"총장님, 지금 이 상황에서 그렇게 해서는 절대 안 됩니다."

그래서 나도 모르니까 내 마음이 변하기 전에 빨리 먹이라고 지시를 했습니다. 그런데 놀라운 일이 일어났습니다. 노조원들이 음식을 먹고 난 후 이 상황에서 먹을 것을 주는 총장이라면 마음이 따뜻한 사람일 것으로 생각하고는 스스로 파업을 끝냈습니다.

믿음의 승리입니다. 믿음이란 내 뜻을 따라 사는 것이 아니라 하나님의 뜻을 따르는 것입니다. 하나님의 말씀에 순종할 때 하나님께서 친히 나서시는 것을 보았습니다. 순종이 무엇일까요? 내 욕심을 십자가에 못 박는 일입니다. 순종은 내 생각을 십자가에 못 박아 죽이는 일입니다. 내가 죽고 부활하신 주님이 일하게 하시는 것이 순종입니다. 순종하면 누구나 하나님께서 일하시는 것을 볼 수 있습니다.*

14년 동안 숙명여자대학교 총장을 역임한 이경숙 권사의 간증이다. 간증의 키워드는 무엇인가? '순종'이다.

미미 고스Mimi Goss 교수는 『한마디로 말하라What is Your One Sentence?』에서 "한 번에 한 가지 주제에만 집중하라. 머릿속에 떠오르는 여러 말을 뱉어내다 보면 서로 엉켜서 중언부언하게 된다. 꼭 해야 할 단 한 가지만 분명하게 전달하라"고 충고한다.*

만일 설교나 연설에서 키워드가 확실하지 않으면 논리성이 떨어지고 횡설수설하게 된다. 설교에 힘이 실리지 않고, 파급력이 약화되고, 설득력도 힘을 잃어 메시지 전달에 백발백중 실패하게 된다. 마치 나침반이 고장 난 배처럼 엉뚱한 방향으로 흘러갈 수밖에 없다. 하지만 키워드를 따라 설교를 전개해 나가면 설교 내용이 흐트러지지 않고 한 방향으로 나아갈 수 있다. 설교에서 키워드는 배의 키와 같다.

키워드 중심으로 기록된 성경

창세기부터 요한계시록까지 성경은 어떻게 기록되었는가? 성경 66권은

★ 이경숙 권사는 경기여고를 나와 숙명여대 수석입학과 수석졸업을 했다. 미국 캔사스대학에서 정치학 석사, 사우스캐롤라이나대학에서 정치학 박사를 취득했다. 숙명여대 교수와 13, 14, 15, 16대 총장을 지냈다. 11대 국회의원, 17대 대통령직인수위원회 위원장을 역임했다.

★ 미미 고스 교수는 커뮤니케이션 전문가로서 미미 고스 커뮤니케이션즈 대표이다. 중앙아시아, 아프리카, 유럽 등지에서 미국 정부 관리들의 트레이닝을 담당했다. 현재 하버드 존 F. 케네디 스쿨에서 강의하고 있다.

키워드 중심으로 기록되었다. 창세기는 '창조와 타락', 출애굽기는 '구원', 레위기는 '제사'를 키워드로 기록되었다. 시편과 잠언의 키워드는 무엇인가? '찬양'과 '지혜'이다. 로마서의 키워드는 '의'(義), 이신득의(以信得義)이다.

성경의 각 장도 키워드 중심으로 기록되었다. 창세기 1장의 키워드는 '창조'이다. 히브리서 11장은 '믿음'이라는 키워드로 기록되었고, 고린도전서 13장은 '사랑'이라는 키워드로 기록되었다. 특히 고전도전서 12장의 키워드는 '은사'이며 14장의 키워드는 '방언'이다. 이뿐만이 아니다. 성경 본문의 각 단락도 키워드 중심으로 기록되어 있다.

▶ **마태복음 6:26-34에서의 키워드**

공중의 새를 보라 심지도 않고 거두지도 않고 창고에 모아들이지도 아니하되 너희 하늘 아버지께서 기르시나니 너희는 이것들보다 귀하지 아니하냐 :27 너희 중에 누가 염려함으로 그 키를 한 자라도 더할 수 있겠느냐 :28 또 너희가 어찌 의복을 위하여 염려하느냐 들의 백합화가 어떻게 자라는가 생각하여 보라 수고도 아니하고 길쌈도 아니하느니라 :29 그러나 내가 너희에게 말하노니 솔로몬의 모든 영광으로도 입은 것이 이 꽃 하나만 같지 못하였느니라 :30 오늘 있다가 내일 아궁이에 던져지는 들풀도 하나님이 이렇게 입히시거든 하물며 너희일까보냐 믿음이 작은 자들아 :31 그러므로 염려하여 이르기를 무엇을 먹을까 무엇을 마실까 무엇을 입을까 하지 말라 :32 이는 다 이방인들이 구하는 것이라 너희 하늘 아버지께서 이 모든 것이 너희에게 있어야 할 줄을 아시느니라 :33 그런즉 너희는 먼저 그의 나라와 그의 의를 구하라 그리하면 이 모든 것을 너희에게 더하시리라 :34 그러므로 내일 일을 위하여 염려하지 말라 내일 일은 내일이 염려할 것이요 한 날의 괴로움은 그 날로 족하니라 예수님의 설교에서 키워드는 무엇인가? '염려' 라는 키워드가 반복해서 등장하여 설교를 한 방향으로 인도해 가는 것을 쉽게 발견할 수 있다. 4복음서에 나오는 예수님의 가르침이나 설교는 키워드가 분명하다. 예수님께서는 키워드 중심으로 설교하셨다. 키워드 없이 설교하는 것은 목적지를 정하지 않고 운전대를 잡는 것과 같다.

채경락 교수는 설교에서 키워드는 둘도 셋도 아닌, 오직 하나여야 한다는 점을 강조한다.

주제는 하나여야 한다. 하나 더하기 하나는 둘이라는 것은 산수 이야기이고, 설교학적으로는 둘이 아니라 산만 혹은 실패다. 설교라는 등산길은 한 봉우리로 이루어져야 한다.…하늘을 날아가는 기러기의 브이(V) 자 대형을 보라. 더블유(W) 대형의 기러기 떼는 없다. 그랬다면 길을 잃어도 여러 번 잃었을 것이다. V자의 첨단에 선 우두머리는 오직 하나여야 한다.*

한진환 목사도 『설교의 영광』에서 날선 검과 같은 설교는 키워드가 하나여야 한다고 했다.

설교란 모름지기 뚜렷한 한 가지 주제를 가지고 시종일관 그것을 강조함으로 청중의 뇌리 속에 강렬한 인상을 심어야 한다. …거리 조정이 잘못되어 초점이 산만하게 퍼진 볼록렌즈는 아무리 오래 들고 있어도 종이에 구멍을 뚫을 수 없다. 주제

★ 채경락교수는 서울대학교와 고려신학대학원졸업했다. 미국칼빈신학교에서 그레이다누스박사의지 도로 성경 해석학과 설교학을 공부했다. 이어 남침례신학교에서 허셀 요크 박사의 지도로 설교학 박사 학위를 취득했다. 2009년부터 고려신학대학원에서 설교실습과 설교학을 가르쳤고 일원동교회 담임목사를 역임했다. 지금은 고신대학교 교수로 재직하고 있다.

가 여러 개인 설교는 초점이 산만하게 퍼져 있는 볼록렌즈와 같다. 그래서는 결코 강퍅한 심령들을 날선 검과 같은 말씀으로 찔러 쪼갤 수 없다.*

어떤 책을 읽어도, 어떤 영화나 만화나 게임을 봐도, 어떤 노래를 들어도 핵심 키워드는 하나다. 키워드 속에는 저자의 생각뿐 아니라 글의 목적이 담겨 있다. 글쓴이가 왜 글을 썼는지를 파악할 수 있는 중요한 단서가 키워드다. 성경 본문에서 키워드는 드러내고자 하는 하나님의 의도를 선명하게 보여주는 열쇠 역할을 한다. 그래서 하나님께서는 우리가 성경을 잘 이해할 수 있도록 키워드 중심으로 기록하셨다.

만일 설교에 키워드가 없다면 회중들에게 전달하시고자 하는 하나님의 뜻을 제대로 전할 수 없다. 키워드가 선명하면 하나님의 뜻도 선명하다.

핵심 키워드와 보조 키워드

창세기 1장에서 핵심 키워드는 '창조'이다. "있으라", "나누라", "드러나라", "만드시니", "지으신" 등은 키워드 '창조'를 보조하는 단어들이다. 핵심 키워드는 하나이지만 보조 키워드가 많다. 마치 똑같은 사람이 다른 옷을 입고 있는 것처럼 창세기 1장에서 보조 키워드가 자주 등장한다.

★ 한진환 목사는 서울대학교(B.S)와 고려신학대학원(M.Div., Th.M.)에서 수학한 후 미국 댈러스신학대학원(S.T.M)과 보스턴대학교(Th.D.)에서 설교학과 예배학을 공부했다. 고려신학대학원에서 설교학과 예배학교수와 신학대학원장을 역임했다. 2007년부터 서울서문교회담임목사로 재직하고 있다.

▶ 시편 42:5-6에서 본 핵심 키워드와 보조 키워드

내 영혼아 네가 어찌하여 낙심하며 어찌하여 내 속에서 불안해하는가 너는 하나님께 소망을 두라 그가 나타나 도우심으로 말미암아 내가 여전히 찬송하리로다 :6 내 하나님이여 내 영혼이 내 속에서 낙심이 되므로 내가 요단 땅과 헤르몬과 미살 산에서 주를 기억하나이다

```
        ┌ 불안
   낙심
        └ 소망
```

지금은 대부분의 아파트 현관문을 열 때 비밀번호를 사용하지만 예전에는 열쇠를 사용했다. 자물쇠에 딸려오는 열쇠는 보통 두 개밖에 되지 않는다. 그래서 가족이 많은 집에서는 원본 열쇠를 복사하여 보조 열쇠를 만들어 하나씩 나누어 가졌다.

열쇠에도 원본 열쇠가 있고 보조 열쇠가 있듯 성경 본문에도 핵심 키워드가 있고 보조 키워드가 있다. 위의 성경 본문에서도 핵심 키워드 '낙심'과 보조 키워드에 해당하는 '불안'과 '소망'이 있다. 핵심단어를 '핵심 키워드'라고 한다. 보조 키워드는 핵심 키워드에서 파생되어 핵심 키워드를 보충, 지원하는 역할을 한다.

설교자가 키워드를 사용하여 설교하면 하나님의 의도와 설교의 목적을 분명하게 전달할 수 있다. 뿐만 아니라 키워드는 설교를 듣는 회중들 입장에서도 하나님의 의도를 분명하게 이해할 수 있는 열쇠가 된다. 그러므로 설교를 작성할 때 하나의 핵심 키워드와 두 개의 보조 키워드를 사용하는 것이 좋다. 만일 '소망'이 핵심 키워드라면 보조 키워드를 '희망'과 '절망'

으로 정할 수 있다.

```
         ┌→ 희망 : 긍정적인 관점에서 핵심 키워드 '소망'을 지원
    소망
         └→ 절망 : 부정적인 관점에서 핵심 키워드 '소망'을 지원
```

보조 키워드에는 두 종류의 보조 키워드가 있다. 긍정적인 관점에서 핵심 키워드를 지원하는 키워드와 부정적인 관점에서 핵심 키워드를 지원하는 키워드이다.

송사리와 잠자리, 그리고 개미는 서로 친구가 되어 날마다 강가에 함께 모여 즐겁게 놀았다. 그런데 언제부터인가 송사리 얼굴에서 평안이 사라지고 시무룩한 표정을 하고 있었다. 잠자리와 개미의 얼굴도 불안해 보이기는 마찬가지였다. 평화롭던 분위기는 곧 냉랭해져 서로 눈치만 살폈다. 서로 눈치만 살피는 친구들에게 송사리가 먼저 근심이 가득한 얼굴로 입을 열었다.

"얘들아, 요즘 비가 오지 않아서 강물이 자꾸 줄어들고 있어. 나는 물이 없으면 수영을 못하는데 강물이 마르지는 않을까 해서 걱정이 이만저만이 아니야."

송사리의 말을 가만히 듣고 있던 잠자리와 개미는 어이가 없었다.

"얘, 강물이 아무리 줄어도 네가 수영하며 살기에는 아무 문제가 없어. 쓸데없는 걱정하지 마."

이어서 잠자리가 겁을 잔뜩 먹은 얼굴로 자기 속마음을 털어 놓았다.

"얘들아, 내가 지금은 넓은 하늘을 마음껏 날고 있는데 하늘이 무너지면 어쩌지?"

다른 두 친구가 입을 모아 함께 소리쳤다.

"얘, 멀쩡한 하늘이 무너지기는 왜 무너지니? 쓸데없는 걱정하지 마."

입을 다물고 아무 말도 하지 않고 있는 개미에게 송사리와 잠자리가 물었다.

"개미 너는 무슨 걱정거리가 있니?"

개미도 자기의 마음속에 있는 걱정을 털어놓았다.

"사실 나도 불안한 것이 있어. 나는 흙으로 집을 짓고 사는데 사람들이 자꾸 흙을 파가고 있어. 그래서 '흙이 없으면 어떻게 집을 짓고 사나' 하고 근심하느라 요즘 밤에 잠을 자지 못하고 있어."

이번에는 송사리와 잠자리가 입을 모아 외쳤다.

"얘, 네가 집을 짓고 살기에 흙은 충분해! 쓸데없는 걱정하지 마."

송사리의 눈에는 분명히 큰 걱정거리인데 다른 두 친구가 보기에는 송사리는 쓸데없는 걱정을 하고 있다. 그것은 잠자리도 개미도 마찬가지다.

우리가 염려하고 걱정하는 것도 이와 같지 않을까? 내 눈에는 크게 염려하고 걱정할 문제인데 하나님의 눈에는 내가 쓸데없는 걱정을 하고 있는 것이다.

우리가 하는 걱정의 40%는 일어나지도 않을 일, 30%는 지나간 일, 22%는 사소한 일, 4%는 내가 어쩔 수 없는 일이며, 나머지 4%만이 걱정할 일이라는 통계가 있다. 우리가 하는 걱정이나 염려의 96%는 쓸데없는 것들이라는 것이다. 하나님께서는 우리에게 당부하신다.

"너의 염려를 모두 내게 맡겨라."

하나님께서는 우리가 염려해야 할 4%마저도 하나님께서 맡아주시겠다고 하신다. 근심은 마귀가 주는 독약이요 평안은 하나님께서 주시는 보약이다.

♬ 너 근심 걱정와도 어려운 일 당해도

걱정 말아라 주 너를 지키리

위험한 일 당해도 슬픈 일이 와도

걱정 말아라 주 너를 지키리 늘 지켜 주시리

주님의 사랑 속에 거하라 그의 평화 속에 유하라

그분의 영원 속에 자유하라 주 지키리

주님의 사랑 속에 거하라 그의 평화 속에 유하라

그분의 영원 속에 자유하라 주 지키리 ♬

우리는 누구인가? 하나님께서는 독생자 예수 그리스도를 십자가에 못 박아 죽이시고 그 피로 우리를 사셨다. 우리는 하나님의 소유된 백성이요 온 천하보다 더 귀한 하나님의 자녀들이다. 전능하신 아버지 하나님께서 세상 끝 날까지 함께 하셔서 우리를 지키시고 보호하신다. 아버지 하나님께서 "친히 말씀하시기를 내가 결코 너희를 버리지 아니하고 너희를 떠나지 아니하리라"고 약속하셨다.

이 약속의 말씀을 믿는가? 그렇다면 하나님의 자녀인 우리가 송사리처럼 근심할 이유가 있는가? 잠자리와 개미처럼 걱정하며 살 이유가 있는가? 내가 누구인가를 알면 참 평안을 누리며 살 수 있다. 근심은 마귀가 주는 독약이요 평안은 하나님께서 주시는 보약이다.

하나님께서는 왜 우리에게 근심하지 말라고 하실까? 잠언 17:22에서 "마음의 즐거움은 양약이라도 심령의 근심은 뼈를 마르게 하느니라"고 말씀하신다. 근심은 내 뼈를 마르게 한다. 사람이 걱정에 사로잡히면 면역력이 떨어져 질병에 쉽게 걸리게 된다는 의학계 보고도 있다. 근심은 마귀가 주는 독약이요 평안은 하나님께서 주시는 보약이다.

이는 사람이 쓸데없는 걱정을 하고 산다는 것을 곤충에 비유한 설교다. 이 설교에서 핵심 키워드는 '걱정'이다. 그리고 보조 키워드는 '염려'(근심), '평안'(평화)이다. 두 개의 보조 키워드 중에서 하나는 핵심 키워드의 반대가 되는 개념의 단어를, 다른 하나는 비슷한 단어를 선택해도 좋다. 보조 키워드의 뿌리는 핵심 키워드이다. 보조 키워드는 핵심 키워드에서 파생된 단어들로 다른 옷을 입고 있을 뿐이다.

성경 본문을 키워드를 통해 이해하듯이 회중들은 설교자가 전하는 키워드를 통해서 설교를 이해한다. 그렇다면 설교자는 핵심 키워드와 보조 키워드를 어떻게 사용하는 것이 좋을까? 설교자는 회중을 잘 분석한 후에 핵심 키워드와 보조 키워드를 적절하게 사용하는 지혜가 필요하다. 이해력이 부족한 주일학교나 연세가 많은 어르신들을 대상으로 설교를 한다면 핵심 키워드 하나만 사용하는 것이 좋다.

앞에서 소개한 강준민 목사의 "깊이 있는 행복의 신비"라는 제목의 칼럼에서 핵심 키워드, '행복'이 반복해서 등장한다. 하지만 보조 키워드는 전혀 보이지 않는다. 그러나 지성인들을 대상으로 설교나 연설을 한다면 핵심 키워드와 더불어 보조 키워드를 적절히 사용하는 것이 더 효과적이다. 핵심 키워드 하나만을 계속 사용하면 강한 임팩트는 줄 수 있지만 설교나 연설 내용이 단순하고 딱딱하게 들릴 수 있다.

반대로 보조 키워드를 무리하게 사용하면 설교는 화려해 보일 수 있지만 핵심 키워드가 약화되어 설교 주제가 선명하게 드러나지 않는 단점이 있다. 그러므로 보조 키워드를 무리하게 사용하여 핵심 키워드를 약화시키는 것보다는 차라리 핵심 키워드만 집중해서 사용하는 것이 더 좋다. 설교자는 다양한 피드백을 통하여 핵심 키워드와 보조 키워드의 사용횟수를 회중의 수준에 맞추어 적절하게 조정해야 할 필요가 있다.

키워드는 설교자와 항상 동행하는 동반자다. 키워드는 설교를 준비하기 전에, 설교를 준비하는 과정에서, 그리고 강단에서 설교를 할 때도 설교자와 동행한다. 키워드는 설교자와 함께 길을 걷는 동반자요, 설교자가 길을 잃지 않고 목적지에 이르도록 인도하는 안내자다. 뿐만 아니라 설교 여정에서 키워드는 회중들에게 목자의 역할을 한다. 회중들이 설교의 방향을 놓치지 않고 잘 따라갈 수 있도록 인도하는 목자의 역할을 하는 것이다.

키워드가 불분명한 설교는 설교자와 회중 모두 길을 잃게 만든다. 결국 설교자와 회중은 목자를 잃어버린 양처럼 방황하게 된다. 키워드는 설교자와 회중을 이끌고 가는 목자다.

20대 딸이 살을 빼기 위해 과일 다이어트를 시작했다.

채소와 과일만 먹고 밥이나 빵과 같은 탄수화물은 먹지 않았다.

그렇게 먹던 딸은 5일째 되던 날 그만 의식을 잃고 쓰러졌다.

너무 놀란 엄마는 딸을 급히 병원으로 옮겼다.

엄마는 걱정스런 얼굴로 의사를 붙들고 물었다.

"저… 의사 선생님, 우리 딸 영양실조 맞죠?"

그러자 의사가 딱하다는 표정으로 말했다.

"아닙니다. 농약으로 오염된 것들을 많이 먹어서 농약 중독입니다."

세상이 온통 오염투성이다.

하지만 아무리 세월이 지나도 오염되지 않은 것이 있다.

나를 향한 하나님의 사랑은 오염되지 않는다.

Chapter 5 예수님의 설교에서의
설교, 예수님처럼 하라

키 메시지

제5장 예수님의 설교에서의 키 메시지

가슴에 콕 박히는 키 메시지

미국 역사상 가장 위대한 두 연설이 있다. 아브라함 링컨 대통령의 '게티즈버그 연설'과 마틴 루터 킹 목사의 '나에게는 꿈이 있습니다'라는 또 하나의 명연설이다.

1863년 11월 19일 링컨 대통령은 미국 펜실베이니아 주 게티즈버그에서 연설했다. 이 연설은 지금까지 미국 역사상 가장 위대한 연설로 기억되고 있다.

네 차례의 20년, 거기에 7년을 더한 87년 전, 우리의 조상들은 자유에 기반하고 모든 인간은 평등하게 창조되었다는 원칙에 입각해서 새 나라를 탄생시켰습니다. 우리는 지금 거대한 내전에 휩싸여 있고 우리 선조들이 세운 나라가, 아니 그렇게 잉태되고 그렇게 봉헌된 어떤 나라가, 과연 이 지상에 오랫동안 존재할 수 있는지

시험받고 있습니다. 오늘 우리가 모인 이 자리는 남군과 북군 사이에 큰 싸움이 벌어졌던 곳입니다. 우리는 이 나라를 살리기 위해 목숨을 바친 사람들에게 마지막 안식처가 될 수 있도록 그 싸움터의 땅 한 뙈기를 헌납하고자 여기 왔습니다. 우리의 이 행위는 너무도 마땅하고 적절한 것입니다.

그러나 더 큰 의미에서, 이 땅을 봉헌하고 축성하며 신성하게 하는 자는 우리가 아닙니다. 여기 목숨 바쳐 싸웠던 그 용감한 사람들, 전사자 혹은 생존자들이, 이미 이곳을 신성한 땅으로 만들었기 때문에 우리로서는 거기 더 보태고 뺄 것이 없습니다. 세계는 우리가 여기 모여 무슨 말을 했는가를 별로 주목하지도, 오래 기억하지도 않겠지만 그 용감한 사람들이 여기서 수행한 일이 어떤 것이었던가는 결코 잊지 않을 것입니다. 그들이 싸워서 그토록 고결하게 전진시킨, 그러나 미완으로 남긴 일을 수행하는 데 헌신되어야 하는 것은 오히려 우리들 살아 있는 자들입니다. 우리 앞에 남겨진 그 미완의 큰 과업을 다 하기 위해 지금 여기 이곳에 바쳐져야 하는 것은 우리들 자신입니다. 우리는 그 명예롭게 죽어간 이들로부터 더 큰 헌신의 힘을 얻어 그들이 마지막 신명을 다 바쳐 지키고자 한 대의에 우리 자신을 봉헌하고, 그들이 헛되이 죽어가지 않았다는 것을 굳게 다짐합니다. 하나님의 가호 아래 이 나라는 새로운 자유의 탄생을 보게 될 것이며, 국민의, 국민에 의한, 국민을 위한 정부는 이 지상에서 결코 사라지지 않을 것입니다.

미국은 1861년부터 4년 넘게 남과 북으로 갈라져 전쟁을 치렀다. 이 전쟁으로 62만 명이 죽었고 41만 명이 다쳤다. 1863년 7월 초 펜실베이니아주의 게티즈버그에서 벌어진 전투에서만 사상자가 3만5천 명이나 되었다. 게티즈버그 전투가 끝난 후에 시신을 임시로 묻었다가 영구히 매장하기 위해 11월 19일에 국립묘지 헌정식을 거행했다. 이 국립묘지 헌정식 추모행사에 링컨 대통령이 참석한 것이다.

당시 남부는 농업 중심의 사회였고, 북부는 상공업 중심의 사회였다. 그래서 남부에서는 큰 농장에서 일할 노예가 필요했다. 그런데 링컨은 1863년 1월 1일 노예해방령을 발표하면서 흑인도 미국 국민이라는 점을 분명히 했다. 링컨은 대통령선거에서 남부에서는 단 한 표도 받지 못한 대통령이었다. 그래서 남부 사람들은 링컨을 미국 대통령이 아니라 북부만의 대통령이라고 비난했다. 그리고 노예해방령을 발표한 11개월 후에 게티즈버그 국립묘지 헌정식에 링컨 대통령이 참석했다.

게티즈버그에 수천 명이 모여 들었지만 정작 링컨 대통령의 연설에 관심을 갖는 사람들은 앞줄에 있는 몇 백 명밖에 되지 않았다. 링컨 대통령은 반대자들이 가득하고 링컨의 정책에 불만이 가득한 시끄러운 분위기에서 장황한 연설이 먹힐 리 없다는 것을 알았다. 그래서 링컨 대통령은 2분여 동안 짧은 연설을 한 후에 다음과 같은 키 메시지key message를 전했다.

That government of the people, by the people, for the people, shall not perish from the earth.
국민의, 국민에 의한, 국민을 위한 정부는 이 지상에서 결코 사라지지 않을 것입니다.

링컨 대통령이 전한 키 메시지는 청중들의 가슴에 콕 박혔다. 링컨 대통령의 게티즈버그 연설 내용을 기억하는 사람은 없다. 하지만 연설의 마지막에 남긴 한 문장의 키 메시지 때문에 미국 역사상 가장 위대한 연설로 인정받게 된 것이다. 불과 266 단어로 된 이 짧은 연설문이 유명한 것은 길이 때문이 아니라, 키 메시지를 명쾌하고 간결하게 전하여 청중들에게 감동을 주었기 때문이다. 아무리 위대한 연설도 가슴에 콕 박히는 키 메시지가 없다면 그 연설은 곧 잊혀지고 만다.

그로부터 100년이 지난 1963년 8월 23일, 이날은 링컨 대통령의 노예해방 승인 100년을 기념하는 날이었다. 워싱턴 DC에서 열린 시민권 행진대회에 25만 명이 운집했다. 그날 많은 유명 인사들이 연설을 했다. 루터 킹 목사는 맨 마지막 차례였다. 연설을 듣다 지친 일부 참가자들은 이미 대열에서 벗어나 사방으로 흩어지고 있었다.

『한마디로 말하라』에서 미미 고스 교수는 당시 상황을 자세히 소개하고 있다.

킹 목사의 연설에는 힘이 실려 있었지만 고개를 숙이고 연설문을 눈으로 읽다 보니 청중과 눈을 마주칠 일도 거의 없었다. 언급하는 연설 내용도 추상적이었다. 그가 연설을 시작한지 12분이 지났다. 이제 연설 시간은 4분밖에 남지 않았다. 바로 그때 킹 목사와 동행하며 집회마다 흑인 영가와 가스펠을 불렀던 가스펠의 디바 마할리아 잭슨Mahalia Jackson이 루터 킹 목사가 있는 연단으로 다가왔다. 그리고 이렇게 외쳤다.

"마틴, 당신의 꿈은 뭔가요?"

당시의 연설을 녹화한 영상을 보면 이때 루터 킹 목사는 연설 원고에서 눈을 떼고 고개를 든다. 몸을 꼿꼿이 세운 뒤 청중을 향하여 입을 열었다.

"비록 우리가 오늘과 내일의 역경을 만나게 된다고 할지라도, 나에게는 아직도 꿈이 있습니다. 나의 꿈은 아메리카드림에 깊이 뿌리를 박은 그런 꿈입니다."

그리고 계속해서 "나에게는 꿈이 있습니다"라는 키 메시지를 쏟아낸다. 순간 좌중의 분위는 완전히 바뀌었다. 마치 전기에 감전된 듯 집으로 돌아가던 사람들은 발걸음을 멈췄다. 청중들은 다시 제자리로 돌아와 루터 킹 목사의 연설에 귀를 기울였다.

그는 연설 중에 "나에게는 꿈이 있습니다"라는 가슴을 쿵 울리는 키 메시지를 열 번이나 반복해서 언급한다. 먼저 키 메시지를 전한 후 자신이 무엇을 꿈꾸고 있는지 아주 짧은 이야기를 전했다. 그리고 다시 키 메시지를 전한 후 자신이 꿈꾸고 있는 내용을 밝혔다.

나에게는 꿈이 있습니다, 언젠가는, 조지아 주의 붉은 언덕 위에서 노예들의 후손들과 노예 소유주들의 후손들이 형제애의 식탁에서 함께 자리할 수 있을 것이라는 꿈이 있습니다.
나에게는 꿈이 있습니다, 부정과 억압의 열기로 찌는 듯한 미시시피 주 조차도 언젠가는 자유와 정의의 오아시스로 바뀔 것이라는 꿈을 저는 가지고 있습니다.
나에게는 꿈이 있습니다, 나의 네 명의 어린 아이들이 언젠가는 그들의 피부색이 아니라 그들의 개별성에 의하여 판단되는 나라에서 살게 될 것이라는 꿈을 가지고 있습니다.

시민권 행진대회가 끝난 뒤 시민운동 지도자들은 루터 킹 목사와 함께 백악관에서 존 F. 케네디 대통령을 접견했다. 케네디 대통령은 루터 킹 목사의 연설에 찬사를 보냈다. 그 이듬해에 미국 의회는 인종차별을 금지하는 시민권 법안을 승인했다. 1965년에는 투표권 법안이 통과되면서 모든 미국 시민의 투표권이 보장됐다. 1964년, 루터 킹 목사는 역대 최연소로 노벨평화상을 받았다.

짧지만 저항할 수 없는 한마디

요한 헨리 조웨트John Henry Jowett 박사는 *The Preacher, His Life and Work* 에서 키 메시지의 중요성을 다음과 같이 피력했다.

나의 확신은, 설교의 키 메시지를 짤막하고도 의미 있는 한 문장으로 수정처럼 맑게 표현하지 못했다면, 설교할 준비는커녕 아직 설교문을 작성할 준비조차 되지 않았다는 것이다. 늘 경험하지만 그 키 메시지를 얻는 과정은 가장 고되고 힘겨운 일이지만 설교를 위한 연구에서 가장 생산적인 작업이다. 나는 그 키 메시지가 구름 한 점 없는 달처럼 깨끗하고 선명하게 떠오르기 전에는 설교는 물론, 설교문 작성조차 금물이라고 생각한다.*

그렇다면 설교자의 키 메시지는 어디서 오는가? 키 메시지는 반드시 설교할 성경 본문에 기초해야 한다. 엄밀히 말해서 성경 본문을 이끄는 핵심 단어, 즉 키워드에서 출발한다. 그러므로 성경 본문의 말씀과 상관없는 키 메시지는 목자를 잃어버린 양과 같다.

키워드와 키 메시지는 어떻게 구별되는가? 키워드와 키 메시지는 어떤 관계인가? 요한 헨리 조웨트 박사의 설교에서 키워드와 키 메시지의 관계를 엿볼 수 있다.

"감사는 백신, 해독제이며, 소독제이다." 이는 감사가 백신과 같이 작용하여 상하

★ 요한 헨리 조웨트 박사는 20세기 초, 영국의 가장 뛰어난 설교자요 성자로 추앙받던 목사로 수많은 저서를 남겼다.

고 좌절한 마음을 예방할 수 있다는 뜻이다. 감사는 해독제와 같이 작용하여 냉소, 비난, 불평의 독소의 영향을 막을 수 있다. 또한 소독제와 같아서, 감사는 가장 힘든 마음을 가라앉히고 치유할 수 있다. 감사함은 좌절의 여지를 남기지 않는다.

위의 예문에서 키워드는 '감사'다. "감사는 백신, 해독제이며, 소독제이다"는 키 메시지이다. 키워드는 핵심단어요 키 메시지는 핵심문장이다. 키워드 '감사'는 계속해서 반복된다. 하지만 경구* 형식을 갖춘 키 메시지는 완전한 문장으로 한 번 나온다. 키워드가 권투에서 상대의 공격을 노리며 계속해서 뻗는 잽이라면 키 메시지는 공격을 결정짓는 어퍼컷이나 스트레이트이다.

설교자에 따라 키워드 '감사'를 사용하여 '감사는 축복의 통로다', 혹은 '감사는 그리스도인의 향기다' 등으로 키 메시지를 만들 수 있다. 이것은 설교자의 몫이다. 키워드는 키 메시지와 밀접한 관계를 갖고 있지만, 키워드 혼자서는 빛을 발할 수 없다. 키워드는 키 메시지와 융합할 때 빛을 발한다.

그렇다면 키 메시지란 무엇이며 어떤 역할을 하는가? 미미 고스 교수는 키 메시지는 "학문적 글쓰기에서 이것을 '중심 문장'이라고 하며 뉴스 기사에서는 '리드' lead, 특집 기사와 잡지 기사에서는 '앵글' angle, 영화에서는 '피치' pitch라고 한다. 광고업계나 마케팅에서는 브랜드를 설명해주는 '슬로건' slogan이라고 한다"고 했다. 또한 키 메시지를 '토킹 포인트' talking point, '머스트 에어' must air라고도 한다. 표현 그대로 꼭 전달해야 하는 짧은 핵심문장을 말한다.

★ 경구(aphorism)란 속담이나 격언처럼 교훈이나 진리를 담고 있는 간결하고 예리한 문장을 말한다.

『세상을 움직이는 파워 마케팅 Performance Impact PR』의 저자 다마키 츠요시는 키 메시지의 중요성을 다음과 같이 피력했다.

키 메시지는 커뮤니케이션 활동의 기본이며 정보 발신의 핵심요소다. 선교활동에서 성서와 같은 역할이라고 하면 좀 더 이해하기 쉬울 것이다.

대한민국 최고의 커뮤니케이션 전문가로 평가받는 김자영 교수는 '키 메시지'의 정의와 역할에 대해 다음과 같이 설명하고 있다.

한 시대를 풍미했던 유명한 사람들은 이름과 함께 명언도 남긴다. 김대중 전 대통령은 '행동하지 않는 양심은 악의 편이다'란 명언을 남겼고, 스티브 잡스는 '항상 갈망하고 바보처럼 우직하라' Stay hungry, stay foolish란 명언을 남겼다. 모두 명연설의 일부이다. 긴 연설 중에서 오래도록 기억에 남는 것은 이렇듯 한 문장이다. 우리는 링컨의 명연설 중에서도 '국민의, 국민에 의한, 국민을 위한 정부'란 문구만 알고 나머지는 기억하지 못한다. 이처럼 멋진 메시지 한 줄은 스피치를 빛나게 할 뿐만 아니라 사람들의 가슴에 오래 남는다.

'키 메시지'는 이처럼 연설자가 하고자 하는 말을 단 하나의 단어나 문장으로 압축하여 나타낸 것이다. 청중이 긴 연설의 내용을 모두 다 기억하기는 어렵다. 그러나 잘 만들어진 키 메시지를 잘 활용하면 청중의 머릿속에 전달하고자 하는 내용을 효과적으로 남길 수 있다. 또한 키 메시지는 스피치를 안정적으로 이끌어 가는 중심축이 된다. 핵심 내용을 미리 정해두었기 때문에 중요한 메시지를 빠뜨리지 않게 되고 따라서 연설이 삼천포로 빠지는 일도 줄어든다.

설교나 연설에서 키 메시지는 키워드와 함께 설교의 목적과 설교의 방향을 결정한다. 김자영 교수의 주장처럼 키 메시지는 키워드와 함께 설교자가 길을 잃고 삼천포로 빠지지 않도록 안내자 역할을 한다.

채경락 교수는 『퇴고(推敲) 설교학』에서 키 메시지를 "강단에 오르는 설교자의 가슴에 있는 한 문장"이라고 한다. 채 교수는 키 메시지의 중요성에 대해 다음과 같이 설명한다.

설교를 막 시작하려고 하는데 몸에 이상 증세가 느껴진다. 곧 쓰러질 것만 같다. 그간 앓아오던 심장병이 드디어 말썽을 부리는 모양이다. 어떻게 할까? 주어진 시간은 불과 몇 초. 그래도 설교자의 소임을 다해야 하는 법. 그때 청중을 향하여 던질 수 있는 한 문장이 그대 가슴에 있는가? 있기를 바라고 있어야 한다. 그 한 문장이 주제다. 자격을 따지건대 누가 감히 설교단에 오를 자격이 있겠냐마는, 설교학적인 조건은 바로 이 문장이다. 가슴에 이 한 문장이 있어야 단에 오를 자격이 있다.

…힘든 하루였다. 따뜻한 샤워가 아니었다면 목사의 길을 후회했을지도 모를 길고 긴 하루였다. 자정의 종소리와 함께 잠자리에 든다. 그야말로 꿀맛 같은 단잠. 오늘따라 꿈도 참 행복하다. 더도 말고 덜도 말고 늘 이 순간만 같아라…. 한참 깊은 잠에 빠져드는데 별안간 어디선가 들려오는 전화벨 소리. 누구야? 성가시고 귀찮다. 어둠을 헤치고 손을 뻗어도 전화기는 어디 갔는지…. 겨우 수화기를 더듬어 귀에 갖다 대는데, 이건 또 무슨 소리?

"목사님, 이번 주일 설교 주제가 뭡니까?"

그때 내놓을 한 문장(키 메시지)이 있는가? 예의범절을 따지기 전에 그때 대답할 한 문장이 가슴에 있는가? 이게 바로 새벽 3시 테스트다. 설교자가 주제(키 메시지)를 명확하게 결정하였는지, 그래서 그의 가슴에 주제(키 메시지)가 선명하게 새겨졌는지를 측정하는 테스트다. 시계를 보니 새벽 3시. 우리 의식이 가장 연약한 시간이다.*

키 메시지는 설교나 연설 내용을 한 마디로 요약한 경구 형식의 핵심문장이다. 설교학 교수로 명성을 얻고 있는 탈봇 신학교의 도널드 R. 스누키안Donald R. Sunukjian 교수는 『성경적 설교의 초대Invitation to Biblical Preaching』에서 키 메시지를 '집으로 가져가는 진리'take-home truth라고 부른다. 이름하여 테이크아웃 키 메시지다. 교회 문을 나섬과 동시에 사라지는 설교가 아니라, 집에 가서도 뇌리에서 떠나지 않고 기억되는 격언과 같은 한 문장을 말한다. 학교로, 직장으로 한 주일동안 가지고 다니며 일상의 삶에서 묵상하며 적용할 수 있는 한 문장이 바로 키 메시지라는 것이다.

어떤 키 메시지가 좋은 키 메시지일까? 속담처럼 군더더기 없는 문장이 제일이다. 머릿속에 쏙 들어온 걱정거리처럼 머릿속을 떠나지 않고 자꾸 떠오른다면 최고의 키 메시지이다.

예수님의 설교 구조와 키 메시지

브루스 모힌니Bruce Mawhinney 박사는 『목사님, 설교가 아주 신선해졌어요Preaching with Freshness』에서 "예수님께서는 특정한 진리를 강조하고 그것을 기억하기 쉬운 형태로 만드시려고 키 메시지를 사용하셨다. 4복음서에는 133개의 서로 다른 키 메시지가 있고, 중복되는 것까지 합하면 368개나 된다"고 했다.

마태복음 6:1-18에서 '외식'을 키워드로 설교하신 예수님의 설교 구조와 키 메시지에 대해 살펴보자.

▶ 비유1: 1-4절

사람에게 보이려고 그들 앞에서 너희 의를 행하지 않도록 주의하라 그리하지 아니하면 하늘에 계신 너희 아버지께 상을 받지 못하느니라 :2 그러므로 구제할 때에 외식하는 자가 사람에게서 영광을 받으려고 회당과 거리에서 하는 것 같이 너희 앞에 나팔을 불지 말라 진실로 너희에게 이르노니 그들은 자기 상을 이미 받았느니라 :3 너는 구제할 때에 오른손이 하는 것을 왼손이 모르게 하여 :4 네 구제함을 은밀하게 하라 <u>은밀한 중에 보시는 너의 아버지께서 갚으시리라</u>

▶ 비유2: 5-8절

또 너희는 기도할 때에 외식하는 자와 같이 하지 말라 그들은 사람에게 보이려고 회당과 큰 거리 어귀에 서서 기도하기를 좋아하느니라 내가 진실로 너희에게 이르노니 그들은 자기 상을 이미 받았느니라 :6 너는 기도할 때에 네 골방에 들어가 문을 닫고 은밀한 중에 계신 네 아버지께 기도하라 <u>은밀한 중에 보시는 네 아버지께서 갚으시리라</u>

▶ 비유3: 7-18절

또 기도할 때에 이방인과 같이 중언부언하지 말라 그들은 말을 많이 하여야 들으실 줄 생각하느니라 :8 그러므로 그들을 본받지 말라 구하기 전에 너희에게 있어야 할 것을 하나님 너희 아버지께서 아시느니라 :9 그러므로 너희는 이렇게 기도하라 하늘에 계신 우리 아버지여 이름이 거룩히 여김을 받으시오며 :10 나라가 임하시오며 뜻이 하늘에서 이루어진 것 같이 땅에서도 이루어지이다 :11 오늘 우리에게 일용할 양식을 주시옵고 :12 우리가 우리에게 죄 지은 자를 사하여 준 것같이 우리 죄를 사하여 주시옵고 :13 우리를 시험에 들게 하지 마시옵고 다만 악에서 구하시옵소서 나라와 권세와 영광이 아버지께 영원히 있사옵나이다 아멘 :14 너희가 사람의 잘못을 용서하면 너희 하늘 아버지께서도 너희 잘못을 용서하시려니와 :15 너희가 사람의 잘못을 용서하지 아니하면 너희 아버지께서도 너희 잘못을 용서하지 아니하시리라 :16 금식할 때에 너희는 외식하는 자들과 같이 슬픈 기색을 보이지 말라 그들은 금식하는 것을 사람에게 보이려고 얼굴을 흉하게 하느니라 내가 진실로 너희에게 이르노니 그들은 자기 상을 이미 받았느니라 :17 너는 금식할 때에 머리에 기름을 바르고 얼굴을 씻으라 :18 이는 금식하는 자로 사람에게 보이지 않고 오직 은밀한 중에 계신 네 아버지께 보이게 하려 함이라 <u>은밀한 중에 보시는 네 아버지께서 갚으시리라</u>

예수님께서는 회중들에게 말씀을 전하시기 전에 한 문장의 키 메시지를 가슴에 품고 계셨다. '외식'을 키워드로 하여 3가지 비유를 전한 후 **"은밀한 중에 보시는 네 아버지께서 갚으시리라"**라는 하나의 키 메시지를 반복하여 전하였다.

인류 역사상 키 메시지를 가장 영향력 있게 사용하신 분은 누구일까? 예수님의 설교를 듣고 나면 전체의 설교 내용이 한 문장의 키 메시지로 가슴에 남는다. 예수님의 설교는 한 문장의 키 메시지로 요약된다. 반대로 키 메시지를 펼치면 설교 내용이 마치 부챗살처럼 펼쳐진다.

예수님의 설교는 **비유+키 메시지** 구조이다. 이것은 예수님께서 말씀을 전할 때 사용하셨던 아주 특별한 방법이다. 키 메시지는 패턴 스토리를 만날 때 시너지 효과가 있다. 반대로 키 메시지가 논리적인 설명과 만나면 효과는 크지 않다. 그래서 예수님께서는 비유와 함께 키 메시지를 전하셨다.

동료 설교자들에게 흔히 듣는 이야기가 있다. 회중들이 설교를 듣고 난 후 예화만 기억하고 있다는 말을 자주 듣는다. 그러면 회중들은 왜 설교자가 전한 예화만 기억하는가? 키 메시지를 분명하게 전하지 않았기 때문이다.

『끌리는 말에는 스토리가 있다』의 저자 이서영 교수는 스피치에서 '감동을 지속하는 여운 엔딩법'을 소개하며 키 메시지로 화룡점정 하라고 권면한다.

영화든 드라마든 책이든, 결말은 그 작품 전체의 인상과 감동을 좌우한다. 흥미진진하던 스토리를 단박에 용두사미로 만드는 것도, 지지부진하던 스토리를 잊지 못할 감동으로 승화시키는 것도 마무리의 몫이다. 힘 있는 결말은 엔딩 크레딧이 다 올라가도록 자리에서 일어나기 아쉬운 감동을 선사한다.

스피치도 마찬가지다. 마무리를 잘 짓는 것은 그 어떤 일보다 중요하다. 마무리는 화자와 스피치 메시지가 어떻게 기억될지를 좌우하는 '결정적 요소'이기 때문이다. …그렇다면 당신의 스피치에 정점을 찍는 엔딩을 만들기 위해 어떤 방법이 좋을까? 짜릿한 한 줄을 남겨라. '짜릿한 한 줄'은 깊은 여운을 주며 발표를 기억에 새기는 데 크게 기여한다.★

예수님의 설교에서 비유는 키 메시지를 전하기 위한 수단이요 방법이지 본질이 아니다. 예수님께서는 비유를 전달하기 위해 설교하셨는가? 아니다. 키 메시지를 전달하기 위해 비유를 사용하셨다.

마태복음 6:25-34에서도 예수님께서는 '염려'를 키워드로 하여 3개의

★ 이서영 교수는 SBS 지역 민방 공채 아나운서 출신으로 SBS GOLF, YTN, MBC SPORTS 등에서 MC로 활동하고 있다. G20 서울 정상회의, CEPA, 세계경제금융컨퍼런스 등 대규모 국제 행사를 영어로 진행하며 두드러진 활약을 보이고 있다. 주요 대학의 특강 섭외 1순위 인기 강사로 국민대학교와 협성대학교, 한양대학교, 서울예술종합학교 등 신문방송학과, 광고홍보학과 전공과목에 출강하고 있다.

비유를 통해 3회에 걸쳐 키 메시지를 전하셨다.

▶ 비유1: 25-27절

그러므로 내가 너희에게 이르노니 목숨을 위하여 무엇을 먹을까 무엇을 마실까 몸을 위하여 무엇을 입을까 염려하지 말라 목숨이 음식보다 중하지 아니하며 몸이 의복보다 중하지 아니하냐 :26 공중의 새를 보라 심지도 않고 거두지도 않고 창고에 모아들이지도 아니하되 너희 하늘 아버지께서 기르시나니 너희는 이것들보다 귀하지 아니하냐 :27 너희 중에 누가 염려함으로 그 키를 한 자라도 더할 수 있겠느냐

▶ 비유2: 28-29절

또 너희가 어찌 의복을 위하여 염려하느냐 들의 백합화가 어떻게 자라는가 생각하여 보라 수고도 아니하고 길쌈도 아니하느니라 :29 그러나 내가 너희에게 말하노니 솔로몬의 모든 영광으로도 입은 것이 이 꽃 하나만 같지 못하였느니라

▶ 비유3: 30-32절

오늘 있다가 내일 아궁이에 던져지는 들풀도 하나님이 이렇게 입히시거든 하물며 너희일까보냐 믿음이 작은 자들아 :31 그러므로 염려하여 이르기를 무엇을 먹을까 무엇을 마실까 무엇을 입을까 하지 말라 :32 이는 다 이방인들이 구하는 것이라 너희 하늘 아버지께서 이 모든 것이 너희에게 있어야 할 줄을 아시느니라

▶ **마무리: 33-34절**

그런즉 너희는 먼저 그의 나라와 그의 의를 구하라 그리하면 이 모든 것을 너희에게 더하시리라 :34 그러므로 내일 일을 위하여 염려하지 말라 내일 일은 내일이 염려할 것이요 한 날의 괴로움은 그 날로 족하니라

앞서 살펴 본 마태복음 6:1-18의 설교처럼 비유 끝에 키 메시지가 반복하여 나타나지는 않지만 25, 31절에서 **"무엇을 먹을까 무엇을 마실까 무엇을 입을까 염려하지 말라"** 라는 키 메시지가, 34절에서는 **"내일 일을 위하여 염려하지 말라. 내일 일은 내일 염려하라"** 는 키 메시지가 반복해서 나온다. 예수님의 설교에서 키 메시지는 설교의 핵심이다.

링컨 대통령이나 루터 킹 목사의 연설 내용을 기억하는 사람은 거의 없다. 오직 키 메시지만 기억할 뿐이다. 그러나 예수님의 설교는 다르다. 키 메시지와 설교 내용이 함께 기억에 남는다. 이유가 뭘까? 키 메시지와 비유가 서로 결합되어 있기 때문이다. 패턴 스토리와 키 메시지가 결합하면 그 설교나 연설은 엄청난 폭발력을 지닌다.

연설의 달인 오바마 연설 구조

많은 사람들은 오바마 미국 대통령을 연설의 달인이라고 한다. 불후의 명곡이 오랫동안 잊히지 않고 많은 사람들에게 사랑을 받는 것처럼 오바마 대통령의 연설이 유명한 이유가 뭘까? 키 메시지를 예수님처럼 가장 잘 사용한 사람은 버락 오바마 대통령이다. 오바마 대통령의 선거 유세 연설이나 당선 연설을 보면 **패턴 스토리+키 메시지**의 구조를 갖고 있다. 그의 연설은

예수님의 단파설교와 얼마나 유사한지 모른다.

버락 오바마 대통령 후보가 유세 연설을 할 때 어느 가정에서 있었던 일이다. 어머니와 초등학교 5학년 딸이 텔레비전을 통해 중계되는 오바마 대통령 후보의 연설을 듣고 있었다. 연설을 듣던 딸아이가 입을 열었다.

사진 출처: 연합뉴스

"엄마, 버락 오바마가 저 이야기를 왜 하는지 난 알아!"

"아니, 네가 그것을 어떻게 알아? 그래, 저 이야기를 왜 하는데?"

" '변화! 우리의 필요입니다! Change! We need! 이 말을 하기 위해서."

아니나 다를까 딸의 말대로 오바마는 시청자들이 공감할 수 있는 짧은 이야기를 전한 후 "변화! 우리의 필요입니다!"라고 키 메시지를 전했다.

오바마는 공화당 정권이 8년 동안 집권하고 있는 현재의 상황을 패턴 스토리로 엮어 전한 후 "변화! 우리의 필요입니다!"라고 키 메시지를 반복해서 전했다. 그 결과 유권자들의 큰 지지를 얻었다. 한마디로 유권자들의 가슴에 키 메시지를 심는 데 성공을 거둔 것이다.

오바마의 연설은 다음과 같은 구조를 갖고 있다.

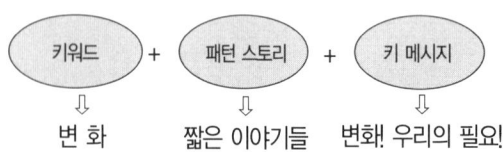

첫째, 선명한 키워드를 사용한다. '변화'라는 핵심 키워드를 사용하여 자신의 연설을 듣는 사람들에게 키워드를 부각시킨다.

둘째, 패턴 스토리를 사용한다. 키워드 '변화'를 부각시키기 위해 구체적인 실례들을 패턴 스토리로 제시하여 공감대를 형성한다.

셋째, 키 메시지를 반복해서 사용한다. 스토리텔링을 통해 패턴 스토리를 전한 후 키 메시지로 마무리한다.

오바마 대통령 후보가 연설을 하는 한 가지 이유는 무엇인가? 패턴 스토리에 키 메시지를 묶어 반복해서 전달하는 이유는 "Change! we need!" 이 한 문장을 청중들에게 각인시키기 위해서다.

버락 오바마는 미국 역사상 최초 흑인 대통령으로 당선되었다. 결국 44대 미국 대통령으로 당선된 것이다. 2008년 11월 5일 밤 시카고에서 행한 그의 당선 연설은 미국 대륙은 물론 전 세계로 타전되었다. 이제 그의 당선 연설을 함께 들어보자.

이번 선거는 '최초'라는 형용사가 붙은 많은 기록과 이야기를 남겼고 그 기록들과 이야기들은 앞으로 몇 세대 동안 회자될 것입니다. 그러나 오늘밤 제 마음속에는 애틀랜타에서 자신의 투표권을 행사한 한 여인이 떠오릅니다. 그녀는 이번 선거에서 자신의 목소리를 반영하기 위해서 줄을 섰던 수백만의 다른 사람들과 비슷한 사람이었습니다. 앤 닉슨 쿠퍼Ann Nixon Cooper 할머니가 바로 106세라는 단 한 가지만 빼고 말입니다. 그녀는 노예제도가 막 폐지된 시절에 태어났습니다. 그때 당시만 해도 거리에는 차도 없었고, 하늘에는 비행기가 없었던 시절이며, 그 당시 그녀와 같은 사람들은 두 가지 이유 때문에 투표할 수 없던 시절입니다. 첫째는 여자라는 이유였으며, 또 하나는 그녀의 피부색 때문이었습니다. 오늘 저는 미국에서 그 할머니가 100여 년의 생애 동안 보았을 모든 일들에 대해서 생각해 봅니다. 그녀는 가슴이 찢어지는 아픔과 희망을 보아왔고, 투쟁과 진보를 목격했으며, '너희는 할 수 없어'라는 말을 들어왔던 시대도 보았고, '우리는 할 수 있다'는 미국의 신조를 꾸준히 고집해온 사람들도 목격했습니다.

한때 여성들의 목소리가 억압되고 여성들의 희망이 산산조각이 났었지만 그녀는 그 목소리와 그 희망이 마침내 떨치고 일어나 함성이 되고 투표로 연결되는 것을 오늘 보고 있습니다. 그렇습니다. 우리는 할 수 있습니다! Yes, we can!

미국 최초의 농업 위기인 더스트 보울 시대*와 전국을 휩쓴 대공황의 시대에 절망만이 남았을 때 그녀는 국가가 뉴딜정책과 새로운 일자리, 그리고 새로운 공동의 목적을 통해서 두려움을 정복하는 모습을 지켜보았습니다. 그렇습니다. 우리는 할 수 있습니다! Yes, we can!

폭탄이 우리의 해안에 떨어지고 독재자가 세계를 위협할 때 그녀는 동시대 사람들이 위대한 사람들이 되고 민주주의가 지켜지는 순간들을 보기 위해 그곳에 있었습니다. 그렇습니다. 우리는 할 수 있습니다! Yes, we can!

그녀는 몽고메리의 버스 승차 거부 운동과 버밍엄 운동, 셀마에서의 투쟁, 그리고 사람들에게 '우리는 이겨내야 한다'고 외치던 애틀랜타에서 온 한 목사님을 위해서 그녀는 그곳에 있었습니다. 그렇습니다. 우리는 할 수 있습니다! Yes, we can!

인간이 달에 발을 딛고 베를린 장벽이 무너지고 우리 과학기술과 상상력을 통해서 세계가 연결되었습니다. 그리고 올해 이번 선거에서 그녀는 자신의 손을 스크린에 터치하면서 그녀의 투표권을 행사했습니다. 왜냐하면 미국에서 106년이 지난

★ 더스트 보울(Dust Bowl)은 1930년대 미국 남부 평원 지역에 발생한 최악의 가뭄과 최악의 먼지 폭풍으로 농업과 환경에 막대한 피해를 입혔다. 강풍이 표토를 걷어 내어 버리자 땅에는 비옥한 대평원 지역은 황무지가 되었다. 이 재해로 농부들은 땅과 집을 버리고 다른 곳으로 이주하여 유령도시가 되었다. 당시의 처참한 모습을 빗대어 '더스트 보울 시대' 혹은 '더러운 30년대'(Dirty Thirties)라고도 부른다.

후에 미국 역사상 최고의 순간들과 가장 어두웠던 시간들을 지내면서 그녀는 미국이 얼마나 바뀔 수 있는지를 알고 있기 때문입니다. 그렇습니다. 우리는 할 수 있습니다! Yes, we can!

국민 여러분, 우리는 먼 곳까지 왔습니다. 우리는 너무나 많은 것을 보았습니다. 하지만 여전히 해야 할 것들이 많이 있습니다. 그래서 오늘 밤 우리들 스스로에게 질문을 던져봅니다. 만약 우리 아이들이 다음 세기를 볼 정도로 오래 산다면, 만약 저의 딸들이 앤 닉슨 쿠퍼 할머니처럼 오랫동안 살 정도로 운이 좋다면 그들은 어떤 변화들을 보게 될까요? 어떤 발전을 우리는 이룰 수 있을까요? 지금이 바로 우리가 그러한 요청에 응답할 때입니다. 지금이 바로 우리의 순간입니다. 지금이 바로 우리의 시간입니다.

우리 국민들이 일터로 돌아가고 우리의 아이들을 위한 기회의 문을 열어주고 번영을 다시 회복하고 평화 운동을 증진시켜야 합니다. 아메리칸 드림을 다시 일으키고, 그리고 다른 것들보다 우선 가장 근본적인 진리인 우리가 숨 쉬는 동안 우리는 희망을 꿈꾼다는 사실을 다시 확인시킬 것이며, 우리가 냉소주의와 의구심과 우리는 할 수 없다고 말하는 사람들과 부딪힐 때마다, 우리는 사람들의 영혼을 하나로 묶는 시대를 초월한 신념을 가지고 그들에게 대답할 것입니다. 그렇습니다. 우리는 할 수 있습니다! Yes, we can!

감사합니다. 하나님의 축복이 여러분과 함께하고 미국에도 하나님의 축복이 있기를 기원합니다.

오바마 미국 대통령의 당선 연설은 먼저 소개한 대통령 후보 유세 연설과 프레임이 일치한다. **패턴 스토리+키 메시지**의 반복이다. 이 두 가지가 완벽하게 조화를 이루어 반복이라는 과정을 통해 청중들에게 전달된다.

이런 오바마를 경희대학교 도정일 교수는 '이야기로 대통령이 된 사람'이라고 평가했다. 이처럼 사람의 마음을 움직이려면 키 메시지를 스토리에 담아 전해야 한다. 특히 키 메시지를 패턴 스토리에 담아 전할 때 그 폭발력은 상상을 초월한다.

미미 고스 교수는 "전 세계 곳곳에서는 '한마디' 전쟁이 이뤄지고 있다"고 했다. 그가 말한 '한마디'는 키 메시지를 말한다. 이어서 말하기를 "대선 주자들에게 훌륭한 슬로건 한 문장이 100분의 연설이나 1,000명의 선거 운동원보다 낫다"고 했다. 대선 주자들의 키 메시지가 유권자들의 의사결정에 어떤 영향을 미치는가? 키 메시지의 영향력을 연구하기 위해 실시한 여론조사에 따르면 '키 메시지 때문에 투표한 적이 있느냐'는 질문에 '그렇다'라고 밝힌 사람이 무려 33%나 되었다고 한다. 특히 20-30대의 경우 키 메시지의 영향을 가장 많이 받는 것으로 조사되었다.

왜 대선 주자들은 짧은 한 문장의 키 메시지에 공을 들이는 것일까? 요즘과 같이 메시지의 홍수 속에서 허우적거리며 살아가는 대중들은 대선 주자들이 내뱉는 많은 말을 기억하지 않는다. 아니 기억할 수도 없다. 하지만 뇌리에 '콕' 하고 박히면서 마음을 '쿵' 울리는 한마디만을 대중은 기억하기 때문이라고 말한다.

키 메시지를 전할 때 유의할 점은 무엇인가? 스탠퍼드 경영대학원 칩 히스 교수는 키 메시지는 노래의 후렴구처럼 사람들의 가슴에 완전히 스며들 때까지 '반복, 반복 또 반복' 하라고 한다.

브루스 모힌니 박사는 키 메시지 전달에 있어서 3가지 'R'을 강조한다. 첫 번째 R은 상기시키는 것, Reminding으로 조금 전에 말한 것을 다시 되풀이하는 것이다.

두 번째 R은 반복, Repetition으로 똑같은 문장이나 주제를 여러 번 반복하는 것이다.

세 번째 R은 다른 말로 반복하는 것, Reiterating으로 같은 생각이나 주제를 다른 말로 바꾸어서 반복하는 것을 말한다.

채경락 교수도 키 메시지의 반복을 설교자들에게 주문한다.

반복을 두려워 마라, 반복을 두려워 마라. 특히 말하는 사람이라면 반복을 두려워해서는 안 된다. 글에서 반복은 사족이 될 수 있지만, 말에서 반복은 가장 효과적인 전달 방법 가운데 하나다. 반복하라. 반복하라. 몇 번이고 반복하라.

오바마 미국 대통령의 연설에서 키 메시지는 반복된다. 이것은 예수님께서 2000년 전에 이미 사용하셨던 방법이다. 아니 그 이전에 하나님께서 창세기 1장에서 사용하셨던 방법이다.

그렇다면 키 메시지를 어떻게 전할 것인가? 창세기 1장은 6일 동안의 창조 과정을 소개하고 있다. 하루하루의 창조 과정과 내용이 소개되고 난 후엔 어김없이 "하나님이 보시기에 좋았더라"라는 키 메시지가 반복해서 등장한다. "하나님이 보시기에 좋았더라"는 하나님의 창조가 얼마나 완벽한 창조였는지를 강조하는 키 메시지이다. 창세기 1장에서 키 메시지는 일곱 번이나 반복된다. 마치 야구경기에서 주자가 베이스를 거치지 않고 다음 베이스로 나갈 수 없는 것처럼 키 메시지 후 다음날 창조 과정이 시작되고 다시 키 메시지로 마무리 한다.

오바마 대통령도 패턴 스토리를 전한 후 키 메시지를 반복해서 전한다. 이것은 패턴 스토리를 통해 사람들의 감성을 자극하고, 키 메시지를 통해 지성을 자극하여 공감대를 차곡차곡 쌓아가기 위함이다. 예수님의 설교처럼 오바마 대통령의 연설은 패턴 스토리와 키 메시지가 완벽한 조화를 이루고 있다. 오바마 대통령의 연설은 예수님의 설교를 닮은 공감과 설득의 스피치라 할 수 있다.

수천 년 동안 살아남은 속담의 비밀

인류는 수천 년 동안 '속담'이라 불리는 간결한 문장을 서로 교환하며 살아왔다. 속담은 단순하지만 심오하다. 세르반테스는 속담을 '긴 경험에서 우러나온 짧은 문장'이라고 정의한 바 있다.

'손 안에 있는 한 마리 새가 덤불 속 두 마리보다 낫다'는 영어 속담은 스페인에서 "손 안에 있는 새 한 마리가 하늘의 백 마리보다 낫다"로 쓰인다. 폴란드에서는 "손 안에 있는 참새 한 마리가 지붕 위 비둘기보다 낫다"로 쓰인다. 러시아에서는 "손 안에 있는 박새가 하늘의 황새보다 낫다"로 쓰인다. 루마니아, 이탈리아, 포르투갈, 독일, 아이슬란드에도 유사한 속담이 있다. 이 속담이 나타난 최초의 영어 기록은 1678년 발간된 존 번연John Bunyan의 『천로역정』이다.

그렇다면 이 속담은 언제부터 전해 내려오는 것일까? 이 속담의 기원을 2500년 전으로 잡는다. 왜냐하면 "아직 보이지 않는 다른 새 때문에 지금 내 손 안에 있는 새를 포기하는 것은 어리석은 것이다"는 기원전 570년에 기록된 『이솝우화』에 나오기 때문이다. 속담도 역시 이야기처럼 유구한 역사를 자랑한다. 속담도 이야기와 함께 세상에서 가장 오래 살아남은 '스티커 메시지'다. 자그마치 2500년 동안 살아남았으니 말이다. 속담도 이야기처럼 대륙과 문화를 넘고, 언어의 경계를 넘어 전 세계로 퍼져 나갔다. 누가 발 벗고 나서서 광고나 캠페인을 벌인 것도 아니다. 누구의 도움을 받지 않고 오직 스스로의 힘만으로 퍼져나간 것이다. 다른 많은 속담들 역시 유구한 역사를 자랑한다.

위의 글은 앞에서 소개한 『스틱』에 나오는 내용이다. 속담은 한마디로 세상에서 가장 오래 살아남은 키 메시지이다. 칩 히스 교수는 속담도 이야기와 함께 접착력이 엄청난 '스티커 메시지'라는 사실을 증명한다. 그렇다면 설교에서 이야기와 키 메시지가 결합하면 어떻게 될까? 두 개의 스티커 메시지가 서로 만났으니 그 힘은 상상을 초월하지 않겠는가?

[마 7:12] 무엇이든지 남에게 대접을 받고자 하는 대로 너희도 남을 대접하라

예수님의 산상수훈에 등장하는 이 구절은 '황금률'로 불린다. '황금률'이란 별칭이 붙은 건 3세기 로마제국의 24대 황제인 세베루스 알렉산더가 이 글귀를 금으로 새겨서 거실 벽에 붙여놓은 데서 유래한다. 이 구절은 세상 사람들에게도 널리 알려져 있는 키 메시지다.

세상 사람들은 이미 이야기와 키 메시지의 중요성을 깨닫고 다양한 분야에서 활용하고 있다. 하지만 예수님을 주님으로 섬기는 이 시대 많은 설교자들은 키 메시지의 중요성을 모른다. 거의 대부분의 설교에서 키 메시지가 빠져 있다. 설교 구조에도 관심이 없다. 성령님께서 역사하시면 개떡같이 설교를 해도 찰떡같이 알아듣는다는 큰 믿음(?)을 가지고 있다.

그렇다면 성령으로 잉태되어 성령에 이끌려 사셨던 예수님께서 의도적으로 비유와 키 메시지를 결합하여 설교하신 이유가 뭘까? 이것이 하나님의 진리를 전하는 가장 탁월한 방법이었기 때문이다. 무엇보다 항상 성령으로 충만하셨던 예수님께서 비유와 함께 키 메시지를 결합하신 것은 성령님의 인도하심이었다.

회중들의 기억 속에 살아 있는 설교를 원하는가? 설교 효과의 극대화를 원하는가? 예수님처럼 비유와 함께 키 메시지를 전하라. 비유를 통해 키 메시지를 전할 때 설교의 효과는 극대화된다.

Chapter **6**

설교, 예수님처럼 하라

예수님의 설교에서의 3의 법칙

제6장 예수님의 설교에서의 3의 법칙

스티브 잡스 연설의 3의 법칙

'스피치 교과서'로 불리는 스티브 잡스Steve Jobs는 3의 법칙을 사용한 대표적인 인물이다. 3의 법칙은 그의 프레젠테이션이나 연설의 핵심 구조다. 오랫동안 회자되고 있는 스티브 잡스의 2005년 스탠퍼드대학 졸업식 축하 연설은 조지 빔George Beahm이 편집한 *I, STEVE*를 비롯하여 그에 관한 대부분 책에서 소개하고 있다. 스티브 잡스는 이 연설에서 3의 법칙을 사용했다.

제가 오늘 이렇게 세계 최고의 명문대학교 중 하나인 여러분의 졸업식에 함께하게 되어 매우 영광입니다. 저는 대학을 졸업하지 않았습니다. 솔직하게 말씀드리면, 대학 졸업식을 이렇게 가까이서 보는 것은 처음입니다. 오늘, 저는 여러분께 제 지난 삶에서 일어난 세 가지 이야기에 대해 말씀드리고자 합니다. 뭐 대단한 것을 준비한 것은 아닙니다. 딱 이야기 세 개만 들려드리려고 합니다.

스티브 잡스는 자신의 연설이 3개의 스토리로 구성되어 있는 것을 청중들에게 알린 후, 자신의 인생에서 일어났던 3가지 사건을 스토리텔링으로 전했다. 그리고 연설의 마지막에는 "항상 갈망하고 바보처럼 우직하라"는 키 메시지를 3회에 걸쳐 전했다.

제가 어렸을 때 『지구 백과 카탈로그』라는 매우 멋진 간행물이 있었습니다. 제 또래에서는 바이블로 통했던 것입니다. 여기서 그렇게 멀지 않은 멘로파크에서 스튜어트 브랜드라는 사람이 만든 것인데요, …스튜어트와 그의 팀은 몇 개의 잡지를 발행했고 마침내 최종호를 발행했습니다. 그 최종호의 뒤 표지에는 아침 해가 밝아오는 시골길이 찍힌 사진이 있었습니다. 모험과 여행을 즐기는 사람이라면 히치하이킹을 해보고 싶은 그런 길이 펼쳐져 있었죠. 그 사진 밑에 다음과 같은 문구가 적혀져 있었습니다.

"항상 갈망하고 바보처럼 우직하라. Stay Hungry. Stay Foolish."

이것은 그들이 독자들에게 보내는 작별인사였습니다. "항상 갈망하고 바보처럼 우직하라." 저는 이 문구를 마음에 항상 새기게 되었습니다. 그리고 이제 대학을 졸업하고 새로운 도약을 하려는 여러분들에게 꼭 들려드리고 싶은 문구입니다.

"항상 갈망하고 바보처럼 우직하십시오."

여러분, 대단히 감사합니다.

이야기 1	이야기 2	이야기 3
키 메시지		

스피치에서 3의 법칙은 꼭 챙겨야 할 법칙으로 통한다. 스티브 잡스는 그가 제품 프레젠테이션에서 항상 사용하던 3의 법칙을 연설에서도 그대

로 사용한 것이다.

『애플, 성공 신화의 비밀』의 김정남 저자는 스티브 잡스는 항상 3의 법칙을 프레임으로 사용한다고 했다.

'아이패드 2'를 내놓았을 때는 '더 작고, 더 가볍고, 더 빨라졌다'는 단 세 마디의 말로 청중의 마음을 사로잡았다. 아이패드 2의 장점 세 개만을 골라 키 메시지로 전달했다. 아이폰 제품을 설명할 때도 3의 법칙을 그대로 사용했다. 당시 스티브 잡스는 아이폰이 매킨토시와 아이팟에 이은 세 번째 혁명임을 강조하며 연설을 마쳤다. 그래서 사람들은 숫자 3을 "스티브 잡스의 '매직 넘버 3'"이라고 한다.

예수님의 설교에 나타난 3의 법칙

지금 세상 사람들이 즐겨 사용하고 있는 3의 법칙은 일찍이 예수님께서 사용하신 법칙이다. 마태복음 4장에서 예수님께서 마귀에게 받은 세 가지 시험을 소개한다. 요한복음 21장에서는 베드로에게 "네가 나를 사랑하느냐?"고 세 번 물으셨다. 3의 법칙은 예수님께서 어떻게 설교를 구성하셨는지 나에게 보여주신 원리 중 하나다. 3의 법칙은 예수님의 설교를 구성하는 프레임과 단파설교와 아주 밀접한 관련이 있다.

마태복음 6:1-18에서 나타난 예수님의 설교 구성을 살펴보자. 예수님께서 이 설교를 하게 된 배경이 1절에 나와 있다. 사람에게 보이려고 외식하는 모습을 보신 예수님께서는 '외식'을 키워드로 설교하셨다. 그렇다면 예수님께서는 설교를 어떻게 구성하셨는가? 3의 법칙을 통해 세 가지 유형의 외식을 비유로 사용하신 것을 한눈에 확인할 수 있다. 3의 법칙을 적용하여 패턴 스토리로 설교를 구성하신 것이다.

첫 번째 비유에서는 구제할 때 외식하는 자의 모습과 결과

두 번째 비유에서는 기도할 때 외식하는 자의 모습과 결과

세 번째 비유에서는 금식할 때 외식하는 자의 모습과 결과

3개의 비유를 패턴 스토리로 사용하셨고 키 메시지를 각 비유마다 한 번씩 3회에 걸쳐 사용하셨다. **"내가 진실로 너희에게 이르노니 그들은 자기 상을 이미 받았느니라"**가 2절, 5절, 16절 하반 절에 3회 반복해서 나타난다. 4절, 6절, 18절에는 **"은밀한 중에 보시는 네 아버지께서 갚으시리라"**가 3회에 걸쳐 반복적으로 나온다.

비유 1	비유 2	비유 3
키 메시지	키 메시지	키 메시지

마태복음 6:25-34에 나타난 예수님의 설교 구성을 다시 한 번 살펴보자. 예수님께서 이 설교를 하게 된 배경은 무엇인가? 25절에 나와 있듯이 하나님의 백성들이 주로 하는 3가지 염려를 보셨다. 무엇을 먹을까, 무엇을 마실까, 무엇을 입을까, 의식주 문제로 염려하고 사는 모습을 보셨다. 예수님께서는 '염려'를 키워드로 하여 3가지 유형의 사물을 비유로 사용하여 설교하셨다.

첫 번째 비유에서 "공중에 나는 새도 하나님께서 책임지시는데 하물며 너희일까 보냐"고 질문을 하셨다.

두 번째 비유에서는 "들의 백합화도 하나님께서 책임지시는데 하물며 너희일까 보냐"라는 질문을 하셨다.

세 번째 비유에서는 "오늘 있다가 내일 아궁이에 던져지는 들풀도 하나

님께서 책임지는데 하물며 너희일까 보냐"는 질문을 하셨다.

예수님께서는 3개의 비유를 들어, 3회에 걸쳐 질문을 하시며, 키 메시지를 3회 전하셨다.

예수님께서는 마태복음 25장에서 마지막 심판에 관한 말씀을 3개의 비유를 통해 말씀하신다.

▶ 비유1 : 열 처녀의 비유(1-13절)

그 때에 천국은 마치 등을 들고 신랑을 맞으러 나간 열 처녀와 같다 하리니 :2 그 중의 다섯은 미련하고 다섯은 슬기 있는 자라 :3 미련한 자들은 등을 가지되 기름을 가지지 아니하고 :4 슬기 있는 자들은 그릇에 기름을 담아 등과 함께 가져갔더니 :5 신랑이 더디 오므로 다 졸며 잘새 :6 밤중에 소리가 나되 보라 신랑이로다 맞으러 나오라 하매 :7 이에 그 처녀들이 다 일어나 등을 준비할새 :8 미련한 자들이 슬기 있는 자들에게 이르되 우리 등불이 꺼져가니 너희 기름을 좀 나눠 달라 하거늘 :9 슬기 있는 자들이 대답하여 이르되 우리와 너희가 쓰기에 다 부족할까 하노니 차라리 파는 자들에게 가서 너희 쓸 것을 사라 하니 :10 그들이 사러 간 사이에 신랑이 오므로 준비하였던 자들은 함께 혼인 잔치에 들어가고 문은 닫힌지라 :11 그 후에 남은 처녀들이 와서 이르되 주여 주여 우리에게 열어 주소서 :12 대답하여 이르되 진실로 너희에게 이르노니 내가 너희를 알지 못하노라 하였느니라 :13 그런즉 깨어 있으라 너희는 그 날과 그 때를 알지 못하느니라

▶ 비유2: 달란트 비유(14-30절)

또 어떤 사람이 타국에 갈 때 그 종들을 불러 자기 소유를 맡김과 같으니 :15 각각 그 재능대로 한 사람에게는 금 다섯 달란트를, 한 사람에게는 두 달란트

를, 한 사람에게는 한 달란트를 주고 떠났더니 :16 다섯 달란트 받은 자는 바로 가서 그것으로 장사하여 또 다섯 달란트를 남기고 :17 두 달란트 받은 자도 그 같이 하여 또 두 달란트를 남겼으되 :18 한 달란트 받은 자는 가서 땅을 파고 그 주인의 돈을 감추어 두었더니 :19 오랜 후에 그 종들의 주인이 돌아와 그들과 결산할새 :20 다섯 달란트 받았던 자는 다섯 달란트를 더 가지고 와서 이르되 주인이여 내게 다섯 달란트를 주셨는데 보소서 내가 또 다섯 달란트를 남겼나이다 :21 그 주인이 이르되 잘하였도다 착하고 충성된 종아 네가 적은 일에 충성하였으매 내가 많은 것을 네게 맡기리니 네 주인의 즐거움에 참여할지어다 하고 :22 두 달란트 받았던 자도 와서 이르되 주인이여 내게 두 달란트를 주셨는데 보소서 내가 또 두 달란트를 남겼나이다 :23 그 주인이 이르되 잘하였도다 착하고 충성된 종아 네가 적은 일에 충성하였으매 내가 많은 것을 네게 맡기리니 네 주인의 즐거움에 참여할지어다 하고 :24 한 달란트 받았던 자는 와서 이르되 주인이여 당신은 굳은 사람이라 심지 않은 데서 거두고 헤치지 않은 데서 모으는 줄을 내가 알았으므로 :25 두려워하여 나가서 당신의 달란트를 땅에 감추어 두었었나이다 보소서 당신의 것을 가지셨나이다 :26 그 주인이 대답하여 이르되 악하고 게으른 종아 나는 심지 않은 데서 거두고 헤치지 않은 데서 모으는 줄로 네가 알았느냐 :27 그러면 네가 마땅히 내 돈을 취리하는 자들에게나 맡겼다가 내가 돌아와서 내 원금과 이자를 받게 하였을 것이니라 하고 :28 그에게서 그 한 달란트를 빼앗아 열 달란트 가진 자에게 주라 :29 무릇 있는 자는 받아 풍족하게 되고 없는 자는 그 있는 것까지 빼앗기리라 :30 이 무익한 종을 바깥 어두운 데로 내쫓으라 거기서 슬피 울며 이를 갈리라 하니라

▶ 비유3: 양과 염소 비유(31-46절)
인자가 자기 영광으로 모든 천사와 함께 올 때에 자기 영광의 보좌에 앉으리니

:32 모든 민족을 그 앞에 모으고 각각 구분하기를 목자가 양과 염소를 구분하는 것 같이 하여 :33 양은 그 오른편에 염소는 왼편에 두리라 :34 그 때에 임금이 그 오른편에 있는 자들에게 이르시되 내 아버지께 복 받을 자들이여 나아와 창세로부터 너희를 위하여 예비된 나라를 상속받으라 :35 내가 주릴 때에 너희가 먹을 것을 주었고 목마를 때에 마시게 하였고 나그네 되었을 때에 영접하였고 :36 헐벗었을 때에 옷을 입혔고 병들었을 때에 돌보았고 옥에 갇혔을 때에 와서 보았느니라 :37 이에 의인들이 대답하여 이르되 주여 우리가 어느 때에 주께서 주리신 것을 보고 음식을 대접하였으며 목마르신 것을 보고 마시게 하였나이까 :38 어느 때에 나그네 되신 것을 보고 영접하였으며 헐벗으신 것을 보고 옷 입혔나이까 :39 어느 때에 병드신 것이나 옥에 갇히신 것을 보고 가서 뵈었나이까 하리니 :40 임금이 대답하여 이르시되 내가 진실로 너희에게 이르노니 너희가 여기 내 형제 중에 지극히 작은 자 하나에게 한 것이 곧 내게 한 것이니라 하시고 :41 또 왼편에 있는 자들에게 이르시되 저주를 받은 자들아 나를 떠나 마귀와 그 사자들을 위하여 예비된 영원한 불에 들어가라 :42 내가 주릴 때에 너희가 먹을 것을 주지 아니하였고 목마를 때에 마시게 하지 아니하였고 :43 나그네 되었을 때에 영접하지 아니하였고 헐벗었을 때에 옷 입히지 아니하였고 병들었을 때와 옥에 갇혔을 때에 돌보지 아니하였느니라 하시니 :44 그들도 대답하여 이르되 주여 우리가 어느 때에 주께서 주리신 것이나 목마르신 것이나 나그네 되신 것이나 헐벗으신 것이나 병드신 것이나 옥에 갇히신 것을 보고 공양하지 아니하더이까 :45 이에 임금이 대답하여 이르시되 내가 진실로 너희에게 이르노니 이 지극히 작은 자 하나에게 하지 아니한 것이 곧 내게 하지 아니한 것이니라 하시리니 :46 그들은 영벌에, 의인들은 영생에 들어가리라 하시니라

3개의 비유는 모두 심판에 관련된 패턴 스토리들이다. 특히 달란트 비유에서는 세 종류의 사람이 나온다. 다섯 달란트를 받은 자, 두 달란트 받은 자, 그리고 한 달란트 받은 자다. 여기서도 3의 법칙이 그대로 적용된다.

손석태 박사는「교회연합신문」의 "성경의 바른 번역, 바른 해석, 바른 적용"에서 마가복음 4장은 "씨 뿌리는 자의 비유"가 아니라 "뿌려진 씨의 비유"라고 했다. 또 이 성경 본문은 하나의 비유가 아니라 3개의 비유가 기록되어 있다는 것이다.

본문은 서언(1-2절)과 본론(3-32절), 결언(33-34절)으로 구성되어 있다. 본론에는 세 개의 비유가 소개되어 있다. 첫 번째는 네 종류의 밭에 뿌려진 씨에 대하여 말씀하신다(3-25절). 두 번째는 자라는 씨의 비유(26-29절), 그리고 세 번째는 자란 씨의 비유(30-32절)이다. 이 세 비유가 다 같이 하나님 나라를 주제로 말씀하고 계심을 알 수 있다.

흔히 "씨 뿌리는 자의 비유"라고 붙인 성경들의 문단 제목은 고려해 볼 필요가 있다. 씨 뿌리는 자의 비유라면 씨 뿌리는 사람에 대한 비유나 은유가 되어야 한다. 씨 뿌리는 자는 마치 자식을 기르는 엄마와 같으니, 혹은 씨 뿌리는 자는 마치 학교의 선생과 같으니… 등의 비유가 되어야 한다. 그러나 본문의 비유 말씀은 예수님께서 씨 뿌리는 자에 의해서 뿌려진 씨들이 어디에 떨어져서 그 결과가 어떻게 되었는가를 말씀하신다. 따라서 그 문단의 제목을 "씨 뿌리는 자의 비유"라기보다는 "뿌려진 씨의 비유"라고 해야 옳다. 그리하여 "뿌려진 씨의 비유"(3-9, 13-20절), "자라는 씨의 비유"(26-29절), 그리고 "자란 씨의 비유"(30-32절)라고 해야 본문의 하나님 나라에 대한 설명에 일관성과 통일성이 있다.*

손석태 박사는 마가복음 4장에서 '씨 뿌리는 자의 비유' 하나만 설교하거나 가르치는 것은 예수님의 가르침을 정확하게 이해했다고 볼 수 없다고 했다. 예수님께서는 "하나님 나라"를 키워드로 하여 3개의 비유를 패턴 스토리로 사용하여 3의 법칙으로 설교하신 것이다.

누가복음 15장에서도 3개의 비유가 나온다. 바리새인들과 서기관들은 예수님이 세리와 죄인들과 함께 음식을 먹는다고 수군거리며 비난했다. 예수님께서는 이들을 향해 3개의 비유로 답변하셨다. 이때 첫 번째 사용하신 비유가 잃은 양을 찾은 비유이다(4-7절). 두 번째 비유는 잃은 드라크마를 찾은 비유다(8-10절). 세 번째 비유는 잃은 아들을 되찾은 비유이다(11-32절).

예수님의 설교를 살펴보면 일정한 패턴을 가지고 있다. 이른바 3의 법칙을 사용하신 것이다. 키워드에 맞는 짧은 3개의 패턴 스토리를 택하여 키 메시지를 전하는 단파설교이다. 첫 번째 이야기가 키 메시지로 끝을 맺고, 다시 두 번째 이야기가 시작되고 키 메시지로 끝을 맺는다. 그리고 세 번째 이야기가 이어지고 키 메시지로 마감하는 패턴이다.

설교의 가장 큰 적은 무엇인가? 지루함이다. 지루한 설교를 듣는 것은 마침표 없는 책을 읽는 것과 같다. 그래서 회중들은 지루한 설교를 외면한다.

내용이 긴 이야기 하나를 가지고 긴장감 있게 끝까지 끌고 가는 것은 쉬운 일이 아니다. 자칫 잘못하면 이야기의 흐름이 끊어져 긴장감이 사라지고 그 자리를 지루함이 채운다. 결국 이야기를 하는 사람이나 듣는 사람도 함께 흥미를 잃게 된다. 하지만 예수님의 설교는 3개의 짧은 비유가 스토리텔링을 통해 전달되기 때문에 설교의 흐름이 빠르다. 그래서 예수님의

★ 손석태 박사는 미국 웨스트민스터신학대학원(M.Div.)과 미국 뉴욕대학교(Ph.D.)에서 수학했다. 한국복음주의 구약학회장과 개신대학원대학교 총장을 역임했다.

설교는 전혀 지루하지 않다.

같은 주제의 이야기를 세 번에 걸쳐 반복해서 듣게 되면 어떤 일이 일어날까? 설교를 듣는 회중들의 의식 속에 새로운 가치관이 형성되어 결국 진리에 설득될 수밖에 없다. 뿐만 아니라 3회에 걸쳐 비유와 키 메시지를 반복하여 전하면 누구나 설교를 쉽게 이해할 수 있고, 또렷이 기억할 수 있다.

핵심 전략으로 사용하는 3의 법칙

올림픽 경기의 매달은 금, 은, 동으로, 과일의 크기는 보통 상, 중, 하로, 시간은 과거, 현재, 미래로 구분한다. 기독교의 핵심교리도 성부, 성자, 성령의 삼위일체를 내세워 설명한다. 국가도 입법, 사법, 행정으로 삼권이 분립되어 있고, 재판도 3심제로 이루어져 있다. 색깔도 빨강, 파랑, 노랑 삼원색의 결합으로 만들어진다. 고전 명작도 역시 3막으로 구성되어 있다.

3의 법칙을 김자영 교수는 다음과 같이 설명한다.

'3'이라는 숫자는 우리 생활 속에서 참 익숙한 숫자이다. 밥도 하루에 세끼를 먹고, 어떤 내기나 게임을 할 때도 삼세판이라는 말을 쓴다. 삼총사라는 말도 있다. 사람들은 이렇게 세 가지로 구성된 것에서 알게 모르게 안정감을 느낀다고 한다.

스피치에서도 숫자 3이 주는 안정된 구성을 활용하고 있다. 세계적인 컨설팅 회사인 맥킨지의 프레젠테이션 기법 중에는 어떤 것이든 세 가지로 요약하고 정리해야 함을 강조한 '매직 넘버 3'이라고 불리는 것이 있다. 또 하버드대학교, MIT, 와튼 스쿨의 MBA 과정에서도 토론과 발표, 글쓰기의 중요한 수단으로 3의 법칙을 강조한다.

스티브 잡스를 비롯하여 세상 사람들이 3에 집착하는 이유가 무엇인가? 세계적인 인지과학의 대가인 텍사스 주립대학교 아트 마크만Art Markman 교수는 『스마트 싱킹Smart Thinking』에서 사람이 어떤 정보를 한 번에 듣고 이를 머릿속에 넣었다가 다시 끄집어 낼 수 있는 적정 수준이 딱 3개라고 했다. 즉 수십 개의 내용을 들어도 남는 건 3개밖에 없다는 것이다. 바로 이 점이 스피치에서 3의 법칙을 꼭 챙겨야 하는 이유이다.

장쩌민의 '3개 대표론'과 리츠칼튼 호텔의 '3단계 서비스', 포드 자동차의 '3대 경영 전략'에서 알 수 있듯이, 3의 법칙은 이미 여러 사례에서 그 유용성이 검증되었다. 잭 웰치, 레이건, 부시, 존 시그모어 등 최고의 리더와 CEO들 또한 3의 법칙을 이용한 전략 스토리를 말함으로써 국민과 사원들의 열렬한 참여를 이끌어 냈다.

마크 S. 월튼Mark S. Walton은 『3의 법칙Generating Buy-In: Mastering The Language of Leadership』에서 '3의 법칙'을 적용한 전략 스토리는 듣는 사람에게 거부감을 주지 않고, 익숙한 이야기를 듣는 것과 같은 편안함을 주며, 듣는 즉시 고개를 끄덕이게 만드는 힘을 지니고 있다고 했다. 특히 전략 스토리는 위기의 순간에 더욱 빛을 발한다고 하면서 인텔이 위기에 빠졌을 때 적용한 전략 스토리를 예로 들었다.

1994년, 세계 최고 PC 생산업체인 인텔이 최신 기술로 만든 펜티엄칩에서 오류가 발견되었다. 이 사실은 인터넷을 타고 급격히 확산되었다. 인텔의 펜티엄칩을 구매한 고객들의 항의성 전화는 인텔 본부에 빗발쳤다. 이 사태에 대해 인텔의 CEO인 앤드류 그로브Andrew S. Grove는 "그 어떤 기술도 완벽할 수 없고, 이번에 발견된 결함은 매우 사소한 결함으로 일반 PC 사용자들에게는 2만 7천 년에 한 번 나타날까 말까 하는 전혀 문제가 되지 않는 사소한 문제일 뿐이다"라고 답변했다.

고객들은 그 말을 듣고 어떻게 반응했을까? 앤드류 그로브의 이야기는 인텔의 고객들에게 전혀 위안이 되지 못했고, 그들은 CNN과 뉴욕타임스, 월스트리트저널로 전화를 걸었다. 계속해서 대중매체를 통해 이 사실을 알렸다. 그 결과 IBM으로 하여금 펜티엄칩이 내장된 PC의 선적을 멈추게 하였고, 인텔의 주가는 불과 며칠 사이에 곤두박질치며 급락했다.

고객들은 구차한 변명이나 펜티엄칩에 대한 기술적 분석 따위를 듣고 싶어 했던 게 아니었다. 뒤늦게 사태의 심각성을 알아차린 그로브는 전문가들의 도움을 받아 고객들의 욕구가 무엇인지 인지하고 그들에게 신뢰를 줄 수 있는 3의 법칙을 적용한 전략 스토리를 개발했다.

첫째, 자신들의 잘못을 인정하고 이러한 일이 일어나게 된 것에 대해 먼저 사과했다. 둘째, 고객이 원한다면, 어떤 곳이든 찾아가서 무상으로 제품을 교환해 줄 것을 약속했다. 셋째, 향후 일어나는 모든 문제에 대해 고객들이 지적하면 신속히 대응할 것이라고 했다.

소비자들은 3가지 메시지를 듣고 어떻게 반응했을까? 3의 법칙을 이용한 전략 스토리로 고객들을 설득시키고 난 후, 인텔의 시장 가치와 명예는 제자리를 찾게 되었고 더 많은 고객들의 참여를 창출하게 되었다. 인텔은 고객이 가장 원하는 3가지 사항을 찾아내 제시함으로써 소비자들이 다시 인텔의 말에 귀 기울이고 신뢰하게 만들었다.★

만일 인텔이 계속해서 수십 가지 조건들을 나열하며 고객을 설득하려 했다면 어떻게 되었을까? 그것을 구차한 변명으로 생각하여 귀를 막고 들으

★ 마크 S. 월튼은 미국 리더십 커뮤니케이션 센터 회장이다. 그는 기업과 정부, 군대와 방송 분야에서 탁월한 능력을 인정받는 저널리스트이다. 미 해군 교수와 노스캐롤라이나대학의 교수를 역임했다. 젊은 시절에는 CNN 백악관 대표 특파원과 해외 특파원으로 일하며 수많은 상을 받기도 했다.

려 하지 않았을 것이다. 지금의 인텔이 존재하지 않았을지도 모른다. 이른바 3의 법칙의 성공이다.

막강한 힘을 발휘하는 3의 법칙

3의 법칙에 관해 EBS에서 방송된 재미있는 실험이 있다. 한 사람이 하늘을 쳐다보고 있을 때 지나가던 사람들은 아무도 관심을 갖지 않았다. 두 명의 남자가 같은 행동을 해도 상황은 크게 바뀌지 않았다. 간혹 관심을 보이는 사람이 있었지만 이내 앞을 보고 제 갈 길을 갔다. 이제 3명의 남자가 길 한가운데서 같은 행동을 했다.

그때 아주 신기한 일이 일어났다. 지나가던 많은 사람들이 "뭐가 보인다는 거야?" "뭐가 있나봐"라고 말하며 갈 길을 멈추고 다 함께 하늘을 바라보는 것이었다.

한 명, 두 명일 때는 아무 관심도 없더니, 3명이 되면서 갑자기 동조하는 비율이 급증한다. 3명은 누구도 무시할 수 없는 힘으로 작용한다. 이것이 바로 다른 사람의 참여를 이끌어 내는 숫자 3의 법칙이다.

2005년 10월 17일 지하철 5호선 천호역에서 있었던 일이다. 열차가 승강장에 도착하는 순간 한 승객이 열차와 플랫폼 사이에 떨어지는 사고가 발생했다. 모두가 어찌할 줄 몰라 하는 순간, 한 사람이 큰 소리로 "우리 함께 밀어봅시다!"라고 소리친 후 전동차를 밀기 시작했다. 하지만 전동차는 꿈쩍도 하지 않았다. 그런데 또 한 사람이 나타나 밀기 시작했고, 다시 한 사람이 나서서 밀기 시작했다. 물론 세 사람의 힘으로 전동차를 밀어서 사람을 구하기에는 역부족이었다. 그러나 그 순간 기적이 일어났다. 이 세 사람의 행동을 보고 승강장에 서 있던 사람들이 우르르 전동차에 달라붙었다.

"하나, 둘, 셋."

구령에 맞추어 온 힘을 다하여 전동차를 밀자 33톤짜리 거대한 열차가 움직였다. 덕분에 전동차와 플랫폼 사이에 떨어졌던 사람은 무사히 구조될 수 있었다. 3명이 수십 명의 참여를 이끌어 낸 것이다.

스탠퍼드대학 심리학과 필립 짐바르도Philip Zimbardo교수는 "최소 3명이 모이면 하나의 움직임이 된다. 3의 법칙은 상황을 바꾸는 구체적인 힘으로 작용한다"고 했다. 3은 사람의 마음과 뇌를 움직이는 기적의 숫자로 통한다.

허버트 크루그만Herbert E. Krugman은 '3히트 이론' Three Hit Theory을 발표하여 광고의 효과 발생과 소멸을 개념화했다. 소비자는 광고를 처음 보면 "저 제품은 뭐지?"What is it? 하고 의문과 호기심을 갖게 된다. 동일한 광고를 두 번째 보게 되면 "저 브랜드는 무엇에 쓰는 것이지?"What of it? 라고 생각해 자신이 알고 있는 유사 브랜드와 비교 평가하게 된다. 마지막으로 세 번째 광고에 노출되면, 소비자는 이전 두 번의 노출에 대한 기억을 떠올리게 되고 이윽고 광고의 효과가 발생하게 된다.

크루그만의 '3히트 이론'에 따르면, 처음 1-2회의 노출은 광고 효과의 문턱을 넘지 못한다. 만약 광고가 소비자에게 1-2회의 노출로 끝난다면 그 광고는 어떤 효과도 발생시키지 못하고 비용만 낭비하는 결과를 낳는다. 이처럼 광고가 일련의 효과를 발생하기 위해서는 3회의 반복이 선행되어야만 한다.

그렇다면 광고가 거듭될수록 효과는 계속해서 상승할까? 아니면 일정 시점이 지나면 효과의 소멸이 나타날까? 소비자가 광고의 정보를 습득하고 난 후에는 광고에 대한 주의력은 점점 떨어진다. 3회 이상의 반복은 소비자로 하여금 지루함을 느끼게 하기 때문이다. 이처럼 세상은 3의 법칙을 각 분야에서 활용하고 있다.

예수님께서는 3의 법칙으로 설교하셨다. 예수님께서 사용하신 3의 법칙은 3대지 설교와는 전혀 다른 형태이다. 4복음서에 나와 있는 예수님의 설교를 살펴보라. 단 한 차례도 3대지 설교를 하신 적이 없다. 예수님께서는 하나의 키워드를 강조하기 위해 3개의 패턴 스토리를 통해 보통 3회에 걸쳐서 키 메시지를 전하셨다.

대부분의 설교자들은 예수님께서 사용하신 3의 법칙을 알지 못한다. 예수님을 주님으로 섬기는 설교자들이 3의 법칙에 무지하다는 것은 참으로 아이러니한 일이 아닐 수 없다. 회중들의 기억에 남는 설교를 하고 싶다면 무엇이 우선되어야 할까? 무엇보다 예수님의 3의 법칙을 이해하는 것이 급선무다. 하나의 키워드를 3개의 패턴 스토리에 담아 3회에 걸쳐 키 메시지를 반복해서 전하는 데 익숙해져야 할 것이다.

예수님께서는 왜 하필 3개의 비유를 들어 설교하셨을까? 3의 법칙을 사용하신 예수님은 인간을 창조하신 분이다. 사람의 뇌의 구조를 누구보다 가장 잘 아신다. 그래서 3의 법칙을 사용하여 3개의 비유를 패턴 스토리를 통해 반복해서 전달함으로써 회중들을 설득시켰다. 회중들은 하나의 키워드를 3개의 비유를 통해 키 메시지와 함께 반복해서 들었다.

이것은 반복을 통해 설교를 듣는 사람들의 가치관과 세계관을 바꾸는 예수님의 방법이었다. 3의 법칙을 통해 사람의 생각과 태도를 바꾸는 목적지향적인 설교를 하신 것이다. 3의 법칙은 행동 유도의 법칙이다. 반복을 통해 회중을 설득하고 행동하게 하는 쉽고 간단한 방법이다. 물론 지나친 반복은 독이 될 수 있다. 하지만 3의 법칙을 통한 반복은 독이 아니라 득이다.

장희빈이 인현왕후를 시해하려다 발각되어 숙종에게 사약을 받게 되었다.

장희빈은 억울하게 생각하고는 사약 그릇을 들고 숙종에게 달려가서 외쳤다.

"이것이 진정 마마의 마음이옵니까?"

숙종은 두 눈을 지긋이 감고 한참을 생각하더니 이렇게 말했다.

"내 마음은 그 사약 그릇 밑에 적어 놓았느니라."

한가닥의 희망을 기대하던 장희빈은 얼른 사약 그릇 밑을 보았다.

그 글자를 본 장희빈은 사약을 마시기도 전에 입에 거품을 물고 죽고 말았다.

사약 그릇 밑에는 이렇게 적 혀 있었다.

"원 샷"

사람은 뿌리고 심은대로 거둔다.

내가 못거두면 후손이라도 거둔다.

Chapter 7 예수님의 설교에서의 프레임

설교, 예수님처럼 하라

제7장 예수님의 설교에서의 프레임

설교를 담는 그릇

　우리 부부가 두 아이와 함께 1989년 선교사로 파송되어 현지 정착과정에서 있었던 일이다. 선교 후원금을 빠듯하게 모금한 후 통 큰(?) 믿음으로 한국을 떠났다. 잠시 동안 선교센터에 머물다가 우리 가족이 거주할 사글세 집을 겨우 마련했다. 보증금을 지불하고 나니 생활에 필요한 살림살이를 마련할 돈이 없었다. 가장 기본이 되는 솥과 냄비, 그리고 프라이팬과 수저를 사고 나니 돈이 바닥이 났다. 냉장고를 사려고 했으나 살 수가 없었다. 다행히 옆집에 사는 선교사의 배려로 그 집의 냉장고를 몇 달 동안 함께 사용하게 되었다.

　그런데 밥그릇이나 국그릇, 접시 등이 없다 보니 식사 때마다 매우 난감했다. 하는 수없이 며칠 동안은 밥솥과 국을 끓인 냄비를 통째로 바닥에 놓고 네 식구가 둘러 앉아 식사를 했다.

　그러던 어느 날 눈이 번쩍 뜨였다. 지척에 밥그릇, 국그릇, 그리고 반찬

통으로 쓸 만한 것들이 널려 있는 것을 발견했다. 아이들이 먹고 버린 크고 작은 플라스틱 아이스크림 통들이 여기저기에 얼마나 많은지. 그것들을 가져다 깨끗이 씻어서 밥과 반찬을 담아서 먹었던 기억이 지금도 새롭다.

부엌에서 요리를 마친 주부에게 무엇이 필요할까? 음식을 이것저것 열심히 준비해 놓았는데 음식을 담을 그릇이 없다면 난처할 수밖에 없을 것이다. 아무리 정성을 다해 준비한 음식도 마땅한 그릇이 없다면 솥단지나 냄비, 프라이팬 등을 통째로 식탁에 올려놓을 수밖에 없다. "보기 좋은 떡이 먹기도 좋다"는 속담처럼 같은 음식이라도 어떤 그릇에 담느냐에 따라 모양도 느낌도 달라진다. 요리한 음식을 담을 그릇이 필요하듯, 설교도 준비한 내용을 담을 그릇이 필요하다. 프레임frame은 설교를 담는 그릇이다.

박필 목사는 『사람을 변화시키는 설교를 하라』에서 설교 작성과 전달에서 프레임의 필요성에 대해 언급하고 있다.

자동차를 조립할 때는 설계도면을 보고 조립을 한다. 도면대로 하면 30분이면 끝날 것을 설계도면 없이 조립하면 몇 시간에 걸려도 어려울 것이다. 집을 지을 때도 설계도를 보고 건축하는 것과 설계도 없이 건축하는 것은 하늘과 땅만큼의 차이가 있다. 마구잡이로 공사를 하면 공사비도, 기간도 더 걸리게 되고 힘들어진다. 패턴을 놓고 작성하면 명쾌하고 수준 높은 설교를 작성할 수 있다. 설교는 뒤죽박죽되어서는 안 된다. 마구잡이로 하면 말씀을 혼란하게 할 뿐이다. 설교는 잘 정리되어야 청중이 쉽게 이해되어 받아들이게 된다.★

김운용 교수는 『설교의 새로운 패러다임』에서 설교 프레임은 효과적인

★ 박필 목사는 경희대학교에서 커뮤니케이션학을, 미국 라이프대학과 커버넌트 바이블신학교에서 신학과 목회 상담학을 공부했다. 현재 생명언어설교 연구원장으로 있다.

설교를 위한 필수적인 요소라고 했다. "프레임은 설교라는 그릇을 빚어내는 틀이며 설교가 흘러가는 방향을 결정하는 강의 제방과 같은 역할을 한다. 설교 프레임은 오랫동안 철저히 무시되어 왔다. 이것은 성령님을 의지하지 않는 처사이며, 믿음 없는 '인본적인 요소'라고 매도해 왔다"는 것이다.

하지만 우스운 사실은 자신들 역시 설교를 작성하면서 서론-본론-결론 형태의 구조를 사용하고 있는 것이다. 많은 사람들이 즐겨 사용하고 있는 첫째, 둘째, 셋째의 3대지 설교도 일종의 설교 프레임이다. 3대지 설교는 아리스토텔레스의 수사학 이론의 기초 위에 세워진 프레임이다. 이 설교 프레임은 세계적으로 가장 널리 사용되고 있다.

세계적인 연설 대가들이나 설교 대가들은 자신들의 메시지를 담는 틀을 가지고 있었다. 소크라테스가 창시한 서론, 본론, 결론의 3단 논법이나, 그의 제자 아리스토텔레스가 완성한 서론, 본론, 논증, 결론의 4단 논법이나, 퀸틸리아누스의 서론, 본론, 반론, 논증, 결론의 5단 배열법도 모두 스피치를 위한 프레임들이다. 이 모든 것들은 효과적인 준비와 전달을 위한 시도요 노력의 결과물들이다.

영국의 전 수상 윈스턴 처칠은 세계적인 명연설가로 알려진 인물이다. 처칠은 항상 일정한 프레임을 가지고 연설을 구성했다. 처칠이 즐겨 사용했던 프레임이 바로 PREP이다.

김자영 교수는 앞서 소개한 『말을 디자인하면 경영이 달라진다』에서 '처칠식 말하기 기법' PREP을 소개한다.

P Point	여보, 빨리 밥 좀 줘요.
R Reason	나 지금 배가 너무 고파요.
E Example	오늘 일이 바빠서 하루종일 한 끼도 못 먹었어요.
P Point	빨리 밥 좀 줘요.

1단계 P, Point는 연설자의 자기주장, 곧 핵심 메시지를 말한다. 연설의 결론에 해당하는 메시지이며, 연설을 듣는 사람들의 생각을 한 방향으로 모을 수 있다.

2단계 R, Reason은 이유, 연설하는 사람이 왜 그런 주장을 하는지 주관적인 근거를 제시하는 것을 말한다.

3단계 E, Example은 사례, 자신의 주장을 뒷받침할 수 있는 객관적인 데이터, 전문가의 의견, 구체적인 사례를 말해야 한다.

4단계 P, Point는 1단계에서 주장한 핵심 메시지를 한 번 더 반복함으로써 강조의 효과를 볼 수 있다.

PREP은 세계 최고의 컨설팅 회사 맥킨지McKinsey의 스피치 프레임이다.

『아트 스피치』의 저자 김미경 원장은 스피치도 건축 설계도처럼 한 장으로 구조화하라고 한다. "스피치를 설계하지 않으면 강연자도 할 말을 못하고 청중도 들을 말을 못 듣는다. 결국 서로가 피해를 보는 스피치가 된다. 스피치는 3분짜리 자기소개든, 1시간짜리 강연이든 무조건 설계부터 해야 한다"고 했다.

다음은 김미경 원장이 사용하는 스피치 프레임이다.

도 입			
서브 에피소드	메인 에피소드	서브 에피소드	서브 에피소드
마무리			

예수님께서 3개의 비유를 패턴 스토리로 사용하신 이유가 뭘까? 김미경 원장은 "오래된 고정관념을 깨뜨려야 할 때나 청중이 고집스러울 때는 메인 에피소드 하나로 해결이 어렵다. 그래서 2-3개의 서브 에피소드가 필요하다"고 말한다.

그렇다면 설교에서 프레임의 기능과 역할은 무엇인가? 프레임은 설교를 잘 정리할 수 있도록 도울 뿐만 아니라 잘 전달할 수 있도록 돕는 역할을 한다. 프레임이 있으면 설교를 쉽게 준비하고 쉽게 전달할 수 있다. 아무리 좋은 내용도 프레임이 없으면 제대로 담을 수 없을 뿐더러 전달도 뒤죽박죽이 된다.

예수님께서 사용하신 설교 프레임

요즘은 "개 팔자가 상팔자"라는 말이 실감 날 정도로 개들도 대접을 받는다. 덕분에 개집도 고급스러워(?)졌다. 그러나 예전에는 개집을 어떻게 만들었는가? 목재상에 가서 좋은 재료를 사다가 목수를 불러서 개집을 만들었는가? 이곳저곳에 굴러다니는 판자나 막대기를 주워다가 이것저것 꿰맞추어서 뚝딱뚝딱 짓는 것이 개집 아니었던가?

그래디 데이비스 박사는 프레임이 없는 설교를 '개집 설교'dog's house

sermon라고 혹평했다. 어디서 한 번 들은 설교 내용이나 예화를 대충 모아서 작성한 설교, 어설프게 뒤죽박죽 구성된 설교가 바로 '개집 설교'다. 프레임이 없는 설교는 구성도 전달도 허접할 수밖에 없다.

정창균 교수는 『강단으로 가는 길』에서 우리의 관심이 "무엇을 설교할 것인가?"에만 집중되어 있고 "누가 이 설교를 들을 것인가?"를 소홀히 여기는 치명적인 잘못을 가지고 있다고 지적한다.

어떻게 하면 설교를 가장 효과적으로 전달할 수 있을지 이런저런 수단과 방법을 시도해 보며 고민하는 것을 인본주의적이고, 성령의 역사를 제한하는 것이고, 기교와 인간적인 방법을 의존하는 세속적인 태도라고 비난하는 이들이 있습니다. 그러나 그런 노력을 하지 않는 것은 사실은 거룩하거나 성령 의존적이어서가 아니라 게으르기 때문이고, 무엇보다도 설교를 들을 청중에 대한 애정이 없기 때문입니다.*

세상에서 가장 탁월한 스피치 대가는 누구인가? 두말할 것도 없이 역사상 가장 탁월한 연설가요, 웅변가요, 변증가요, 설교자는 예수님이시다. 그렇다면 설교 대가이신 예수님께서도 효과적인 전달을 위한 프레임을 갖고 있지 않으셨을까? 4복음서에 기록된 예수님의 설교는 일정한 틀을 가지고 있는 것을 발견할 수 있다.

마태복음 6:1-18을 살펴보면 예수님께서 어떤 프레임으로 설교하셨는지 금방 알아차릴 수 있다.

★ 정창균 교수는 전북대학교 경영학과(B.A)와 합동신학대학원(M.Div.)을 졸업했다. 남아공 스텔렌보쉬대학교(Th.M., Th.D.)에 유학하여 한국인 최초의 설교학 박사학위를 받았다. 11년 동안 새하늘교회 담임목사로 사역했으며, 한국설교학회장을 역임했다. 현재 합동신학대학원에서 설교학 교수, 총장으로 재직하고 있다. 설교자하우스 대표, 남포교회 협동목사이다. 저서로 『고정관념을 넘어서는 설교』, 『위기의 한국교회, 목회자에게 달렸다』, 『효과적인 설교 전달』, 『강단으로 가는 길』, 역서로 『청중과 소통하는 설교』 등이 있다.

비유1	비유2	비유3
:1 사람에게 보이려고 그들 앞에서 너희 의를 행하지 않도록 주의하라 그리하지 아니하면 하늘에 계신 너희 아버지께 상을 받지 못하느니라 :2 그러므로 구제할 때에 외식하는 자가 사람에게서 영광을 받으려고 회당과 거리에서 하는 것 같이 너희 앞에 나팔을 불지 말라 진실로 너희에게 이르노니 그들은 자기 상을 이미 받았느니라 :3 너는 구제할 때에 오른손이 하는 것을 왼손이 모르게 하여 :4 네 구제함을 은밀하게 하라 <u>은밀한 중에 보시는 너의 아버지께서 갚으시리라</u>	:5 또 너희는 기도할 때에 외식하는 자와 같이 하지 말라 그들은 사람에게 보이려고 회당과 큰 거리 어귀에서 기도하기를 좋아하느니라 내가 진실로 너희에게 이르노니 그들은 자기 상을 이미 받았느니라 :6 너는 기도할 때에 네 골방에 들어가 문을 닫고 은밀한 중에 계신 네 아버지께 기도하라 <u>은밀한 중에 보시는 네 아버지께서 갚으시리라</u> :7 또 기도할 때에 이방인과 같이 중언부언하지 말라 그들은 말을 많이 하여야 들으실 줄 생각하느니라 :8 그러므로 그들을 본받지 말라 구하기 전에 너희에게 있어야 할 것을 하나님 너희 아버지께서 아시느니라	:16 금식할 때에 너희는 외식하는 자들과 같이 슬픈 기색을 보이지 말라 그들은 금식하는 것을 사람에게 보이려고 얼굴을 흉하게 하느니라 내가 진실로 너희에게 이르노니 그들은 자기 상을 이미 받았느니라 :17 너는 금식할 때에 머리에 기름을 바르고 얼굴을 씻으라 :18 이는 금식하는 자로 사람에게 보이지 않고 오직 은밀한 중에 계신 네 아버지께 보이게 하려 함이라 <u>은밀한 중에 보시는 네 아버지께서 갚으시리라</u>
키 메시지1	키 메시지2	키 메시지3
:4 은밀한 중에 보시는 너의 아버지께서 갚으시리라	:6 은밀한 중에 보시는 너의 아버지께서 갚으시리라	:18 은밀한 중에 보시는 너의 아버지께서 갚으시리라

내가 그동안 배워서 사용했던 프레임은 복잡해서 습득하는 데 많은 노력과 시간이 요구되었다. 설교 세미나와 설교학교를 가 보면 나름대로 정리한 프레임을 소개했지만 예수님의 프레임은 누구도 가르쳐 주지 않았다.

어떤 프레임을 선택할 것인가? 예수님께서 보여주신 프레임과 내가 그동안 이곳저곳에서 배웠던 설교 프레임을 비교해 보았다. 예수님의 설교 프레임은 지금까지 배운 어떤 프레임보다 쉽고 간단했다. 나는 무릎을 쳤다. 당장 따라해 보고 싶었다. 예수님의 프레임을 사용하여 설교를 구성하고 전달했더니 회중들의 반응이 달라졌다. 무엇보다 회중들이 주일 설교 내용을 모두 기억하고 있었다. 예수님의 설교 프레임보다 더 탁월한 프레임은 없다.

설교 세미나에 수많은 설교자들이 관심을 갖고 몰리는 이유가 무엇일까? 세미나에 참석하는 분들은 대부분 신학과정을 마치고 목사가 된 후 상당기간 설교를 해 오신 분들이다. 설교 세미나 과정이나 설교학교 과정을 보면 '설교를 어떻게 구성할 것인가'에 집중되어 있다. 이것은 신학대학원의 설교학 수업에서 설교를 어떻게 구성할 것인가에 대한 가르침과 배움이 너무 빈약했다는 것을 여실히 증명해 주고 있다. 설교를 구성하는 프레임을 신학교에서 배우지 못하고 세미나 과정을 통해 습득하는 웃지 못할 광경이 펼쳐지는 것이다.

설교를 구성하는 프레임을 제대로 습득하지 못한 대부분의 설교자들에게 나타나는 공통적인 현상은 무엇인가? 자신이 존경하거나 유명한 설교자의 프레임을 모방한다. 아니면 나름대로 프레임을 만들어 설교를 구성한다. 이런저런 방법을 사용해 보다가 만족을 얻지 못하면 결국 설교 세미나에 참석하거나 설교학교에 등록하여 설교 구성에 대한 프레임을 익히게 된다.

프레임 이론은 사람마다 다르다. 이름난 설교학 교수들의 저서를 보면 설교 구성에 대해 서로 다른 주장을 하고 있다. 수많은 설교 세미나를 참석해 보았지만 설교 구성에서 서로 일치한 프레임 이론은 없었다. 세상에는 설교 구성에 대한 사람의 이론들이 마치 사사시대처럼 난무하고 있다.

예수님께서 사용하신 설교 프레임은 쉽고 간단하다. 예수님의 프레임을 익히면 어떤 유익이 있을까?

첫째, 누구나 설교를 쉽게 준비할 수 있다.

둘째, 누구나 설교를 쉽게 전달할 수 있다.

셋째, 누구나 설교를 빠르게 향상시킬 수 있다.

예수님께서 사용하신 프레임은 조금만 연습하면 금방 익숙해질 수 있다. 하지만 아무리 쉬운 프레임이라도 연습 없이 완성되지 않는다. 영향력 있는 설교자가 되고 싶다면 예수님의 프레임을 익혀야 한다. 설교 프레임만 익혀도 50% 이상의 설교 향상을 가져올 수 있다.

누가복음 15장에서도 예수님 설교의 프레임이 확실하게 드러난다. 이 설교를 하게 된 배경이 1-2절에 나와 있다.

모든 세리와 죄인들이 말씀을 들으러 가까이 나아오니 :2 바리새인과 서기관들이 수군거려 이르되 이 사람이 죄인을 영접하고 음식을 같이 먹는다 하더라

비유1	비유2	비유3
잃어버린 양 (4-7절)	잃어버린 드라크마 (8-10절)	잃어버린 아들 (11-32절)
키 메시지1	키 메시지2	키 메시지3
:7 이와 같이 죄인 한 사람이 회개하면 하늘에서는 회개할 것 없는 의인 아흔아홉으로 말미암아 기뻐하는 것보다 더하리라	:10 이와 같이 죄인 한 사람이 회개하면 하나님의 사자들 앞에 기쁨이 되느니라	:32 이 네 동생은 죽었다가 살아났으며 내가 잃었다가 얻었기로 우리가 즐거워하고 기뻐하는 것이 마땅하다 하니라

프레임은 성경 본문이나 설교 내용에 따라 바뀌는가? 예수님의 설교를 살펴보면 주제와 내용은 매번 달랐지만 프레임은 항상 일정했다. 예수님께서는 항상 일정한 프레임을 사용하셨다. 밥이나 국이 달라진다고 해서 밥그릇이나 국그릇을 매번 바꾸지는 않는다. 마찬가지로 성경 본문이나 설교 내용은 매주 바뀌어도 프레임은 바뀌지 않는다.

예수님께서는 어떻게 설교를 구성해서 회중들에게 전달하셨는지 그분의 설교 프레임을 4복음서에 분명히 제시해 놓으셨다. 예수님의 사역에서 가장 중심이 되는 사역은 당연히 말씀을 전하는 설교 사역이었다. 목회자의 사역 중 가장 중심이 되는 사역도 말씀을 전하는 설교 사역이라는 것을 예수님은 알고 계셨다. 그래서 우리가 쉽게 예수님을 따라할 수 있도록 설교 구성을 위한 프레임을 4복음서를 통해 이미 보여 주셨다. 예수님께서 보여 주신 것을 지금까지 우리가 발견하지 못했을 뿐이다. 예수님의 프레임은 누구나 쉽게 따라할 수 있는 가장 탁월한 프레임이다.

스포츠 종목에서 우리나라 양궁 실력은 단연 세계 최강이다. 그동안 양궁은 올림픽에서 놀라운 금자탑을 세웠다. 태권도 역시 종주국으로서 그동안 올림픽에서 메달밭이었다. 하지만 지금은 아니다. 올림픽이나 국제 대회에서 양궁이나 태권도의 실력이 거의 비등해졌다. 이유가 뭘까? 세계 각국에서 우리나라 국가대표팀을 지도하던 감독이나 코치를 자국의 감독이나 코치로 영입했다. 최고의 기술을 배우기 위해서다. 이제 외국 선수들도 한국 선수들이 사용하는 훈련 프로그램을 그대로 적용하고 있다.

스포츠 세계에서 영원한 챔피언은 없다. 하지만 설교와 연설분야에서 영원한 챔피언이 있다. 우리는 그분을 감독으로, 코치로 모시고 있다. 영원한 챔피언이신 예수님께서는 우리를 챔피언 반열에 올려놓을 수 있는 최고의 설교 전문가다. 최고 전문가에게 설교 프레임을 배운다는 것은 특권이다.

영광스러운 일이다. 이제까지 배운 모든 프레임 이론은 휴지통에 버려도 좋다. 아니 버려야 한다. 설교 향상을 위해 예수님의 프레임을 익히는 것보다 더 확실하고 탁월한 방법은 없다.

메시지 프레이밍의 영향력

'메시지 프레이밍' message framing은 우리에게 낯선 용어이다. 프레임이 설교를 구성하는 틀이라면, 메시지 프레이밍은 그 틀 안에 들어갈 내용을 조직하는 일이다. 다시 말해서 메시지 프레이밍이란 전달하고자 하는 이야기의 내용 구성, 혹은 조직이나 배열을 말한다.

같은 그림이라도 어떤 액자에 넣느냐에 따라 느낌이 달라지는 것처럼, 같은 메시지라도 어떻게 조직하고 배열하여 전하느냐에 따라 강한 영향력을 낼 수도 있고 밋밋한 효과에 그칠 수도 있다.

메시지 프레이밍의 영향력에 대해 두 가지로 살펴보도록 하자. 먼저 문장의 배열에서 메시지 프레이밍이 어떤 영향력을 미치는지 알아본 후, 스토리 구성에서 메시지 프레이밍의 영향력에 대해 알아보도록 하겠다.

▶ 문장 배열에서의 메시지 프레이밍

감사는 행복을 불러온다. 불평은 불행을 불러온다. 감사하는 사람은 행복한 인생을 산다. 불평하는 사람은 불행한 인생을 산다.

무엇이 강조되어 들리는가? 하지만 이번에는 문장의 배열 순서를 바꾸어 보자.

불평은 불행을 불러온다. 감사는 행복을 불러온다. 불평하는 사람은 불행한 인생을 산다. 감사하는 사람은 행복한 인생을 산다.

이제 무엇이 강조되어 들리는가? 마지막 문장이 어떻게 끝나느냐에 따라 강조점은 달라진다. 마지막 문장이 부정으로 끝나면 부정적인 면이 강조되어 들리기 때문에 씁쓸함이 남는다. 반대로 마지막 문장이 긍정으로 끝나면 긍정적인 면이 강조되어 들리기 때문에 '마사지 효과'가 나타난다.

같은 사실도 메시지 프레이밍에 따라 결과가 다르게 나타난 연구 보고가 있다. 특정 수술 환자들을 두 그룹으로 나누었다. A그룹 환자들에게는 생존율이 90%라고 말했고, B그룹 환자들에게는 사망률이 10%라고 말했다. 두 그룹은 같은 정보를 들었지만 생존율이 90%라는 말을 들은 A그룹에서 수술을 곧바로 선택한 사람이 B그룹보다 훨씬 많았다.

이 정보를 다시 두 가지로 전달한다면 어떤 결과가 나올까? "이 수술에서 생존율은 90%이지만 사망률은 10%나 됩니다." 반대로 "이 수술에서 사망률은 10%이지만 생존율은 90%나 됩니다." 처음 문장은 사망률 10%가 강조되어 들린다. 뒤에 문장은 생존율 90%가 강조되어 들린다. 이와 같이 똑같은 메시지라도 문장 배열에 따라 효과가 다르게 나타난다. 그러므로 연설과 설교에서 프레임과 메시지 프레이밍은 매우 중요한 요소다.

▶ 스토리 구성에서의 메시지 프레이밍

2014년 3월 3일 오전 10시 미국 로스앤젤레스 돌비극장에서 제86회 아카데미 시상식이 있었다. 자레드 레토Jared Leto는 영화 「달라스 바이어스 클럽」으로 남우조연상을 받았다. 무대에 오른 자레드 레토는 감동적인 수상 소감으로 아카데미 식장을 울렸다.

먼저 다른 후보들에게 감사드립니다. 1971년, 루이지애나 보시어 시티에 두 번째 아이를 가진 십대 소녀가 있었습니다. 그녀는 고등학교를 중퇴해야 했고 혼자서 아이를 키우는 싱글 맘이 되었습니다. 그녀는 아이들에게 어떤 일을 하든지 창의적으로 열심히 하라고 격려해 주었습니다. 그 소녀는 힘든 순간을 꿋꿋이 이겨냈고 두 아이를 훌륭하게 키웠습니다. 그 소녀가 바로 저의 어머니이고 지금 이 자리에 계십니다. 엄마에게 이 말을 전하고 싶습니다. 사랑해요, 엄마. 저에게 꿈꾸는 법을 알려 주셔서 감사합니다.

다음은 『어린 왕자』의 작가 생텍쥐페리가 그의 체험을 바탕으로 쓴 자전적 단편소설 『미소Le sourire』에 나오는 이야기다.

나는 전투 중에 적에게 포로로 잡혀 감방에 갇혔다. 간수들의 경멸어린 시선과 거친 태도로 보아 다음 날이면 처형될 것이 분명했다. 나는 극도로 신경이 곤두섰으며 고통을 참기 어려웠다. 나는 담배를 찾아 주머니를 뒤졌다. 다행히 한 개비가 나왔다. 손이 떨려서 그것을 겨우 입으로 가져갔다. 하지만 성냥이 없었다. 나는 창살 사이로 간수를 바라보았으나 나에게 눈길도 주지 않았다. 이미 죽은 거나 다름없는 나와 눈을 마주치려고 할 사람이 어디 있겠는가.

"혹시 불이 있으면 좀 빌려주겠소?"

간수가 어깨를 으쓱하고는 가까이 다가와 성냥을 켜는 순간 나와 그의 시선이 마주쳤다. 나는 간수를 향해 미소를 지었다. 나의 미소가 창살을 넘어가 그의 입술에도 미소를 머금게 했던 것이다. 그는 담배에 불을 붙여준 후에도 자리를 떠나지 않고 내 눈을 바라보면서 물었다.

"당신에게도 자식이 있소?"

"그럼요. 있고말고요."

나는 얼른 지갑을 꺼내 가족사진을 보여주었다. 그 역시 자기 아이들의 사진을 꺼내 보여주면서 앞으로의 계획과 자식들에 대한 희망 등을 얘기했다. 나는 눈물을 머금으며 다시는 가족을 만나지 못하게 될 것과 내 자식들이 성장해 가는 모습을 지켜보지 못하게 될 것이 두렵다고 말했다.

그는 갑자기 아무런 말없이 일어나 감옥 문을 열었다. 그러고는 조용히 나를 밖으로 끌어내었다. 그는 감옥을 빠져나와 마을 밖까지 나를 안내해 주었다. 그리고는 한마디 말도 남기지 않은 채 돌아서서 급히 가 버렸다. 한 번의 미소가 내 목숨을 구해준 것이다.

그렇다면 어떻게 이야기를 배열하고 구성할 것인가? 자레드 레토의 수상 소감과 생텍쥐페리의 『미소』는 갈등, 갈등심화, 반전, 해결로 이어지는 메시지 프레이밍message framing이 탁월하다. 특히 반전이 돋보인다. 그래서 큰 감동을 준다.

1920년 무렵, 덴마크에 공황이 닥쳐왔다. 온 나라가 경제적인 어려움을 겪게 되었다. 특히 건축업계는 공황을 이기지 못하고 붕괴되고 말았다. 그때 어떤 사람이 목수로 목공소를 운영하고 있었는데, 건축업계가 붕괴되자 목공소를 더 이상 운영할 수 없었다. 그래서 하는 수 없이 업종을 바꾸었다. 그런데 얼마 못가서 경영하던 공장이 화재로 잿더미가 되었다. 이제 아무것도 남지 않았다. 빈털터리가 되었다. 그는 실망하지 않고 다시 사업을 시작하려고 나섰다. 그러나 가족들은 반대했다. 주위 사람들도 나서서 모두 반대했다.

"지금 같은 불경기에는 무엇을 해도 실패하네."

"지금은 절대 안 되네."

"자네 형편에 지금 사업을 시작하는 것은 불구덩이로 뛰어드는 것과 같네."

모두가 한목소리로 반대를 하고 나섰다. 이럴 때 어떻게 해야 하는가? 그 사람은 하나님의 말씀을 따르기로 했다. 하나님께서 하지 말라고 하시면 사업 계획을 접고, 하라고 하시면 다시 도전하겠다고 마음을 먹었다. 그리고 기도했다. 그때 그의 마음에 또렷하게 들려온 성경 말씀 한 구절이 있었다. 시편 46:1의 말씀이다.

"하나님은 우리의 피난처시요 힘이시니 환난 중에 만날 큰 도움이시라"

"하나님은 환난 중에 만날 큰 도움이시라"는 말씀을 의지하여 조그만 플라스틱 공장의 구석을 빌려서 장난감을 만드는 일을 시작했다. 그 사업이 날마다 성장하여 2015 연간 매출액이 21억 달러(약 4,000억 원)에 이르게 되었다. 이 회사가 바로 아이를 키우는 집이라면 대부분 가지고 있는 '레고'라는 장난감을 만드는 회사이다. "하나님이 나의 큰 도움이시라"는 신앙으로 도전하여 마침내 세계적인 장난감 회사로 성공하게 된 것이다.

레고는 1932년에 덴마크의 목수 올레 키르크 크리스티얀센이 조립식 블럭 완구를 내놓게 된 것이 그 시초다. '레고'라는 이름은 덴마크어로 '잘 놀다'라는 뜻이다. 덴마크의 목수 올레 키르크 크리스티얀센의 성공 비결은 무엇인가? 다른 사람들이 모두 반대할 때, 형편과 환경도 모두 아니었지만 하나님 말씀에 의지하여 사업을 시작했다. 누가 큰 환난 가운데 있는 그를 도와주었는가? 하나님이 도우시면 능치 못함이 없다.

올레 키르크 크리스티얀센의 이야기는 필자가 설교에서 사용했던 세 개의 패턴 스토리 중에 한 토막이다. 갈등-갈등심화-반전-해결의 순서를 따라 메시지 플레이밍하여 전달했다. 똑같은 내용의 이야기도 메시지 플레이밍을 통해 전달되면 전혀 다른 감동을 준다.

스티븐 D. 매튜슨 박사는 『구약의 내러티브 설교』에서 플롯의 구성 요소들을 서술적 설명-위기-해결-결말 또는 대단원의 4단계로 설명했다.

제이 E. 아담스 박사는 앞서 소개한 『개혁주의 설교와 설교자』 13장에서 이야기는 배경 또는 서론적 소개-발단이 되는 곤란한 상황(또는 문제)-지속적인 긴장감-절정(또는 문제 해결)-결론으로 완결되는 다섯 요소로 이루어진다고 했다.

내러티브 설교의 대표적인 학자 유진 라우리 교수는 『신비의 가장자리에서 춤추는 설교 The Sermon: Dancing the Edge of Mystery』에서 설교의 구성을 '플롯' plot이란 문학 용어를 사용하여 설명한다. 그가 주장하는 플롯 라인은 갈등-갈등심화-반전-해결의 4단계로 구성되어 있다. 그는 특히 반전의 시기에 관련해서 이야기의 3/4정도 되는 지점에서 이루어져야 한다고 한다.

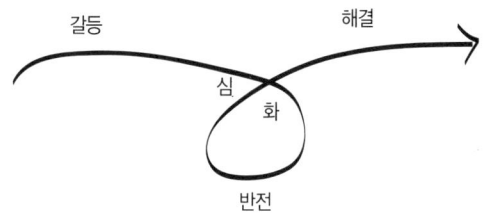

플롯 라인을 따른 메시지 프레이밍

모든 이야기에서 반전은 클라이맥스다. 반전이 없는 이야기는 날지 못하는 새와 같다. 이야기에 반전이 없으면 감동도 없고 해결은 흐지부지해 진다. 메시지 프레이밍에서 반전은 복음이다.

소설에서 플롯은 인물, 주제, 배경, 문체 등과 함께 이야기를 구성하는 기본 요소이다. 플롯은 "이야기 얼개" "이야기 구성" "이야기 구조" 등으로 불리고 있다.

메시지 프레이밍으로 구성된 예수님의 비유

예수님의 비유도 메시지 프레이밍된 것을 발견할 수 있다. 먼저 문장 배열에 나타난 비유를 살펴보자.

▶ **좁은 문과 크고 넓은 문 비유(마 7:13-14)**
좁은 문으로 들어가라 멸망으로 인도하는 문은 크고 그 길이 넓어 그리로 들어가는 자가 많고 :14 생명으로 인도하는 문은 좁고 길이 협착하여 찾는 자가 적음이라

▶ **반석위에 세운 집과 모래 위에 세운 집 비유(마 7:24-27)**
그러므로 누구든지 나의 이 말을 듣고 행하는 자는 그 집을 반석 위에 지은 지혜로운 사람 같으리니 :25 비가 내리고 창수가 나고 바람이 불어 그 집에 부딪치되 무너지지 아니하나니 이는 주초를 반석 위에 놓은 까닭이요 :26 나의 이 말을 듣고 행하지 아니하는 자는 그 집을 모래 위에 지은 어리석은 사람 같으리니 :27 비가 내리고 창수가 나고 바람이 불어 그 집에 부딪치매 무너져 그 무너짐이 심하니라

▶ **두 아들 비유(마 21:28-31)**
그러나 너희 생각에는 어떠하냐 어떤 사람에게 두 아들이 있는데 맏아들에게 가서 이르되 얘 오늘 포도원에 가서 일하라 하니 :29 대답하여 이르되 아버지 가겠나이다 하더니 가지 아니하고 :30 둘째 아들에게 가서 또 그와 같이 말하니 대답하여 이르되 싫소이다 하였다가 그 후에 뉘우치고 갔으니 :31 그 둘 중의 누가 아버지의 뜻대로 하였느냐 이르되 둘째 아들이니이다 예수께서 그들에게 이르시되 내가 진실로 너희에게 이르노니 세리들과 창녀들이 너희보다 먼저

하나님의 나라에 들어가리라

▶ **포도나무와 가지 비유(요 15:1-8)**

나는 참포도나무요 내 아버지는 농부라 :2 무릇 내게 붙어 있어 열매를 맺지 아니하는 가지는 아버지께서 그것을 제거해 버리시고 무릇 열매를 맺는 가지는 더 열매를 맺게 하려 하여 그것을 깨끗하게 하시느니라 :3 너희는 내가 일러준 말로 이미 깨끗하여졌으니 :4 내 안에 거하라 나도 너희 안에 거하리라 가지가 포도나무에 붙어 있지 아니하면 스스로 열매를 맺을 수 없음 같이 너희도 내 안에 있지 아니하면 그러하리라 :5 나는 포도나무요 너희는 가지라 그가 내 안에, 내가 그 안에 거하면 사람이 열매를 많이 맺나니 나를 떠나서는 너희가 아무 것도 할 수 없음이라 :6 사람이 내 안에 거하지 아니하면 가지처럼 밖에 버려져 마르나니 사람들이 그것을 모아다가 불에 던져 사르느니라 :7 너희가 내 안에 거하고 내 말이 너희 안에 거하면 무엇이든지 원하는 대로 구하라 그리하면 이루리라 :8 너희가 열매를 많이 맺으면 내 아버지께서 영광을 받으실 것이요 너희는 내 제자가 되리라

▶ **바리새인과 세리 비유(눅 18:9-14)**

또 자기를 의롭다고 믿고 다른 사람을 멸시하는 자들에게 이 비유로 말씀하시되 :10 두 사람이 기도하러 성전에 올라가니 하나는 바리새인이요 하나는 세리라 :11 바리새인은 서서 따로 기도하여 이르되 하나님이여 나는 다른 사람들 곧 토색, 불의, 간음을 하는 자들과 같지 아니하고 이 세리와도 같지 아니함을 감사하나이다 :12 나는 이레에 두 번씩 금식하고 또 소득의 십일조를 드리나이다 하고 :13 세리는 멀리 서서 감히 눈을 들어 하늘을 쳐다보지도 못하고 다만 가슴을 치며 이르되 하나님이여 불쌍히 여기소서 나는 죄인이로소이다 하였느니

라 :14 내가 너희에게 이르노니 이에 저 바리새인이 아니고 이 사람이 의롭다 하심을 받고 그의 집으로 내려갔느니라 무릇 자기를 높이는 자는 낮아지고 자기를 낮추는 자는 높아지리라 하시니라

앞에서 소개한 예수님의 대조비유에서 배열순서는 어떤가? 어떤 경우는 긍정적인 것이 먼저 나오고 부정적인 것이 나중에 나오기도 하고, 그 반대인 경우도 있다.

씨 뿌리는 비유로 알려진 마태복음 13장에서는 길 가에 떨어진 씨, 돌밭에 떨어진 씨, 가시떨기 위에 떨어진 씨, 좋은 땅에 떨어진 씨 순서로 배열되어 있다. 하지만 마태복음 25장에 나오는 달란트 비유에서는 다섯 달란트 받은 자, 두 달란트 받은 자, 한 달란트 받은 자 순서로 배열되어 있다. 메시지 프레이밍의 영향력을 누구보다 잘 알고 계셨던 예수님께서는 의도적인 목적을 가지고 순서를 배열하셨다. 이른바 강조점을 어디에 두느냐에 따라 배열은 달라진다.

이제 스토리 구성에 따라 메시지 프레이밍 된 예수님의 비유를 살펴보자. 먼저 누가복음 10:30-35의 선한 사마리아인 비유는 어떻게 전개되는가?

▶ **갈등 단계: 30절**
예수께서 대답하여 이르시되 어떤 사람이 예루살렘에서 여리고로 내려가다가 강도를 만나매 강도들이 그 옷을 벗기고 때려 거의 죽은 것을 버리고 갔더라

▶ **갈등심화 단계: 31-32절**
마침 한 제사장이 그 길로 내려가다가 그를 보고 피하여 지나가고 :32 또 이와

같이 한 레위인도 그 곳에 이르러 그를 보고 피하여 지나가되

▶ 반전 단계: 33-34절

어떤 사마리아 사람은 여행하는 중 거기 이르러 그를 보고 불쌍히 여겨 :34 가까이 가서 기름과 포도주를 그 상처에 붓고 싸매고 자기 짐승에 태워 주막으로 데리고 가서 돌보아 주니라

▶ 해결 단계: 35절

그 이튿날 그가 주막 주인에게 데나리온 둘을 내어 주며 이르되 이 사람을 돌보아 주라 비용이 더 들면 내가 돌아올 때에 갚으리라 하였으니

예수님의 비유는 어떻게 전개되는가? 문제가 발생하여 거의 해결 불가능해 보이는 지경까지 하강곡선으로 나아간다. 그런 다음 뜻밖의 반전으로 놀라움을 불러일으키며 상승곡선으로 나아간다. 일반적으로 볼 때 갈등으로부터 시작해서 심화과정을 거쳐 갑작스런 전환, 혹은 결정적인 반전을 통해 종국적으로 해결에 이르는 과정을 걷게 된다. 이른바 플롯 라인의 과정을 밟아간다.

다음은 누가복음 15:11-24의 탕자 비유를 통해 예수님의 메시지 프레이밍을 살펴보자.

▶ 갈등 단계: 11-13절

또 이르시되 어떤 사람에게 두 아들이 있는데 :12 그 둘째가 아버지에게 말하되 아버지여 재산 중에서 내게 돌아올 분깃을 내게 주소서 하는지라 아버지가 그 살림을 각각 나눠 주었더니 :13 그 후 며칠이 안 되어 둘째 아들이 재물을

다 모아 가지고 먼 나라에 가 거기서 허랑방탕하여 그 재산을 낭비하더니

▶ 갈등심화 단계: 14-17절

다 없앤 후 그 나라에 크게 흉년이 들어 그가 비로소 궁핍한지라 :15 가서 그 나라 백성 중 한 사람에게 붙여 사니 그가 그를 들로 보내어 돼지를 치게 하였는데 :16 그가 돼지 먹는 쥐엄 열매로 배를 채우고자 하되 주는 자가 없는지라 :17 이에 스스로 돌이켜 이르되 내 아버지에게는 양식이 풍족한 품꾼이 얼마나 많은가 나는 여기서 주려 죽는구나

▶ 반전 단계: 18-21절

내가 일어나 아버지께 가서 이르기를 아버지 내가 하늘과 아버지께 죄를 지었사오니 :19 지금부터는 아버지의 아들이라 일컬음을 감당하지 못하겠나이다 나를 품꾼의 하나로 보소서 하리라 하고 :20 이에 일어나서 아버지께로 돌아가니라 아직도 거리가 먼데 아버지가 그를 보고 측은히 여겨 달려가 목을 안고 입을 맞추니 :21 아들이 이르되 아버지 내가 하늘과 아버지께 죄를 지었사오니 지금부터는 아버지의 아들이라 일컬음을 감당하지 못하겠나이다 하나

▶ 해결 단계: 22-24절

아버지는 종들에게 이르되 제일 좋은 옷을 내어다가 입히고 손에 가락지를 끼우고 발에 신을 신기라 :23 그리고 살진 송아지를 끌어다가 잡으라 우리가 먹고 즐기자 :24 이 내 아들은 죽었다가 다시 살아났으며 내가 잃었다가 다시 얻었노라 하니 그들이 즐거워하더라

예수님의 비유는 **갈등-갈등심화-반전-해결**의 4단계로 메시지 프레이밍

되어 있다. 그렇다면 프레임과 메시지 프레이밍은 어떤 관계인가? 다음 도표를 통해 살펴보자.

비유1	비유2	비유3
메시지 프레이밍 (갈등–심화–반전–해결)	메시지 프레이밍 (갈등–심화–반전–해결)	메시지 프레이밍 (갈등–심화–반전–해결)

프레임이 설교를 담는 그릇이라면, 메시지 프레이밍은 그릇에 음식을 보기 좋고 먹기 쉽게 담는 과정이다. 그릇은 훌륭한데 그 안에 있는 음식을 이것저것 섞어서 내 놓는다면 어떨까?

찰스 스펄전과 쌍벽을 이룬 설교자로 알려진 존 라일John C. Rryle은 지혜로운 요리사와 지략이 뛰어난 장군처럼 설교는 반드시 질서와 체계를 세워야 한다고 했다. 만찬을 담당한 요리사는 수프, 생선, 샐러드, 쇠고기, 푸딩, 디저트 등을 한꺼번에 내놓지 않으며, 지략이 뛰어난 장군은 포병과 보병, 기병을 마구잡이로 전투에 내보내지 않는다는 것이다.

뒤죽박죽 헝클어진 이야기는 들어도 싱겁고 밋밋하여 기억에서 금방 사라져 버린다. 하지만 메시지 프레이밍이 잘된 이야기는 교훈과 감동을 주고 기억에서 오랫동안 지속된다. 그러므로 설교자에게는 진리를 담는 프레임도 필요하지만 메시지를 체계적으로 배열하는 메시지 프레이밍의 기술도 필요하다.

신데렐라 이야기가 1200년 동안 전해 내려오고, 이솝우화가 2500년 동안 살아남은 비밀은 탄탄한 메시지 프레이밍에 있다. 메시지 프레이밍은 곧 이야기의 생명력이다.

제프리 아더스 박사는 『목사님 설교가 다양해졌어요』에서 성경의 저자들은 플롯을 통해 하나님을 드러내고 성경의 진리를 독자들에게 보여주고 교훈한다고 했다. 아브라함이 100세에 아들을 얻는 과정, 100세에 얻은 아들 이삭을 하나님께 제물로 바치는 과정, 그리고 야곱이 외삼촌 라반의 집에서 지내는 과정과 탈출하는 과정, 그리고 얍복 강에서 천사와의 씨름과 형 에서와의 화해 등은 이른바 플롯 라인에 의해 구성되어 있다.

이밖에도 요셉의 일생, 모세의 일생, 다윗의 일생, 다니엘의 일생 등은 갈등-갈등심화-반전-해결의 순서를 따라 전개된다. 이처럼 성경에 나오는 모든 이야기가 메시지 프레이밍을 따라 전개되는 것을 발견할 수 있다.

설교자들은 수많은 예화를 접한다. 그렇다면 예화를 어떻게 효과적으로 사용할 수 있을까? 메시지 프레이밍이 필요하다. 예수님처럼 메시지 프레이밍하여 전달할 때 효과를 극대화할 수 있다.

유능한 설교자는 회중이 어떻게 메시지를 받는가, 즉 어떻게 전해야 잘 전달되는가에 깊은 관심을 갖는다. 예수님께서는 사람들이 어떻게 메시지를 듣는지 정확하게 감지하고 계셨다. 일상의 삶과 경험에서 시작되는 예수님의 이야기에 사람들의 눈과 귀가 고정되었다. 예수님의 설교는 사람들의 주의를 사로잡았고, 그들은 가슴에서 지워지지 않는 메시지를 안고 집으로 돌아갔다.

예수님께서 비유를 메시지 프레이밍 하여 전하신 이유는 무엇인가? 그것이 사람들이 귀를 기울여 듣는 방식이기 때문이다. 또한 메시지 프레이밍은 생생한 이미지를 통해 전달된다. 그래서 예수님의 설교는 오랫동안 기억나는 효과가 있다.

랄프 루이스 박사는 "사람의 특성을 가장 잘 알고 계셨던 예수님의 커뮤니케이션 스타일을 따라 설교할 때 가장 잘 전달할 수 있다"고 했다. 예수님의 설교는 프레임과 메시지 프레이밍에 의해 구성되어 전달되는 회중 중심의 설교listener centered preaching이다.

설교를 어떻게 구성하여 전달할 것인가? 설교를 어떻게 효과적으로 전달할 것인가? 이것은 설교자들에게 가장 큰 고민 중 하나이다. 해답은 프레임과 메시지 프레이밍에 있다. 전쟁에 나가는 장수에게 날선 검이 필요하듯 설교자가 갖추어야 할 날선 양면의 검이 바로 프레임과 메시지 프레이밍이다.

Chapter 8 예수님의 설교에서의 주제집중

설교, 예수님처럼 하라

제8장 예수님의 설교에서의 주제집중

바슈롬이 설교자에게 주는 교훈

바슈롬Bausch & Lomb은 1853년 안과 사업에서부터 시작됐다. 독일에서 미국으로 이민 온 제이콥 바슈는 유럽에서 수입한 광학기기를 파는 작은 가게를 뉴욕 로체스터에 냈다. 그가 시작한 사업은 1973년까지 마치 꼼꼼한 안과 의사처럼 서서히, 신중하게, 단계적으로 120년간 발전을 거듭했다. 바슈롬의 매출액은 2억 3,500만 달러를 기록하면서 광학기기와 렌즈 산업의 선도 기업으로 성장했다.

1970년대 중반 바슈롬은 체코슬로바키아의 과학자에게서 소프트 콘택트렌즈를 만드는 '스핀 캐스팅'의 특허를 사들였다. 당시 렌즈를 생산하는 일반적인 방법은 딱딱한 원형의 플라스틱을 선반으로 깎아내는 것이었다. 스핀 캐스팅은 시중의 다른 제품에 비해 더 편안한 렌즈를 만들 수 있을 뿐만 아니라 제조비용도 낮았다. 소프트 콘택트렌즈는 일종의 혁신적인 발명으로 경쟁에서 우위를 차지했다. 결국 생산 비용이 많이 드는 선반 방식을 고수하는 경쟁 업체들은 시장에서 쫓겨났.

1980년대 중반에 이르러서 바슈롬의 시장 점유율은 40%까지 증가했다. 이는 2,

3위 경쟁 업체에 비해 몇 배나 높은 수준이었다. 이때 바슈롬은 핵심사업인 렌즈에서 벌어들인 유동 자금을 핵심사업과 관련이 없는 전동 칫솔, 피부 연고, 보청기 등에 투자하기 시작했다. 이러한 제품들은 핵심 사업이었던 렌즈 사업과 명확한 연결 고리를 형성하지 못했다. 자원과 사업이 분산됨에 따라 바슈롬의 콘택트렌즈 사업은 기울기 시작했다.

주당 56달러까지 급등했던 주식은 33달러 이하로 폭락했다. 결국 바슈롬의 시장 점유율은 16%까지 떨어져 존슨 앤 존슨, 시바 비전에 이어 3위로 전락했다. 사업 분산으로 귀중한 기반과 시간, 자금을 너무 낭비해 버린 것이다.★

크리스 주크Chris Zook와 제임스 앨런James Allen의 『핵심에 집중하라Profit from the Core』에 나오는 내용이다.

무엇이 막강한 경쟁력으로 확고하게 자리 잡은 바슈롬을 휘청거리게 만들었는가? 핵심 사업에 집중하지 않고 사업을 분산시킨 결과다.

설교 현장에서도 바슈롬과 똑같은 현상이 발생하고 있다. 이런 모습이 우리의 설교 현장의 모습이라면 믿겠는가? 한 주간 동안의 자신의 설교 키워드를 살펴본 적이 있는가?

어느 성도가 주일 낮 예배에 참석했다. 설교의 키워드가 '기도'였다. 설교를 들은 그 성도는 기도의 중요성을 깨닫고 "그래, 맞아. 나는 기도에 힘

★ 크리스 주크는 세계적인 사업 전략 컨설팅 회사인 베인 & 컴퍼니의 이사이며 베인의 '세계 전략 연구'를 이끌고 있으며, 많은 인터넷 관련 혁신의 컨설팅과 투자를 설계 및 기획했다. 최근 수익을 동반한 성장을 이끄는 전략과 그 기회를 포착하기 위한 사업 시스템을 설계하는 데 전력을 기울이고 있다. 제임스 앨런은 클라이너 퍼킨스 코필드 앤드 바이어스와 베인 & 컴퍼니, 텍사스 퍼시픽 그룹에 의해 설립된 세계적인 벤처 캐피털 회사인 이볼루션 글로벌 파트너스의 CEO이며 베인 & 컴퍼니의 전 이사로 베인의 전략 연구를 공동 수행했으며, 전 세계 20여 개국의 기술, 소비자 제품, 미디어 회사들에 대한 세계 전략 연구를 이끌었다.

써야 해. 적어도 하루 한 시간씩 기도할 거야" 하고 다짐하고 결단을 했다. 그런데 오후 예배에 참석하니 '봉사'를 키워드로 설교했다. '봉사'가 무엇인지, '봉사' 하는 삶이 얼마나 중요한 일인지 강조했다. 수요 기도회에 참석했더니 '전도'를 키워드로 설교했다. 금요 기도회의 설교 키워드는 '감사'였다. 그리고 매일 새벽 기도회의 설교 키워드가 모두 달랐다. 그 성도에게 어떤 일이 일어났을까? 한 주간동안 기도도 힘쓰고, 봉사도 힘쓰고, 전도도 힘쓰고, 감사도 힘쓰며 살았을까?

만일 열심이 있어 모든 예배에 빠지지 않고 참석한 성도라면 주일 낮 예배만 참석한 성도보다 더 헷갈리지 않겠는가? 목회자의 설교를 들으면 중요하지 않은 주제가 없다. 기도도 중요하고 전도도 중요하고 봉사도 중요하다. 그렇다고 모든 것을 한꺼번에 집중할 수 있는 사람은 없다. 결국 이것도 실천하지 못하고 저것도 실천하지 못하는 결과를 낳는다.

말씀을 듣고 행하기 위해서 무엇이 필요할까? 성경은 '거울의 원리'를 소개하고 있다. 자기 얼굴을 잊지 않기 위해서 거울을 계속해서 쳐다 봐야 하는 것처럼 말씀에 집중할 때 순종할 수 있음을 교훈하고 있다.

> [약 1:22-25] 너희는 말씀을 행하는 자가 되고 듣기만 하여 자신을 속이는 자가 되지 말라 :23 누구든지 말씀을 듣고 행하지 아니하면 그는 거울로 자기의 생긴 얼굴을 보는 사람과 같아서 :24 제 자신을 보고 가서 그 모습이 어떠했는지를 곧 잊어버리거니와 :25 자유롭게 하는 온전한 율법을 들여다보고 있는 자는 듣고 잊어버리는 자가 아니요 실천하는 자니 이 사람은 그 행하는 일에 복을 받으리라

설교의 주제어, 곧 키워드가 분산된 모든 예배에 열심히 참석하여 말씀

을 들으면 성경지식은 쌓여도 삶은 전혀 변화되지 않는다. 오히려 주일 낮 예배만 참석한 사람은 한 주일 동안 '기도의 중요성' 한 가지 주제만 생각하기 때문에 헷갈리지 않을 수 있다. 열 가지 키워드가 다 중요하지만 선택과 집중이 없으면 한 가지도 얻을 수 없다. 설교 사역에서 키워드가 분산되면 교회는 성장을 멈추고 성도들은 힘을 잃고 휘청거리게 된다.

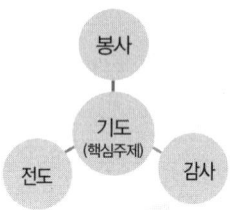

핵심 주제가 분산된 설교들

바슈롬은 경영진을 교체했다. 새로운 경영진은 핵심 사업에 집중하기 위해 비핵심 사업에서 철수하는 등 회사의 당면 문제를 해결하기 위해 신속하게 대응했다. 바슈롬은 현재 전 세계 100여 개국에 진출해 17억 달러가 넘는 연매출을 자랑한다. 필사적인 노력으로 콘택트렌즈 및 렌즈관리용품 시장에서 점유율 23%로 1위 자리를 되찾았다. 다시 핵심 사업에 집중한 결과다.

설교도 마찬가지다. 회중들에게 지속적인 영향력을 끼치는 설교자가 있는 반면에 그렇지 못한 설교자가 있다. 그 차이가 무엇인가? 바슈롬이 설교자에게 주는 교훈은 무엇인가? 키워드를 문어발처럼 늘려 놓는 설교자에 비해 키워드를 하나로 묶는 설교자의 영향력은 상상을 초월한다. 주일 낮 설교의 키워드는 한 주 동안의 모든 설교를 이끄는 핵심 키워드가 되어야 한다. 키워드가 하나로 집중되면 교회는 성장과 더불어 힘을 얻고 능력을 발휘하게 된다. 다시 말해서 핵심 키워드에 집중된 설교는 막강한 힘을 발휘한다.

성과를 내려면 핵심에 집중하라

채경락 교수는 설교의 목표는 회중의 변화라고 한다.

설교 목표는 청중의 변화다. 설교도 수단이다. 오해 없기를 바란다. 목표는 성도의 변화다. 왜 성경을 설교하는가? 성경이 사람을 변화시키는 가장 힘 있는 수단이기 때문이다. 왜 성경만 설교하는가? 성경만이 제대로 된 변화의 방향을 지시하는 나침반이기 때문이다. 개인의 변화일 수도 있고, 공동체의 변화일 수도 있다. 이처럼 설교의 목표는 사람의 변화다. 목표를 향하여 설교하고, 목표를 이루기 위해 설교하라.

매주 예배에 꼬박꼬박 참석하고 설교를 듣는데 삶은 왜 변하지 않을까? 많은 설교자들의 고민은 말씀이 회중들의 삶과 연결되지 않는 것이다. 설교와 삶이 분리되면 신앙에 균열이 생겨 결국 무너질 수밖에 없다. 이것은 한국교회 성도들이 직면하고 있는 문제다. 이런 상황을 바라보는 설교자의 한숨은 점점 깊어져 간다. 그렇다면 이런 문제를 어떻게 극복할 수 있을까?

크리스 주크와 제임스 앨런은 『핵심에 집중하라』에서 모든 기업은 핵심 사업에 잠재력을 100% 활용하고 있는가를 냉정히 검토해 보아야 한다고 조언한다. 그래서 베인 앤 컴퍼니Bain & Company는 기업 컨설팅을 시작할 때 "귀사의 핵심 사업은 무엇이고 잠재적인 경쟁력의 원천은 무엇인가?" 하는 질문을 가장 먼저 한다고 한다.

전 세계 컨설팅 업계의 빅 3으로 통하는 베인 앤 컴퍼니는 10년에 걸친 연구를 바탕으로 "왜 어떤 회사는 지속적인 수익을 올리며 성장하는 반면, 어떤 회사는 훨씬 좋은 조건을 가지고도 그렇지 못한가?"라는 질문에 해답을 제시했다. 여러 사업 분야에 진출해 있는 복합기업 중에서 지속적인 가치를 창출한 기업은 거의 찾을 수 없었다. 강력한 성과를 내는 기업들은 놀랍게도 한 개, 많아야 두 개의 핵심 사업에 집중하고 있었다.★

설교도 선택과 집중이 중요하다. 메시지를 제대로 전달하기 위해서는 우선 핵심 키워드에 집중해야 한다. 잡다한 열 가지 키워드를 한 주간동안 전달하기보다는 하나의 핵심 키워드를 선택해서 집중적으로 전달하는 것이 훨씬 효과적이다. 여러 종류의 키워드는 오히려 혼란을 줄 뿐이다.

강미은 교수는 메시지 전달에서 '백화점식 나열'을 최악으로 꼽는다.

모든 캠페인에서는 핵심 메시지가 관건이다. 핵심 메시지가 날카로운 설득력을 갖기 위해서는 선택과 집중이 필요하다. 불필요한 세밀함을 과감하게 버리고 핵심만 살려야 한다. 전달하는 입장에서야 이것도 알리고 싶고 저것도 알리고 싶겠지만 그것은 욕심일 뿐이다. 이것저것 다 강조하다 보면 어느 것 하나 제대로 전달되지 않는다. 결국 중요한 것은 상대가 가장 중요하게 생각하는 강조점을 찾아 그것에

★ 베인 앤 컴퍼니는 1973년 미국 보스턴에서 설립되었다. 전 세계 19개국에서 27개 사무소를 운영하고 있는 세계적인 전략 컨설팅 회사로 현재 3,000여 명의 직원이 근무하고 있다. 세계 유수의 대기업, 금융기관, 공공기관 등 2,000여 개 기업을 대상으로 다양한 전략 프로젝트를 수행했다. 1991년 서울 사무소를 개설한 이래 대기업, 금융기관, 공공기관을 대상으로 100여 건 이상의 프로젝트를 성공적으로 수행했다. 또한 세계적인 투자 펀드에 의한 전 세계 기업 M&A 시장의 50% 이상에 참여하고 있다.

집중해야 강한 인상을 주는 동시에 설득력을 발휘하는 것이다. …그물 하나를 쳐놓고 고래도 잡고 새우도 잡겠다는 식으로 욕심을 부리면 핵심도 흐려질 뿐만 아니라 어느 것 하나 제대로 건지기 어렵다. 새우를 잡는 그물은 따로 있고, 고래를 잡는 방법 역시 따로 있다.

TED의 운영자 크리스 앤더슨Chris Anderson은 효과적 전달을 위한 비결은 단 하나의 주제만을 말하는 것이라고 한다. 이것은 설교자에게도 동일하게 적용되어야 한다.

총신대학교 박태현 교수는 "훌륭한 설교는 언제나 한 번의 설교에 하나의 주제만을 취급해야 한다. 비록 3대지 설교라 할지라도 하나의 초점을 지닌 하나의 주제만을 다루어야 한다. 결코 '한 지붕 세 가족'이 되어서는 안 된다"고 말한다.★

오바마 전 대통령은 대통령 당선 연설에서 같은 주제의 패턴 스토리를 7회 이상 반복해서 전했다. 그리고 'Yes, we can'이라는 키 메시지를 7회 반복했다. 마틴 루터 킹 목사도 마찬가지다. 주제에 맞는 패턴 스토리를 반복해서 전했다. 그리고 'I have a dream'이라는 키 메시지를 10회 반복했다. 마치 한 곳을 조준하여 집중 사격을 하는 것 같지 않은가? 설교자가 핵심 키워드를 선택하고 반복하는 것은 회중들의 주의를 집중시키고 변화로 이끄는 지혜다. 선택과 집중의 생명은 반복이다.

★ 박태현 교수는 건국대학교(B.Sc.), 고려신학대학원(M.Div.equi.), 세인트 요한대학(MAMM), 화란 아펠도른신학대학교에서 "조지 휫필드의 설교"로 석사학위(Drs.Theol.)를 취득하였고, "청교도 설교에서의 성령의 사역"으로 2005년 박사학위(Dr.Theol.)를 받았다. 2005년부터 2010년까지 암스테르담 자유대학교 역사자료연구소 객원연구원으로 재직했으며, 화란한인교회 담임 목사(2010-2013년)를 역임했다. 지금은 총신대학교 신학대학원 설교학 교수로 재직하고 있다.

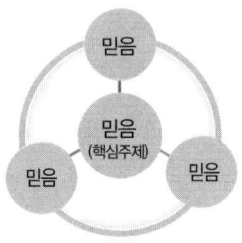

핵심 주제가 집중된 설교들

이것저것을 집어넣은 한 편의 설교로 회중들의 삶을 바꾸려고 하는가? 설교자가 만일 이런 생각을 한다면 다음과 같은 사실을 주목할 필요가 있다. 창세기부터 요한계시록까지 각 성경은 어떻게 기록되었는가? 주제별로 기록되었다. 모세오경은 어떤가? 역사서와 시가서는 어떤가? 또 사복음서는 어떤가? 로마서, 갈라디아서, 에베소서 등은 어떤가? 한 가지 핵심 주제를 집중하여 기록하고 있다. 레위기는 '제사'를 집중하여 다룬다. 열왕기서는 유다와 이스라엘 왕들의 신앙을 집중해서 다룬다. 잠언은 '지혜'라는 핵심주제를 집중하여 기록하고 있다. 성경 66권은 핵심주제 중심으로 기록되었다.

하나님께서는 모든 일을 고상하고 체계적으로 하신다. 하나님께서는 성령으로 영감을 받은 저자들에게 선택한 주제를 집중해서 기록하게 하셨다. 하나님의 백성들에게 같은 주제의 말씀을 반복해서 전함으로써 교훈을 주고 변화를 이끌어 내셨다.

마태복음 5장에서 예수님은 복 있는 사람에 대해 집중해서 말씀하셨다. 이제 마태복음 13장에서 천국을 주제로 얼마나 집중해서 말씀하셨는지 살펴보자.

▶ 천국 비유1: 3-23절

예수께서 비유로 여러 가지를 그들에게 말씀하여 이르시되 씨를 뿌리는 자가 뿌리러 나가서 :4 뿌릴새 더러는 길 가에 떨어지매 새들이 와서 먹어버렸고 :5 더러는 흙이 얕은 돌밭에 떨어지매 흙이 깊지 아니하므로 곧 싹이 나오나 :6 해가 돋은 후에 타서 뿌리가 없으므로 말랐고 :7 더러는 가시떨기 위에 떨어지매 가시가 자라서 기운을 막았고 :8 더러는 좋은 땅에 떨어지매 어떤 것은 백 배, 어떤 것은 육십 배, 어떤 것은 삼십 배의 결실을 하였느니라 :9 귀 있는 자는 들으라 하시니라 :10 제자들이 예수께 나아와 이르되 어찌하여 그들에게 비유로 말씀하시나이까 :11 대답하여 이르시되 천국의 비밀을 아는 것이 너희에게는 허락되었으나 그들에게는 아니되었나니 :12 무릇 있는 자는 받아 넉넉하게 되되 없는 자는 그 있는 것도 빼앗기리라… :18 그런즉 씨 뿌리는 비유를 들으라 :19 아무나 천국 말씀을 듣고 깨닫지 못할 때는 악한 자가 와서 그 마음에 뿌려진 것을 빼앗나니 이는 곧 길 가에 뿌려진 자요 :20 돌밭에 뿌려졌다는 것은 말씀을 듣고 즉시 기쁨으로 받되 :21 그 속에 뿌리가 없어 잠시 견디다가 말씀으로 말미암아 환난이나 박해가 일어날 때에는 곧 넘어지는 자요 :22 가시떨기에 뿌려졌다는 것은 말씀을 들으나 세상의 염려와 재물의 유혹에 말씀이 막혀 결실하지 못하는 자요 :23 좋은 땅에 뿌려졌다는 것은 말씀을 듣고 깨닫는 자니 결실하여 어떤 것은 백 배, 어떤 것은 육십 배, 어떤 것은 삼십 배가 되느니라 하시더라

▶ 천국 비유2: 24-43절

예수께서 그들 앞에 또 비유를 들어 이르시되 천국은 좋은 씨를 제 밭에 뿌린 사람과 같으니 :25 사람들이 잘 때에 그 원수가 와서 곡식 가운데 가라지를 덧뿌리고 갔더니 :26 싹이 나고 결실할 때에 가라지도 보이거늘 :27 집 주인의

종들이 와서 말하되 주여 밭에 좋은 씨를 뿌리지 아니하였나이까 그런데 가라지가 어디서 생겼나이까 :28 주인이 이르되 원수가 이렇게 하였구나 종들이 말하되 그러면 우리가 가서 이것을 뽑기를 원하시나이까 :29 주인이 이르되 가만 두라 가라지를 뽑다가 곡식까지 뽑을까 염려하노라 :30 둘 다 추수 때까지 함께 자라게 두라 추수 때에 내가 추수꾼들에게 말하기를 가라지는 먼저 거두어 불사르게 단으로 묶고 곡식은 모아 내 곳간에 넣으라 하리라… :36 이에 예수께서 무리를 떠나사 집에 들어가시니 제자들이 나아와 이르되 밭의 가라지의 비유를 우리에게 설명하여 주소서 :37 대답하여 이르시되 좋은 씨를 뿌리는 이는 인자요 :38 밭은 세상이요 좋은 씨는 천국의 아들들이요 가라지는 악한 자의 아들들이요 :39 가라지를 뿌린 원수는 마귀요 추수 때는 세상 끝이요 추수꾼은 천사들이니 :40 그런즉 가라지를 거두어 불에 사르는 것 같이 세상 끝에도 그러하리라 :41 인자가 그 천사들을 보내리니 그들이 그 나라에서 모든 넘어지게 하는 것과 또 불법을 행하는 자들을 거두어 내어 :42 풀무 불에 던져 넣으리니 거기서 울며 이를 갈게 되리라 :43 그 때에 의인들은 자기 아버지 나라에서 해와 같이 빛나리라 귀 있는 자는 들으라

▶ 천국 비유3: 31-32절

또 비유를 들어 이르시되 천국은 마치 사람이 자기 밭에 갖다 심은 겨자씨 한 알 같으니 :32 이는 모든 씨보다 작은 것이로되 자란 후에는 풀보다 커서 나무가 되매 공중의 새들이 와서 그 가지에 깃들이느니라

▶ 천국 비유4: 33절

또 비유로 말씀하시되 천국은 마치 여자가 가루 서 말 속에 갖다 넣어 전부 부풀게 한 누룩과 같으니라

▶ **천국 비유5: 44절**

천국은 마치 밭에 감추인 보화와 같으니 사람이 이를 발견한 후 숨겨 두고 기뻐하며 돌아가서 자기의 소유를 다 팔아 그 밭을 사느니라

▶ **천국 비유6: 45-46절**

또 천국은 마치 좋은 진주를 구하는 장사와 같으니 :46 극히 값진 진주 하나를 발견하매 가서 자기의 소유를 다 팔아 그 진주를 사느니라

▶ **천국 비유7: 47-51절**

또 천국은 마치 바다에 치고 각종 물고기를 모는 그물과 같으니 :48 그물에 가득하매 물 가로 끌어내고 앉아서 좋은 것은 그릇에 담고 못된 것은 내버리느니라 :49 세상 끝에도 이러하리라 천사들이 와서 의인 중에서 악인을 갈라내어 :50 풀무 불에 던져 넣으리니 거기서 울며 이를 갈리라 :51 이 모든 것을 깨달았느냐 하시니 대답하되 그러하오이다

▶ **천국 비유8: 52절**

예수께서 이르시되 그러므로 천국의 제자된 서기관마다 마치 새것과 옛것을 그 곳간에서 내오는 집주인과 같으니라

주제 집중은 예수님의 설교나 가르침에서 그대로 적용된다. 예수님께서는 핵심주제를 반복하여 말씀하셨다. 핵심주제를 반복해서 말씀하시는 것은 회중의 삶을 변화시키기 위한 예수님의 방법이었다.

승리를 부르는 아전적분 전략

　어떤 분야에서 성공한 사람들에게 빠지지 않고 묻는 질문이 "어떻게 이렇게 큰 성공을 이룰 수 있었습니까?"이다. 하지만 그들의 대답은 항상 일치한다. 우리가 이미 들었고 알고 있는 대답이다. 성공하는 사람들에게는 서로 일치하는 원리가 하나 있다. 한마디로 말하면 선택과 집중이다. 무릇 성공하려면 한 분야에 집중해야 한다. 어떤 일을 선택한 후에는 몰입하는 것이 성공의 원리이다.

　손자병법 실허 편에 '아전적분'(我專敵分)이라는 전략이 있다. 전쟁에서 승리를 얻으려면 아군의 힘을 하나로 모아 적군을 열 군데로 분산시킨 후 하나씩 공격하라는 것이다. 아전적분은 선택과 집중의 원리를 적용한 멋진 전략이다.

　나폴레옹이 프랑스 군대를 이끌고 프러시아 군대와 싸울 때의 일이다. 그는 절대 다수의 적군과 맞서야 했다. 병력으로나 무기로나 프랑스 군대는 프러시아 군대를 당할 수 없는 상황이었다. 하지만 나폴레옹은 놀랍게도 전투마다 승승장구하였다. 나중에는 그가 이끄는 군대가 나타날 때 프러시아군은 전투도 제대로 하지 못하고 도망을 쳤다.

　알려진 바에 의하면 나폴레옹은 군대를 여러 곳에 나누어 배치하는 척하면서 실제로는 밤에 다시 한군데로 모아서 집중 공격을 감행하곤 했다. 이렇게 해서 승리를 얻은 후에는 다시 밤새 말을 달려서 본래 위치로 돌아가 있도록 하였다. 나폴레옹은 아전적분의 전략을 사용했던 것이다.

　한국교회 목회자는 어느 나라 목회자들보다 많은 설교를 한다. 이 말은 우리나라 그리스도인들은 어느 나라 그리스도인들보다 많은 설교를 듣는다는 이야기다. 그런데 설교하는 사람도, 설교를 듣는 사람도 변화되지 않는다. 말씀을 준비하고 전하는 만큼, 말씀을 듣는 만큼 열매가 없다. 마귀는 '아전적분'의 손자병법으로 교회 강단을 유린하고 있다. 성도의 삶을 변화시키는 설교는 '주제 집중'에서 그 해답을 찾아야 한다.

각 교회에서 보통 일 년에 한두 차례 실시하는 '전도축제'를 생각해 보자. 전도축제의 성공을 위해 교회의 모든 역량을 하나로 집중한다. 모든 설교의 주제를 '전도'에 맞춘다. 모든 기도 제목과 찬송도 오직 '전도'에 초점이 맞추어져 있다. 전도축제에 맞는 구호를 정하여 모일 때마다 외치게 하고, 포스터를 붙이고, 현수막을 걸고 오직 '전도'에 집중한다. 예산도 '전도축제'를 위해 편성하고, 외부강사도 초청하여 '전도축제'를 위한 헌신예배를 드리고, 전도를 많이 한 '전도 왕'을 초청하여 간증을 듣는다. 전도축제는 집중한 만큼 성공을 거두게 된다.

그런데 설교에서는 주제 집중이 이루어지지 않는다. 회중들이 한 주간동안 다양한 주제의 설교를 들으면 성경지식은 늘어나지만 성경적인 삶은 결코 살지 못한다. 아는 것은 많은데 말씀이 삶과 연결되지 않는다. 사탄은 강단에서 선포되는 설교의 주제를 분산시키는 전략을 사용했다. 이렇게 하면 아무리 많은 설교를 들어도 성도다운 삶을 절대로 살 수 없다는 것을 마귀는 알고 있다. 그래서 아전적분의 전략을 집중해서 써 왔는지도 모른다.

만일 설교자가 예수님처럼 설교의 한 주제를 선택한 후 마치 전도축제처럼 그 주제에 집중하고 반복하여 설교한다면 어떻게 될까? 세상에서 빛과 소금의 직분을 감당하지 않겠는가? 말씀과 삶이 서로 유리되는 일을 막는 유일한 길은 주제 집중 설교뿐이다.

스티브 잡스는 집중을 다음과 같이 정의했다.

수백 개의 좋은 아이디어에 '노'No라고 말하는 것이 집중이다. 사람들은 집중이란 집중할 것에 '예스'Yes라고 말하는 것이라고 생각한다. 하지만 집중은 전혀 그런 게 아니다. 다른 좋은 아이디어 수백 개에 '노'No라고 말하는 게 집중이다. 실제로 내가 이룬 것만큼이나 하지 않은 것도 자랑스럽다. 집중이란 1천 가지를 퇴짜 놓는 것이다.

'현대 경영학의 아버지'라고 칭송을 받았던 피터 드러커Peter Drucker 교수도 목표를 더욱 효율적으로 이루기 위해서는 여러 가지 일을 동시에 하는 것보다 한 가지 일에 집중할 것을 권했다.

제2차 세계대전이 끝나고 폐허가 된 일본 동경에 한 신생회사가 살아남기 위해 발버둥 치고 있었다. 이 회사는 단파 라디오를 수리하는 사업으로 출발했으나 경영 상태는 신통치 않았다. 결국 새로운 돌파구를 찾기 위해 수십 명의 똑똑한 과학자와 기술자들이 전기밥솥 개발에 심혈을 기울였다. 각고의 노력에도 불구하고 회사의 첫 번째 혁신 제품인 전기밥솥은 실패로 돌아갔다.

당시 이 회사의 수석 기술자 아부카 마사루는 미국 벨 연구소Bell Laboratory가 발명한 트랜지스터에 매료되었다. 아부카는 50명의 과학자와 기술자들로 구성된 팀에 동기부여를 위한 프로젝트가 필요했던 차에 트랜지스터에서 무한한 가능성을 발견했다. 그러나 그가 벨연구소로부터 라이선스를 따려고 했을 때 일본 통상산업성은 이를 거부했다. 이런 작은 회사가 최첨단 기술을 충분히 소화해 낼만한 능력이 있다고 생각하지 않았기 때문이다.

1953년 아부카는 드디어 트랜지스터에 관한 라이선스 권리를 허가받을 수 있었다. 그는 트랜지스터를 기반으로 하는 라디오를 만들고 싶었다. 당시 진공관 라디오는 큰 몸집으로 집이나 사무실에 두고 들어야 했다. 트랜지스터를 이용하면 라디오는 커다란 진공관의 굴레를 벗어나 더 작고 간편한 모습으로 변신할 수 있었기 때문이다. 그래서 이들이 선택한 목표는 '휴대용 라디오'였다.

아부카의 휴대용 라디오 프로젝트에 대해 그 팀에 속한 일부 기술자들도 터무니없고 비상식적인 목표라고 생각했다. 그가 선택한 목표가 얼마나 오만불손하게 들렸든지 차라리 트랜지스터를 이용하여 실패한 전기밥솥을 다시 만들자는 의견도 있었다. 전화기나 다른 제품을 만들자는 등의 많은 반대가 있었다. 게다가 이제 막 걸음마를 시작한 일본의 작은 회사가 그런 혁신적인 제품을 만들 수 있다고 믿지 않았다. 벨 연구소의 뛰어난 석학들마저 불가능하다고 충고했다. 그러나 아부카는 비전에 굶주려 있었고 회사는 오직 휴대용 라디오를 만들기 위해 모든 재정과 기술력을 집중했다. 트랜지스터 라디오야말로 휘청거리는 회사를 살리는 가장 유망한 길이라고 생각했기 때문이다.

1957년 3월, 트랜지스터 사용 권리를 획득한 지 4년도 안 되어 TR-55, 세계 최초의 휴대용 트랜지스터 라디오를 세상에 내놓았다. TR-55는 약 150만 대가 팔려 나갔다. 1957년 7월에는 세계에서 제일 작은 트랜지스터 TR-63을 개발하여 1959년 한 해 동안 600만 대의 트랜지스터 라디오를 미국에 수출했다. 단숨에 세계적인 기업의 반열에 당당히 올라선 것이다. 이 회사가 바로 소니Sony다.

앞서 소개한 칩 히스와 댄 히스의 『스틱』에서 소개하고 있는 내용이다. 무엇이 휘청거리는 작은 신생기업을 글로벌 기업으로 만들었는가? 선택과 집중이다.

설교자가 매번 강단에서 이 주제, 저 주제로 설교하는 것은 표적을 정하지 않고 화살을 당기는 것처럼 지혜롭지 못한 일이다. 어떤 목적을 갖고 어떤 주제로 설교할 것인가? 주제 선택이 무엇보다 중요하다. 선택이란 하나를 집중하기 위해 아홉을 버리는 것이다.

예수님께서 가르쳐 주신 선택과 집중의 원리를 통해 그동안 나의 설교를 돌아볼 기회를 가졌다. 주제 선택은 옳았지만 주제에 집중하지는 못했다. 주제에 집중하지 못한 설교는 반드시 실패할 수밖에 없다.

집중의 원리에서 쌍둥이처럼 곁에서 항상 동행하는 것은 '반복'이다. 공부 잘하는 아이들, 어떤 일에 성공하는 사람들은 머리가 뛰어난 사람들이 아니라 한 가지 일에 집중하는 사람들이다. 또한 집중하는 사람들한테서 빼놓을 수 없는 것이 반복이다. 반복할 수 있는 끈기와 인내심이 과업을 달성하여 성공하는 인물을 만든다. 아무리 타고난 지능을 갖고 있어도 집중하지 못하면 성공을 보장할 수 없다. 성공은 선택과 집중이 만든 작품이다.

구약성경에서 하나님께서는 아브라함 한 사람을 선택하시고 그를 믿음의 조상으로 세우기 위해 집중하셨다. 예수님께서도 12명의 제자를 선택하시고 그들에게 집중하셨다. 예수님을 따르는 사람들이 많았지만 그중에서 열두 명을 제자로 선택하시고 집중하여 하나님 나라의 일꾼으로 양육하셨다. 이들을 통해서 복음이 땅 끝까지 전파되게 하셨다. 선택과 집중은 예수님께서 사용하신 원리다.

주일 낮 예배의 설교 키워드는 한 주 동안의 모든 설교의 핵심 키워드가 되어야 한다. 뿐만 아니라 적어도 몇 주 정도는 핵심 키워드를 분산시키지 말고 동일한 키워드로 집중해서 설교하는 것이 효과적이다.

이동원 목사의 설교 주제를 살펴본 적이 있는가? '이렇게 기도하라', '이렇게 사랑하라', '이렇게 행하라', '이렇게 사역하라' 등 25권의 '이렇게 시리즈' 주제 설교가 있다. 이와 더불어 '인물 시리즈', '비유 시리즈' '기적 시리즈', '가정 시리즈' 등 셀 수 없는 시리즈 설교를 해 왔다. 한마디로 선택과 집중의 원리를 설교에 그대로 적용한 한 것이다. 이동원 목사가 예수님처럼 주제 집중의 설교, 곧 핵심 키워드 중심의 설교를 집중적으로 해 온 이유가 뭘까?

집중의 원리를 이용한 도구가 바로 송곳이다. 송곳은 끝이 뾰족해서 힘을 한 곳에 집중하여 구멍을 뚫는다. 설교에도 이런 집중력이 필요하다. 주제 집중에 충실한 설교자는 사람을 변화시키는 파워가 있다.

예수님의 설교 전략, 선택과 집중

마태복음 23장에서 예수님께서는 화를 당하게 될 서기관들과 바리새인들을 향해 집중하여 말씀하셨다.

> [마 23:1-12] 이에 예수께서 무리와 제자들에게 말씀하여 이르시되 :2 서기관들과 바리새인들이 모세의 자리에 앉았으니 :3 그러므로 무엇이든지 그들이 말하는 바는 행하고 지키되 그들이 하는 행위는 본받지 말라 그들은 말만 하고 행하지 아니하며 :4 또 무거운 짐을 묶어 사람의 어깨에 지우되 자기는 이것을 한 손가락으로도 움직이려 하지 아니하며 :5 그들의 모든 행위를 사람에게 보이고자 하나니 곧 그 경문 띠를 넓게 하며 옷술을 길게 하고 :6 잔치의 윗자리와 회당의 높은 자리와 :7 시장에서 문안 받는 것과 사람에게 랍비라 칭함을 받는 것을 좋아하느니라 :8 그러나 너희는 랍비라 칭함을 받지 말라 너희 선생은 하나요 너희는 다 형제니라 :9 땅에 있는 자를 아버지라 하지 말라 너희의 아버지는 한 분이시니 곧 하늘에 계신 이시니라 :10 또한 지도자라 칭함을 받지 말라 너희의 지도자는 한 분이시니 곧 그리스도시니라 :11 너희 중에 큰 자는 너희를 섬기는 자가 되어야 하리라 :12 누구든지 자기를 높이는 자는 낮아지고 누구든지 자기를 낮추는 자는 높아지리라

[마 23:13] 화 있을진저 외식하는 서기관들과 바리새인들이여 너희는 천국 문을 사람들 앞에서 닫고 너희도 들어가지 않고 들어가려 하는 자도 들어가지 못하게 하는도다

[마 23:15] 화 있을진저 외식하는 서기관들과 바리새인들이여 너희는 교인 한 사람을 얻기 위하여 바다와 육지를 두루 다니다가 생기면 너희보다 배나 더 지옥 자식이 되게 하는도다

[마 23:16-22] 화 있을진저 눈 먼 인도자여 너희가 말하되 누구든지 성전으로 맹세하면 아무 일 없거니와 성전의 금으로 맹세하면 지킬지라 하는도다 :17 어리석은 맹인들이여 어느 것이 크냐 그 금이냐 그 금을 거룩하게 하는 성전이냐 :18 너희가 또 이르되 누구든지 제단으로 맹세하면 아무 일 없거니와 그 위에 있는 예물로 맹세하면 지킬지라 하는도다 :19 맹인들이여 어느 것이 크냐 그 예물이냐 그 예물을 거룩하게 하는 제단이냐 :20 그러므로 제단으로 맹세하는 자는 제단과 그 위에 있는 모든 것으로 맹세함이요 :21 또 성전으로 맹세하는 자는 성전과 그 안에 계신 이로 맹세함이요 :22 또 하늘로 맹세하는 자는 하나님의 보좌와 그 위에 앉으신 이로 맹세함이니라

[마 23:23-24] 화 있을진저 외식하는 서기관들과 바리새인들이여 너희가 박하와 회향과 근채의 십일조는 드리되 율법의 더 중한 바 정의와 긍휼과 믿음은 버렸도다 그러나 이것도 행하고 저것도 버리지 말아야 할지니라 :24 맹인 된 인도자여 하루살이는 걸러 내고 낙타는 삼키는도다

[마 23:25-26] 화 있을진저 외식하는 서기관들과 바리새인들이여 잔과 대접의

겉은 깨끗이 하되 그 안에는 탐욕과 방탕으로 가득하게 하는도다 :26 눈 먼 바리새인이여 너는 먼저 안을 깨끗이 하라 그리하면 겉도 깨끗하리라

[마 23:27-28] 화 있을진저 외식하는 서기관들과 바리새인들이여 회칠한 무덤 같으니 겉으로는 아름답게 보이나 그 안에는 죽은 사람의 뼈와 모든 더러운 것이 가득하도다 :28 이와 같이 너희도 겉으로는 사람에게 옳게 보이되 안으로는 외식과 불법이 가득하도다

[마 23:29-32] 화 있을진저 외식하는 서기관들과 바리새인들이여 너희는 선지자들의 무덤을 만들고 의인들의 비석을 꾸미며 이르되 :30 만일 우리가 조상 때에 있었더라면 우리는 그들이 선지자의 피를 흘리는 데 참여하지 아니하였으리라 하니 :31 그러면 너희가 선지자를 죽인 자의 자손임을 스스로 증명함이로다 :32 너희가 너희 조상의 분량을 채우라

[마 23:33-39] 뱀들아 독사의 새끼들아 너희가 어떻게 지옥의 판결을 피하겠느냐 :34 그러므로 내가 너희에게 선지자들과 지혜 있는 자들과 서기관들을 보내매 너희가 그 중에서 더러는 죽이거나 십자가에 못 박고 그 중에서 더러는 너희 회당에서 채찍질하고 이 동네에서 저 동네로 따라다니며 박해하리라 :35 그러므로 의인 아벨의 피로부터 성전과 제단 사이에서 너희가 죽인 바라갸의 아들 사가랴의 피까지 땅 위에서 흘린 의로운 피가 다 너희에게 돌아가리라 :36 내가 진실로 너희에게 이르노니 이것이 다 이 세대에 돌아가리라 :37 예루살렘아 예루살렘아 선지자들을 죽이고 네게 파송된 자들을 돌로 치는 자여 암탉이 그 새끼를 날개 아래에 모음 같이 내가 네 자녀를 모으려 한 일이 몇 번이더냐 그러나 너희가 원하지 아니하였도다 :38 보라 너희 집이 황폐하여 버려

진 바 되리라 :39 내가 너희에게 이르노니 이제부터 너희는 찬송하리로다 주의 이름으로 오시는 이여 할 때까지 나를 보지 못하리라 하시니라

예수님께서 서기관들과 바리새인들을 향하여 집중하여 경고하신 이유가 무엇일까? 나는 예수님께서 멸망을 당할 이들을 불쌍히 여기셨다고 믿는다. 그래서 이들을 멸망의 자리에서 구원하기 위해 집중해서 말씀하셨다. 마가복음 5장은 무엇을 집중해서 기록하고 있는지 살펴보도록 하자.

▶ **군대귀신 들린 자를 고치신 예수님: 1-20절**

예수께서 바다 건너편 거라사인의 지방에 이르러 :2 배에서 나오시매 곧 더러운 귀신 들린 사람이 무덤 사이에서 나와 예수를 만나니라 :3 그 사람은 무덤 사이에 거처하는데 이제는 아무도 그를 쇠사슬로도 맬 수 없게 되었으니 :4 이는 여러 번 고랑과 쇠사슬에 매였어도 쇠사슬을 끊고 고랑을 깨뜨렸음이러라 그리하여 아무도 그를 제어할 힘이 없는지라 :5 밤낮 무덤 사이에서나 산에서나 늘 소리 지르며 돌로 자기의 몸을 해치고 있었더라 :6 그가 멀리서 예수를 보고 달려와 절하며 :7 큰 소리로 부르짖어 이르되 지극히 높으신 하나님의 아들 예수여 나와 당신이 무슨 상관이 있나이까 원하건대 하나님 앞에 맹세하고 나를 괴롭히지 마옵소서 하니 :8 이는 예수께서 이미 그에게 이르시기를 더러운 귀신아 그 사람에게서 나오라 하셨음이라 :9 이에 물으시되 네 이름이 무엇이냐 이르되 내 이름은 군대니 우리가 많음이니이다 하고 :10 자기를 그 지방에서 내보내지 마시기를 간구하더니 :11 마침 거기 돼지의 큰 떼가 산 곁에서 먹고 있는지라 :12 이에 간구하여 이르되 우리를 돼지에게로 보내어 들어가게 하소서 하니 :13 허락하신대 더러운 귀신들이 나와서 돼지에게로 들어가매 거의 이천 마리 되는 떼가 바다를 향하여 비탈로 내리달아 바다에서 몰사하거늘

:14 치던 자들이 도망하여 읍내와 여러 마을에 말하니 사람들이 어떻게 되었는지를 보러 와서 :15 예수께 이르러 그 귀신 들렸던 자 곧 군대 귀신 지폈던 자가 옷을 입고 정신이 온전하여 앉은 것을 보고 두려워하더라 :16 이에 귀신 들렸던 자가 당한 것과 돼지의 일을 본 자들이 그들에게 알리매 :17 그들이 예수께 그 지방에서 떠나시기를 간구하더라 :18 예수께서 배에 오르실 때에 귀신 들렸던 사람이 함께 있기를 간구하였으나 :19 허락하지 아니하시고 그에게 이르시되 집으로 돌아가 주께서 네게 어떻게 큰 일을 행하사 너를 불쌍히 여기신 것을 네 가족에게 알리라 하시니 :20 그가 가서 예수께서 자기에게 어떻게 큰 일 행하셨는지를 데가볼리에 전파하니 모든 사람이 놀랍게 여기더라

거라사의 광인은 어떤 상태였는가? 고랑과 쇠사슬로 매어 놓아도 쇠사슬을 끊고 고랑을 깨뜨렸다. 어떤 쇠사슬로도 그를 맬 수 없고 누구도 그를 제어할 수 없었다. 하지만 누가 이 사람을 온전하게 하는가?

▶ 혈루증을 앓아 온 여인을 고치신 예수님: 25-34절

열두 해를 혈루증으로 앓아 온 한 여자가 있어 :26 많은 의사에게 많은 괴로움을 받았고 가진 것도 다 허비하였으되 아무 효험이 없고 도리어 더 중하여졌던 차에 :27 예수의 소문을 듣고 무리 가운데 끼어 뒤로 와서 그의 옷에 손을 대니 :28 이는 내가 그의 옷에만 손을 대어도 구원을 받으리라 생각함일러라 :29 이에 그의 혈루 근원이 곧 마르매 병이 나은 줄을 몸에 깨달으니라 :30 예수께서 그 능력이 자기에게서 나간 줄을 곧 스스로 아시고 무리 가운데서 돌이켜 말씀하시되 누가 내 옷에 손을 대었느냐 하시니 :31 제자들이 여짜오되 무리가 에워싸 미는 것을 보시며 누가 내게 손을 대었느냐 물으시나이까 하되 :32 예수께서 이 일 행한 여자를 보려고 둘러보시니 :33 여자가 자기에게 이루어진

일을 알고 두려워하여 떨며 와서 그 앞에 엎드려 모든 사실을 여쭈니 :34 예수께서 이르시되 딸아 네 믿음이 너를 구원하였으니 평안히 가라 네 병에서 놓여 건강할지어다

혈루증을 앓고 있는 여인의 상태는 어떤가? 그 여인은 세상의 어떤 의사나 어떤 약으로도 치료받지 못했다. 가진 재산도 다 날리고 병은 더 깊어만 갔다. 누가 절망 중에 있는 이 여인을 온전하게 하는가?

▶ 회당장 야이로의 딸을 살리신 예수님: 21-24, 35-43절

예수께서 배를 타시고 다시 맞은편으로 건너가시니 큰 무리가 그에게로 모이거늘 이에 바닷가에 계시더니 :22 회당장 중의 하나인 야이로라 하는 이가 와서 예수를 보고 발아래 엎드리어 :23 간곡히 구하여 이르되 내 어린 딸이 죽게 되었사오니 오셔서 그 위에 손을 얹으사 그로 구원을 받아 살게 하소서 하거늘 :24 이에 그와 함께 가실새 큰 무리가 따라가며 에워싸 밀더라… :35 아직 예수께서 말씀하실 때에 회당장의 집에서 사람들이 와서 회당장에게 이르되 당신의 딸이 죽었나이다 어찌하여 선생을 더 괴롭게 하나이까 :36 예수께서 그 하는 말을 곁에서 들으시고 회당장에게 이르시되 두려워하지 말고 믿기만 하라 하시고 :37 베드로와 야고보와 야고보의 형제 요한 외에 아무도 따라옴을 허락하지 아니하시고 :38 회당장의 집에 함께 가사 떠드는 것과 사람들이 울며 심히 통곡함을 보시고 :39 들어가서 그들에게 이르시되 너희가 어찌하여 떠들며 우느냐 이 아이가 죽은 것이 아니라 잔다 하시니 :40 그들이 비웃더라 예수께서 그들을 다 내보내신 후에 아이의 부모와 또 자기와 함께 한 자들을 데리시고 아이 있는 곳에 들어가사 :41 그 아이의 손을 잡고 이르시되 달리다굼 하시니 번역하면 곧 내가 네게 말하노니 소녀야 일어나라 하심이라 :42 소녀가 곧

일어나서 걸으니 나이가 열두 살이라 사람들이 곧 크게 놀라고 놀라거늘 :43
예수께서 이 일을 아무도 알지 못하게 하라고 그들을 많이 경계하시고 이에 소
녀에게 먹을 것을 주라 하시니라

회당장 야이로의 딸은 어떤가? 그 아이는 병들어 죽었다. 부모와 주위 사람들은 울며 심히 통곡했다. 세상 그 누가 그들의 울음과 통곡을 멈추게 할 수 있는가? 누가 아이를 살려서 그 부모의 품에 안겨 주는가?

마가복음 5장은 3가지 사건을 통해서 능치 못함이 없는 예수님을 집중하여 조명하고 있다. 이처럼 성경은 하나의 주제를 선택한 후 3의 법칙을 통해 그 주제를 집중해서 조명한다. 3가지 사건을 나란히 잇대어 놓으신 분이 성령님이심을 나는 믿어 의심치 않는다.

『선택과 집중의 기술』의 저자 LG경제연구소 김현기 책임연구원은 성공하는 사람과 실패하는 사람의 단 한 가지 차이, 그것은 바로 '선택과 집중'이라고 했다. 그는 "천재처럼 선택하고 바보처럼 집중하라"고 말한다.

집중의 생명은 반복이다. 예수님께서 사용하신 패턴 스토리도 집중을 위한 반복이다. 3의 법칙도 집중을 위한 반복이다. 키워드와 키 메시지의 반복도 역시 집중을 위해서다. 하나의 주제를 선택하고 그 주제에 집중하는 설교는 사람을 변화시키기 위한 예수님의 방법이다. 모든 설교자는 예수님처럼 선택과 집중의 원리를 따라 설교해야 한다. 걸작은 우연의 산물이 아니다. 선택과 집중이 만나 탄생시킨 우량아다.

메뚜기가 길을 가는데 하루살이가 자꾸만 눈앞에서 알짱거렸다.

알짱거리지 말라고 해도 말을 듣지 않자 하루살이를 몇 대 때렸다.

화가 난 하루살이는 2만 마리의 친구들을 동원하여 복수하러 갔다.

하루살이들은 메뚜기를 포위하고 마지막 소원이 있으면 말하라고 했다.

"그럼 마지막 소원을 말하면 반드시 들어 줄 거야?"

"물론이지."

그러자 메뚜기가 소원을 말했다.

"야, 내일 싸우자."

부부싸움? 내일로 미루자.

근심과 염려? 내일로 미루자.

Chapter 9 예수님의 설교에서의 질문

설교, 예수님처럼 하라

제9장 예수님의 설교에서의 질문

위기에서 구한 한마디의 질문

「조선일보」에 "호텔 왕의 재산은 사람, 사람, 사람"이란 제목의 기사가 실렸다. 세계 최대 호텔기업 메리어트 인터내셔널의 오너인 빌 메리어트 Bill Marriott 회장과 국내 언론사와의 최초의 인터뷰였다.

메리어트는 현재 전 세계에 4,200여 개 호텔을 경영하고 있다. 매출액 127억 달러, 이익 6억 2,600만 달러로 2014년 포천 미국 500대 기업 중 219위에 랭크됐다. 메리어트는 포천지가 '가장 일하기 좋은 기업 100곳'을 선정하기 시작한 1998년 이래 매년 리스트에서 빠지지 않았다.

그는 질문의 힘을 드와이트 아이젠하워 대통령에게 배웠다고 했다. 메리어트 회장의 아버지이자 메리어트호텔의 창업자 JW 메리어트와 아이젠하워 대통령은 친구였다. 1954년 아이젠하워 대통령 가족이 메리어트 가문 소유의 버지니아 주에 있는 농장을 방문했다. 눈보라가 몰아치는 혹한기였음에도 JW 메리어트는 메추라기 사냥을 나가자고 제안했다. 고민하던 아이젠하워 대통령은 난롯가에 옹기종기 모여 있던 양가 가족을 둘러봤다. 그러다가 당시 22세의 해군 소위였던 빌 메리어트에게 "빌, 자네는 어쩌고 싶나? 우리가 어떻게 해야 한다고 생각하나?"하고 물었다.

"그 질문을 받았을 때 전 충격을 받았습니다. 저는 그 방에 있던 사람 중 가장 어린 데다 해군 초급 장교였는데, 상대는 군 통수권자인 대통령이었습니다. 그런 그가 제게 의견을 물은 겁니다. 그게 아이젠하워 대통령이 조직을 운영하고 이끄는 방식이었습니다. 그런 리더십이 있었기에 그가 2차 대전 당시 드골, 패튼, 몽고메리 등 '미친' 장군들을 이끌고 전쟁을 승리로 이끌 수 있었던 겁니다. 아이젠하워는 그들에게 '어떻게 할까'라는 질문을 던져서 그들을 전쟁의 주요 결정에 참여시켰던 겁니다. 저는 리더십의 가장 중요한 덕목이 질문이라는 것을 그 겨울날 아이젠하워 대통령에게 배웠습니다."

이후 메리어트 회장은 기업 경영에 그 교훈을 적용했다. 오래전 메리어트호텔 경영진이 새로운 호텔 프로젝트에 관해 중간보고를 하려고 회의실에서 메리어트 회장을 기다리고 있었다. 그가 한껏 기대를 품었던 프로젝트였다. 그 자리에는 관련 부서의 최고 책임자들이 모두 모여 있었다. 몇 분 후 회의실에 도착한 메리어트 회장이 들뜬 목소리로 물었다.

"그래, 내 프로젝트가 어떤가?"

모두가 한목소리로 답했다.

"네, 회장님. 훌륭합니다. 아주 훌륭합니다."

그중 오직 한 사람만이 입을 떼지 않고 있었다. 이제 갓 임원이 된 사람이었다. 메리어트 회장이 그를 향해 질문을 했다.

"자네는 말이 없군. 자네 생각은 어떤가?"

그는 그 프로젝트가 장차 재앙이 될 수밖에 없는 이유를 조목조목 나열하기 시작했다. 그의 이야기를 다 들은 메리어트 회장은 잠깐 뜸을 들인 후 말했다.

"자네 말이 전적으로 옳군. 폐기하게."

참석자들은 입을 다물지 못했고, 프로젝트는 그것으로 완전히 폐기됐다.

"자네 생각은 어떤가?"

메리어트 인터내셔널 회장의 그 한마디 질문이 회사를 위기에서 구했다.

"네 생각은 어떠하냐?"는 예수님께서도 자주 사용하셨던 질문이다. 성전세를 받는 자들이 예수님께서 성전세를 내지 않는 것에 불만을 품고 제자들에게 따졌다. 예수님께서는 베드로에게 "네 생각은 어떠하냐?"고 질문하신 후 비유를 통해 다시 질문하셨다.

[마 17:24-26] 가버나움에 이르니 반 세겔 받는 자들이 베드로에게 나아와 이르되 너의 선생은 반 세겔을 내지 아니하느냐 :25 이르되 내신다 하고 집에 들어가니 예수께서 먼저 이르시되 <u>시몬아 네 생각은 어떠하냐</u> 세상 임금들이 누구에게 관세와 국세를 받느냐 자기 아들에게냐 타인에게냐 :26 베드로가 이르되 타인에게니이다 예수께서 이르시되 그렇다면 아들들은 세를 면하리라

예수님께서 한 영혼의 소중함에 대해 말씀하신 후 제자들에게 "너희 생각에는 어떠하냐?"고 질문하셨다. 그리고 난 후 비유를 전하셨다.

[마 18:12-14] 너희 생각에는 어떠하냐 만일 어떤 사람이 양 백 마리가 있는데 그 중의 하나가 길을 잃었으면 그 아흔아홉 마리를 산에 두고 가서 길 잃은 양을 찾지 않겠느냐 :13 진실로 너희에게 이르노니 만일 찾으면 길을 잃지 아니한 아흔아홉 마리보다 이것을 더 기뻐하리라 :14 이와 같이 이 작은 자 중의 하

나라도 잃는 것은 하늘에 계신 너희 아버지의 뜻이 아니니라

뿐만 아니라 예수님의 권위에 대해 도전하는 대제사장들과 장로들에게 "너희 생각은 어떠하냐?"라고 질문하신 후 비유를 전하셨다(마 21:23-31). 다음 내용은 앞서 소개한 『질문이 답을 바꾼다』에 나오는 이야기다.

앤드루 소벨은 30년 동안 기업 컨설턴트이자 코치로 활동한 유명 비즈니스 전략가이다. 그는 제조업 회사 사장인 존 커크만John Kirkman을 4주에서 6주마다 한 번씩 만나 사업 계획과 회사의 목표, 수익성과를 검토했다. 한 번은 존 커크만과 그의 회사 사무실에서 만나 이야기하는 중이었다.

"온 몸이 산산조각 나는 거 같아요. 정말 가슴이 찢어지는 듯해요. 이런 최악의 기분은 평생 처음입니다."

그는 울음을 터뜨리기 직전인 존 커크만 사장에게 물었다.

"존, 이런 모습은 처음 봅니다. 도대체 무슨 일이에요?"

존은 회사의 최고 재무책임자인 밥Bob이 10만 달러를 횡령한 사실을 알게 된 것이다. 밥은 처음에는 결백을 강하게 주장했지만 결국 자신의 잘못을 털어놓았다. 하지만 사라진 10만 달러 말고도 더 큰 문제가 있었다. 최고 재무책임자인 밥은 16년간 회사 임원으로 재직했다. 그는 사장 존이 비밀을 털어 놓을 수 있는 절친한 친구였다.

"그 친구한테는 내 목숨까지도 맡길 수 있었단 말입니다."

엄청난 충격이었다. 수십 년간의 우정과 신뢰가 한순간 무너지는 기분이었다. 그의 고백은 받아냈지만 그다음 어떻게 해야 할지 몰랐다.

"경찰에 신고를 해야 할까? 24시간을 주고 사임하라고 할까? 당장 해고하고 그의 사무실과 책상 열쇠를 받아낸 뒤 건물 밖으로 쫓아내야 하나?"

밥의 개인적인 사정에 대해서도 생각했다. 자녀가 아직 대학에 다니고 있다. 아내는 일을 하지 않는 가정주부다. 해고당하면 당장 그는 파탄에 이를 게 분명했다. 그런 생각을 하는 자신이 몹시 괴로웠다.

말없이 이야기를 듣고 있던 엔드루 소벨은 존 커크만 사장에게 이렇게 물었다.

"존, 당신이 그 입장이었다면 어떤 대우를 받고 싶을까요?"

그리고 3주 후에 그는 존 커크만 사장에게 전화를 걸어 물었다.

"밥의 일은 어떻게 됐어요?"

"그 친구를 용서했어요. 기회를 다시 줬어요. 특별한 순간이었지요. 밥과 부둥켜안고 울었습니다. 그리고 사라진 돈은 120일 안에 다시 채워 넣으라고 말했어요. 또 회사 사람들이나 그의 아내, 제 아내한테도 절대 이 일에 대해 말하지 않겠다고 약속했어요. 이번 사건은 우리 둘 사이에만 아는 일로 하기로 했어요. 그렇게 하는 게 옳은 일인 것 같아요."

그 사건 이후 밥은 전보다 훨씬 더 열심히 일했다. 이제 입사 25년을 넘기고 있다. 존과 밥은 여전히 절친한 친구이며 밥은 존이 가장 좋아하고 신뢰하는 비즈니스 대화 상대다.★

"존, 당신이 그 입장이었다면 어떤 대우를 받고 싶을까요?"

이 질문이 위기에 처한 두 사람을 구하고 모든 것을 정상으로 돌려놓는 해답이 된 것이다. 엔드루 소벨은 어디서 이런 강력한 힘을 가진 질문을 찾

★ 앤드루 소벨은 『질문이 답을 바꾼다』의 공동저자이다. 비즈니스 관계 형성법과 고객 충성도에 관한 연구로 유명하다. 비즈니스 전략가로 30년 동안 경영진을 위한 컨설턴트이자 코치로 활동했다. 그의 고객은 시티그룹(Citigroup), 제록스(Xerox), 코그니전트(Cognizant), 부즈 앨런 해밀턴(Booz Allen Hamilton) 등 명망 높은 기업들이다. 미들버리대학을 졸업하고 다트머스 터크 경영대학원에서 MBA를 취득했으며 「하버드 비즈니스 리뷰」, 「뉴욕타임스」, 「비즈니스위크」에 기고하고 있다.

았을까? 그는 말한다. 자신은 신약성경의 황금률을 질문으로 바꾼 것뿐이라고.

[마 7:12] 그러므로 무엇이든지 남에게 대접을 받고자 하는 대로 너희도 남을 대접하라 이것이 율법이요 선지자니라

앤드루 소벨은 그가 출석하고 있는 교회의 운영위원회 회장을 맡고 있는 신실한 그리스도인이다.

질문의 막강한 힘을 알고 계신 예수님

마태복음 6:25-31에서 예수님께서는 "목숨을 부지하려고 무엇을 먹을까 또는 무엇을 마실까 걱정하지 말고, 몸을 보호하려고 무엇을 입을까 걱정하지 말라"고 하신 후 "목숨이 음식보다 소중하지 않으냐? 몸이 옷보다 소중하지 않으냐?"라고 질문하신다.

예수님께서는 이 질문에 대한 대답을 공중에 나는 새와 들판에 핀 백합화, 들풀의 비유로 하셨다. 세상에는 1만 종 이상의 새들이 있다고 한다. "이 새들은 씨를 뿌리지도 않고, 거두지도 않고, 곳간에 모으지도 않지만 하나님께서 친히 책임지고 돌보시지 않느냐?"고 물으셨다.

또한 세상에는 25만 개의 현화식물들이 있는 것으로 알려져 있다. 이 많은 꽃들을 누가 돌보시는가? "들의 백합꽃이 어떻게 자라는가를 살펴보아라. 수고도 하지 않고, 길쌈도 하지 않는다. 하지만 하나님께서 친히 돌보시지 않느냐?"고 반문하셨다.

세상에 들풀은 또 얼마나 될까? "오늘 있다가 내일 아궁이에 들어갈 들풀까지도 하나님께서 이렇게 돌보고 계시는데 하나님의 자녀인 너희는 무엇을 먹을까, 무엇을 마실까, 무엇을 입을까 걱정하느냐?"고 물으셨다. 질문을 비유로 연결하여 진리를 전하신 것이다.

누가복음 10장에서 율법교사가 예수님께 "그러면 내 이웃이 누구입니까?"(29절)하고 물었다. 그러자 예수님께서는 그 질문을 비유로 연결하셨다. 예루살렘에서 여리고로 내려가다가 강도를 만나 죽게 된 사람을 피하여 간 사람들과 도와준 사람을 소개한 후, "네 생각에는 이 세 사람 중에 누가 강도 만난 자의 이웃이 되겠느냐?"(36절)고 다시 질문하셨다.

누가복음 15장에서 예수님께서는 바리새인들과 서기관들이 "왜 세리와 죄인들과 함께 먹고 마시느냐?"고 질문했을 때 어떻게 답변하셨는가? 잃었다가 다시 찾은 양, 잃었다가 다시 찾은 드라크마, 잃었다가 다시 찾은 아들 비유로 답변하셨다.

마태복음 21:23-42에서 예수님께서 대제사장들과 장로들의 질문에 어떻게 답변하셨는지 성경본문을 통하여 구체적으로 살펴보자.

> [마 21:23-46] 예수께서 성전에 들어가 가르치실새 <u>대제사장들과 백성의 장로들이 나아와 이르되 네가 무슨 권위로 이런 일을 하느냐 또 누가 이 권위를 주었느냐</u> :24 예수께서 대답하시되 나도 한 말을 너희에게 물으리니 너희가 대답하면 나도 무슨 권위로 이런 일을 하는지 이르리라 :25 <u>요한의 세례가 어디로부터 왔느냐 하늘로부터냐 사람으로부터냐</u> 그들이 서로 의논하여 이르되 만일 하늘로부터라 하면 어찌하여 그를 믿지 아니하였느냐 할 것이요 :26 만일 사람으로부터라 하면 모든 사람이 요한을 선지자로 여기니 백성이 무섭다 하여 :27 예수께 대답하여 이르되 우리가 알지 못하노라 하니 예수께서 이르시되 나도

무슨 권위로 이런 일을 하는지 너희에게 이르지 아니하리라 :28 그러나 너희 생각에는 어떠하냐 어떤 사람에게 두 아들이 있는데 맏아들에게 가서 이르되 얘 오늘 포도원에 가서 일하라 하니 :29 대답하여 이르되 아버지 가겠나이다 하더니 가지 아니하고 :30 둘째 아들에게 가서 또 그와 같이 말하니 대답하여 이르되 싫소이다 하였다가 그 후에 뉘우치고 갔으니 :31 그 둘 중의 누가 아버지의 뜻대로 하였느냐 이르되 둘째 아들이니이다 예수께서 그들에게 이르시되 내가 진실로 너희에게 이르노니 세리들과 창녀들이 너희보다 먼저 하나님의 나라에 들어가리라 :32 요한이 의의 도로 너희에게 왔거늘 너희는 그를 믿지 아니하였으되 세리와 창녀는 믿었으며 너희는 이것을 보고도 끝내 뉘우쳐 믿지 아니하였도다 :33 다른 한 비유를 들으라 한 집 주인이 포도원을 만들어 산울타리로 두르고 거기에 즙 짜는 틀을 만들고 망대를 짓고 농부들에게 세로 주고 타국에 갔더니 :34 열매 거둘 때가 가까우매 그 열매를 받으려고 자기 종들을 농부들에게 보내니 :35 농부들이 종들을 잡아 하나는 심히 때리고 하나는 죽이고 하나는 돌로 쳤거늘 :36 다시 다른 종들을 처음보다 많이 보내니 그들에게도 그렇게 하였는지라 :37 후에 자기 아들을 보내며 이르되 그들이 내 아들은 존대하리라 하였더니 :38 농부들이 그 아들을 보고 서로 말하되 이는 상속자니 자 죽이고 그의 유산을 차지하자 하고 :39 이에 잡아 포도원 밖에 내쫓아 죽였느니라 :40 그러면 포도원 주인이 올 때에 그 농부들을 어떻게 하겠느냐 :41 그들이 말하되 그 악한 자들을 진멸하고 포도원은 제때에 열매를 바칠 만한 다른 농부들에게 세로 줄지니이다 :42 예수께서 이르시되 너희가 성경에 건축자들이 버린 돌이 모퉁이의 머릿돌이 되었나니 이것은 주로 말미암아 된 것이요 우리 눈에 기이하도다 함을 읽어 본 일이 없느냐 :43 그러므로 내가 너희에게 이르노니 하나님의 나라를 너희는 빼앗기고 그 나라의 열매 맺는 백성이 받으리라 :44 이 돌 위에 떨어지는 자는 깨지겠고 이 돌이 사람 위에 떨어지면 그를 가루로 만들어 흩으리라 하시니 :45 대제사장들과 바리새인들이 예수의 비유를 듣고 자기들을 가리켜 말씀하심인 줄 알고 :46 잡고자 하나 무리를 무서워하니 이는 그들이 예수를 선지자로 앎이었더라

예수님께서 성전에서 가르치실 때 대제사장들과 장로들이 나와서 "네가 무슨 권위로 이런 일을 하느냐? 또 누가 이 권위를 주었느냐"고 물었을 때 이들의 질문에 어떻게 반응하셨는가? 질문과 비유로 답변하셨다.

"나도 너희에게 물을 것이 있는데 요한의 세례가 어디로부터 왔느냐? 하늘로부터냐 사람으로부터냐?"라는 질문으로 답변하셨다. 그리고 "너희 생각은 어떠하냐?"라는 질문과 함께 두 아들의 비유를 전하신 후 다시 물으셨다.

"그 둘 중에 누가 아버지의 뜻대로 하였느냐?"

"둘째 아들입니다."

예수님께서는 두 번째 비유, 포도원 소작인의 비유를 전하신 후 물으셨다.

"그러면 포도원 주인이 올 때에 그 농부들을 어떻게 하겠느냐?"

"그 악한 자들을 진멸하고 포도원은 제때에 열매를 바칠 만한 다른 농부들에게 세로 줄지니이다."

그들의 대답을 들으신 예수님께서 다시 질문하신다.

"너희가 성경에 건축자들이 버린 돌이 모퉁이의 머릿돌이 되었나니 이것은 주로 말미암아 된 것이요 우리의 눈에 기이하도다 함을 읽어 본 일이 없느냐?"

이처럼 질문을 비유로 연결하여 진리를 전하시는 것이 예수님의 설교 방법이다.

마태복음 22:16-21에서 바리새인들과 헤롯 당원들은 다시 예수님을 시

험하려고 물었다.

"가이사에게 세금을 바치는 것이 옳으니이까, 옳지 아니하니이까?"

"외식하는 자들아 어찌하여 나를 시험하느냐?"

예수님께서는 세금 낼 동전을 보여 달라고 하신 후 그들을 향하여 "이 형상과 이 글이 누구의 것이냐?"고 다시 물으셨다. 그들이 가이사의 것이라고 대답하자, 가이사의 것은 가이사에게, 하나님의 것은 하나님께 바치라고 하셨다. 바리새인들과 헤롯 당원들의 질문에 질문과 비유를 들어 답변하셨다. 예수님의 질문과 답변에 대한 저들의 반응은 어떠했는가?

[마 22:22] 그들이 이 말씀을 듣고 놀랍게 여겨 예수를 떠나가니라

[막 12:17] 그들이 예수께 대하여 매우 놀랍게 여기더라

바리새인들과 서기관들, 대제자장들과 장로들은 자주 올무를 쳐놓고 예수님을 잡으려고 유혹했다. 그럴 때마다 질문을 적극 활용하여 위기에서 벗어나셨다. 예수님의 질문은 말씀을 전개하는 중심축이다.

예수님께서는 열두 명의 제자들과 함께 유대인들이 대개 기피하는 사마리아 지역을 통과하는 중이었다. 작은 마을 외곽에 위치한 우물곁에 앉아 쉬고 계실 때 한 여인이 물을 길으려고 왔다. 예수님은 그 여인에게 물었다.

"나에게 물 한 잔 주겠소?"

사실 이 질문은 그 여인에게 굉장히 충격적인 질문이었다. 당시 유대인들은 사마리아 사람들을 혐오스럽고 부정하다고 여겼기 때문에 이들과 절대로 교제하지 않았다. 크게 놀란 여인은 "어떻게 내게 그런 부탁을 하십니까? 유대인은 사마리아인과 말을 섞으려 하지 않는데…."

예수님께서는 "나에게 물 한 잔 주겠소?"라는 질문을 통해 그 여인의 본질적인 문제로 접근해 갔다. 결국 그 여인은 영적 공허함과 사회적 소외감에서 벗어났다. 그녀는 예수님을 만난 후 완전히 변화되어 새로운 인생을 살게 되었다. 예수님의 질문은 잠긴 마음의 문을 활짝 열어젖히는 열쇠였다.

예수님께서는 빌립보 가이사랴 지방에서 제자들을 모아놓고 물으셨다.

"사람들이 인자를 누구라 하느냐?"

"어떤 이들은 세례 요한이라 하고, 어떤 이들은 엘리야라고 하고, 또 어떤 이들은 예레미야나 선지자들 중 하나라고 합니다."

무거운 침묵이 흘렀다. 예수님은 제자들의 눈을 응시하며 다시 물으셨다.

"너희는 나를 누구라 하느냐?"

베드로는 예수님을 바라보며 말했다.

"주는 그리스도시며 살아계신 하나님의 아들이십니다."

예수님께서는 질문을 통해 진리를 전하셨다. 질문은 진리로 연결하는 징검다리다.

널리 사용되는 소크라테스 질문법

소크라테스는 고대 그리스의 철학자요 교사다. 그는 누구보다 질문의 중요성을 알고 질문을 활용할 줄 아는 대가였다. 그는 강의나 훈계 대신 사고를 자극하는 질문을 툭툭 던지는 방법으로 제자들을 학습으로 이끌었다. 그러자 제자들의 마음속에 품은 생각들이 하나둘 밖으로 드러났다. 소크라테스는 질문을 통해 한걸음씩 핵심에 다가갔다. 이것을 '소크라테스 질문법' The Socratic Method 혹은 '소크라테스 문답법'이라고 한다.

소크라테스는 이 질문법을 어머니의 직업인 산파에 비유하여 '산파술'이라고 불렀다. 마치 아이를 잘 낳을 수 있도록 옆에서 산모를 도와주는 산파처럼, 끊임없이 질문을 하고 답변하게 하는 과정을 통해 자신의 무지를 자각하고 진정한 깨달음을 얻을 수 있도록 도와주는 방법이다. 즉, 교사는 산파이고 학생은 임산부, 낳은 아기는 질문을 통해 깨달은 지혜인 셈이다. 질문과 답변은 자신이 무엇을 알고 무엇을 모르는지를 확실히 깨닫게 해줄 뿐만 아니라 스스로 생각하는 능력을 키워 준다.

소크라테스 질문법을 하버드 로스쿨 수업에 처음으로 적용한 사람이 킹스필드W. Kingsfield, Jr. 교수다. 질문과 답변을 통해 수업을 이끌어 가는 모습이 미국에서 드라마와 영화로 제작되었다. 우리나라에는 『하버드의 공부벌레들The Paper Chase』이란 제목으로 80년대 초 방영된 바 있다.

32살의 나이로 한국계 최초의 하버드대 로스쿨 교수로 임용돼 화제가 된 인물이 있다. 석지영(미국명 Jeanie Suk) 교수다. 석 교수는 하버드 법대 교수로 2006년 임용되었다. 4년 후 2010년 교수단 심사에서 만장일치로 아시아 여성 최초로 하버드 법대 종신교수가 되었다.

나는 한 번도 1등을 한 적이 없다. 또한 1등을 바란 적도 없다. 암기도 거의 못했다. 산만하기까지 했다. 하지만 나는 질문을 많이 하는 편이었다. 우리 부모님은 내가 한국 교육 시스템에서는 성공 못했을 거라고 말씀하신다.*

어린 시절부터 질문을 많이 하고 성장한 석지영 교수는 질문이 가지고 있는 막강한 힘을 알고 있었다. 그녀는 하버드대 로스쿨 강의에서 소크라테스 문답법을 모든 학생에게 예외 없이 적용하는 혹독한 교수로 유명하다.

헨리 키신저Henry Kissinger는 미국 국무장관을 지낸 인물이다. 윈스턴 로드Winston Lord가 그의 특별 보좌관으로 있을 때의 일이다.

나는 외교정책 보고서를 열심히 작성해서 키신저 장관에게 제출했다. 다음 날 그가 나를 호출하더니 물었다. "이게 자네가 할 수 있는 최선인가?" 나는 대답했다. "그런 것 같습니다. 하지만 다시 한 번 해보겠습니다." 나는 보고서를 수정해서 며칠 후에 다시 제출했다. 다음 날 그가 부르더니 "이게 자네가 할 수 있는 최선이라고 확신하나?"하고 또 물었다. "글쎄요. 그렇게 생각하지만 다시 다듬어 보겠습니다." 이런 과정이 여덟 번 반복되고 여덟 개의 보고서를 작성했다. 매번 그는 같은 질문을 했다. 나는 몹시 짜증이 나서 이렇게 대답했다. "정말 머리를 쥐어짰습니다. 아홉 번째라고요. 제가 할 수 있는 최선입니다. 눈을 씻고 봐도 단어 하나 고칠 게 없습니다." 그러자 그가 나를 쳐다보더니 말했다. "그래? 그렇다면 이제 한 번 읽어 보지."

윈스턴 로드는 나중에 중국 대사와 미국 하원의원이 되었다. 그는 말하기를 "키신저 장관은 항상 '이게 자네가 할 수 있는 최선인가'를 반복해서 질문하는 혹독한 상사였다. 하지만 그 한마디 질문이 내 인생을 이렇게 변화시켰다"고 했다.

『정의란 무엇인가 Justice: What's the right thing to do?』의 저자로 우리에

★ 석지영 교수는 6세 때 부모를 따라 미국으로 이민을 갔다. 발레리나를 꿈꾸며 줄리아드 예비학교를 다니다가 예일대에서 프랑스 문학을 전공했고, 영국 정부의 마셜장학금으로 옥스퍼드대학에서 문학 박사가 됐다. 이후 하버드대 로스쿨에 들어가 2002년 졸업했다. 미국 대법원법률 서기, 뉴욕 맨해튼 검찰청 검사로 재직한 후 하버드 법대 교수가 되었다. 미국 아시아태평양 변호사협회 본부가 선정한 "40세 미만 최고의 변호사" 중 한 명이다. 『보스턴 글로브』지에서 뽑은 '2010년 가장 스타일리시한 25인의 보스턴인' 중 한 사람으로 선정되기도 했다. 뛰어난 예술가나 학자들에게 지원되는 구겐하임 펠로우십 Guggenheim Fellowship 수상자이며, 2010년에 '최고의 법률서적'에 수여하는 '허버트 제이콥 상' Herbert Jacob Prize을 받았고, 2011년에 '자랑스러운 한국인 상'을 수상했다.

게 널리 알려진 하버드대학 마이클 샌델 Michael J. Sandel 교수의 강의 내용을 살펴보자.

오늘은 '정의' 수업이다. 사례를 들어 볼까? 여러분이 전차 기관사라고 하자. 전차는 시속 100km로 달리고 있다. 철로 끝에는 인부 다섯 명이 작업을 하고 있다. 여러분은 전차를 멈추려 하지만 브레이크가 고장 나서 말을 듣지 않는다. 상황은 절박하다. 계속 달리면 다섯 명의 인부가 죽을 테니까. 정말 죽는다고 가정하자. 속수무책의 상황에서 비상철로가 눈에 보인다. 그런데 그곳에 인부 한 명이 일을 하고 있다. 핸들은 고장이 나지 않아서 비상철로로 방향을 돌릴 수는 있다. 그러면 한 명을 희생하고 다섯 명을 살릴 수 있다.

첫 번째 질문이다. 어떻게 해야 옳을까? 여러분이라면 어떻게 하겠는가? 비상철로로 핸들을 돌릴 사람은 손을 들어 보라. 곧장 달릴 사람은 손을 들어 보라. 몇 사람 빼고는 모두 핸들을 돌리겠다고 했다. 그렇다면 그렇게 판단한 근거는 무엇인가?

자, 이제 여러분은 기관사가 아니라 구경하는 사람이다. 여러분은 다리 위에 있고 전차가 달려와 다섯 명의 인부를 덮치기 일보직전이다. 옆에 뚱뚱한 한 사람이 기대고 있다. 여러분은 그를 밀어낼 힘이 있다. 그를 밀어 선로로 떨어뜨리면 다섯 명의 인부를 구할 수 있다.

어떻게 하겠는가? 자, 이제 첫 번째 사례와 두 번째 사례를 통해 우리가 찾아낸 답을 비교해 보자.*

★ 마이클 샌델 교수는 브랜다이스대학교를 졸업하고 27세에 하버드대학교 역사상 최연소 교수가 되었다. 29세에 자유주의 이론의 대가인 존 롤스의 정의론을 비판한 『자유주의와 정의의 한계, 1982』를 발표하면서 세계적인 명성을 얻었다. 1980년부터 30년간 하버드대학에서 정치철학을 가르치고 있다. 그의 '정의'(Justice) 수업은 20여 년 동안 최고의 명강의로 손꼽힌다. 이러한 명성으로 2008년 미국정치학회가 수여하는 최고의 교수로 선정되었다.

지난 20여 년간 하버드대학 14,000여 명의 학생들이 그의 강의를 들었다. 그의 강의는 하버드 학생들 사이에 최고의 강의로 평가받고 있다. 그는 하나의 가정된 이야기를 들려주며 학생들에게 여러분이라면 어떻게 하겠느냐는 질문을 통해 학생들의 참여를 이끌어 낸다. 학생들을 이야기 속의 주인공이 되게 하고, 또 스스로 질문하고 자신의 생각을 이끌어 내게 한다. 그의 수업은 처음부터 이야기로 시작한다. 그리고 계속된 질문을 통해 학생들을 참여시켜 수업에 몰입하게 한다.

마이클 샌델 교수는 하버드대학의 간판 교수다. 현재 정치철학 과목을 담당하고 있는 그는 누구보다 질문의 중요성과 효과를 알고 있다. 그는 어떤 주제로 강의를 하든지 사례를 스토리텔링으로 접근한 후 질문을 통해 학생들을 참여시킨다.

소크라테스는 "인간의 탁월함을 가장 훌륭하게 드러내는 방식은 자신과 타인에게 질문을 던지는 것"이라고 했다. 오늘날 전 세계 수많은 대학에서 소크라테스 질문법을 통해 학생을 가르친다. 이 방법을 활용하는 대표적인 곳은 하버드 경영대학원이다. 학교뿐만이 아니다. 경영에서, 마케팅에서, 상담에서, 면접에서 질문은 셀 수 없이 많은 영역에서 연구되고 활용되고 있다.

세상은 이처럼 각 분야에서 질문을 적극 활용하고 있다. 이유가 무엇인가? 질문이 갖고 있는 막강한 힘을 알고 있기 때문이다. 세상은 이미 질문의 중요성과 그 효과를 알고 있다. 그렇다면 이 시대 설교자들은 과연 질문의 힘을 알고 있을까?

예수님께서는 질문의 막강한 힘을 알고 적극 활용하셨다. 그래서 질문을 비유로 연결하든지, 아니면 다시 질문을 하여 진리를 전하셨다. 예수님의 질문은 진리의 핵심에 이르게 하는 출입문이다.

유대인에는 뭔가 특별한 것이 있다

　유대인은 세계 인구의 0.2%에 불과하지만 노벨상 수상자의 25% 이상을 차지하고 있다. 2013년에는 12명의 노벨상 수상자 중 6명이 유대인이었다. 전 세계 억만장자 상위 400명 중 15%를 차지한다. 전 뉴욕 시장 마이클 블룸버그, 페이스북 CEO 마크 주커버그, 마이크로소프트의 빌 게이츠, 스타벅스 창업주 하워드 슐츠, 스티븐 스필버그 영화감독과 금융의 대부 로스차일드 등 손꼽히는 경영인들은 물론이며 경영학의 대부 피터 드러커, 천재로 불리는 아인슈타인과 에디슨까지 그 수를 셀 수 없을 정도다.

　세계 경제에 막대한 영향력을 미치고 있는 강소국 이스라엘. 이스라엘의 창조적 에너지의 원천은 무엇일까? 어느 분야든지 최고가 될 수 있는 숨겨진 비법은 무엇일까?

　이스라엘에는 예시바Yeshiba라는 유대교 교육기관이 있다. 이곳에서는 유대교 경전인 토라Torah와 탈무드Talmud를 가르친다. 가르치는 곳이라기보다는 질문하고 토론하는 곳이다. 유대인은 누구나 성장과정에 따라 단계별 예시바 과정을 거친다. 예시바는 칸막이가 없는 도서관처럼 생겼는데, 이곳에서 '하브루타' havruta가 실시된다. 하브루타란 짝을 지어 질문하고 대화, 토론, 논쟁하는 유대인의 전통 학습법이다. 그래서 예시바는 늘 오래된 시장통처럼 시끄럽다. 이것은 3500년 동안 지속된 유대인 전통교육 방법의 핵심이다. 하브루타의 핵심은 '질문'이다.

　가정에서도 하브루타 교육방식은 이어진다. 부모들은 자녀들이 두려움 없이 가정에서 질문하고 토론하는 문화를 만들었다. 부모와 자녀가 짝을 이루어 질문하고 토론하는 방식의 교육은 어려서부터 가정에서 시작된다. 주로 탈무드의 이야기를 아버지가 스토리텔링을 통해 전한 후 하브루타 방식으로 부모와 자녀가 서로 짝을 이루어 질문하고 대답한다.

이스라엘의 학교 도서관은 세상에서 가장 시끄러운 도서관이다. 이들에게 도서관은 앉아서 조용히 공부하는 곳이 아니다. 하브루타 방식으로 서로 짝을 지어 질문을 하고 토론하는 장소다. 이곳에서 천재적인 사고가 자란다. 결국 학교 교육 역시 질문과 토론을 하는 체질과 습관을 기르는 것을 목표로 한다.

열띤 토론을 하는 하브루타 문화는 이스라엘 기업에서도 그대로 나타난다. 이스라엘 기업들의 회의실에서 시끄럽게 논쟁하는 모습들을 쉽게 볼 수 있다. 한눈에도 앳돼 보이는 신입사원이나 책임자급의 관리자도 토론에서는 나이나 직급은 무시된다. 편하게 질문하고 몇 시간씩 논쟁을 벌이더라도 전혀 문제가 되지 않는다. 직원들의 의견을 더 많이 들을수록 관리자는 옳은 판단을 할 수 있는 가능성이 더 커진다고 믿기 때문이다. 그렇다보니 이스라엘 기업에서는 상사의 지시를 그대로 수행하는 수동적인 직원은 드물다.

예수님께서도 어린 시절부터 하브루타 교육 환경 가운데서 성장하셨다. 누가복음 2:46-49은 예수님께서 열두 살이 되었을 때에 예루살렘 성전에서 있었던 일을 기록하고 있다. 요셉과 마리아는 예수님과 함께 유월절을 지키기 위해 예루살렘에 갔다. 그리고 돌아오는 길에 어처구니없는 일이 일어났다.

예수님의 부모는 유월절을 지내고 고향 나사렛으로 가는 길에, 그것도 하룻길을 간 뒤에야 아들 예수가 없어진 것을 발견했다. 예수님의 부모는 급히 예루살렘으로 돌아갔다. 사흘째 되던 날 예수님을 찾았는데, 예수님은 성전에서 랍비들과 토론하고 있었다.

[눅 2:46-47] 그가 선생들 중에 앉으사 그들에게 듣기도 하시며 묻기도 하시니 :47 듣는 자가 다 그 지혜와 대답을 놀랍게 여기더라

더욱이 어머니 마리아가 "얘야, 이게 무슨 일이냐? 네 아버지와 내가 너를 찾느라고 얼마나 애를 태웠는지 모른다"라고 말하자 예수님은 "어찌하여 나를 찾으셨습니까? 내가 내 아버지의 집에 있어야 할 줄을 알지 못하셨습니까?"(눅 2:48-49)라고 질문으로 대답하였다.

하지만 우리나라 환경은 어떤가? 대부분의 사람들은 질문하는 것을 어색해 하거나 두려워한다. 2010년 G20 폐막식 연설에서 오바마 대통령이 갑자기 한국 기자들에게 질문할 기회를 주었다.

"한국 기자들에게 질문권 하나를 드리고 싶군요. 정말 훌륭한 개최국 역할을 해 주셨으니까요."

"……"

"누구 없나요?"

당황한 걸까? 어색한 침묵이 흘렀다.

"한국어로 질문하면 통역이 필요할 것입니다. 사실 통역이 꼭 필요합니다."

그런데 이때 기자 한 명이 일어나서 질문을 했다. 하지만 안타깝게도 그 기자는 한국 기자가 아니었다.

"저는 중국 기자입니다. 제가 아시아를 대표해서 질문해도 될까요?"

"하지만 공정하게 말해서 저는 한국 기자에게 질문을 요청했어요. 그래서 제 생각에는…."

"한국 기자들에게 제가 대신해서 질문을 해도 되는지 물어보면 어떨까요?"

일이 이상하게 돌아가고 있었다. 한국 기자들은 무엇을 하고 있는 것일까? 오바

마 대통령이 말을 이었다.

"그건 한국 기자가 질문하고 싶은지에 따라서 결정되겠네요. 없나요? 아무도 없나요?"

"……"

다시 침묵이 흘렀다. 오바마 대통령은 한국 기자들을 향해 다시 한 번 물었다.

"없나요? 아무도 없나요?"

아무도 질문하지 않자 오바마 대통령은 난감해했다. 질문권은 결국 중국 기자에게 돌아갔다.

EBS 다큐프라임 「왜 우리는 대학에 가는가」 5부에서 방영되어 화제가 되었던 내용이다. 회견장의 한국 기자들이 끝까지 질문을 하지 않은 것을 보고 많은 사람들이 한심하다고 성토까지 했다.

우리나라 교육환경은 유대인들의 환경과 전혀 다르다. 유치원에서 대학까지 공부하면서 주입식 교육을 일관되게 받아왔다. 질문하는 법을 배우지 않았다. 솔직히 말해서 질문하는 법을 모른다. 학교에서는 질문을 하면 수업에 방해가 된다고 질문을 못하게 했다. 부모나 어른의 말에 질문을 하면 말대꾸를 한다고 야단을 맞았다. 그래서 대부분의 사람들은 질문하는 것을 어색해하거나 두려워한다. 더욱이 설교자로서 질문의 중요성, 질문의 효과, 질문을 활용하는 방법에 대해 구체적으로 배운 적이 없다.

신구약 성경, 특히 4복음서에는 수많은 질문들이 가득하다. 4복음서에서 질문은 비유와 함께 짝을 이루는 경우가 대부분이다. 비유가 회중을 참여시켜 변화를 이끌어 내는 도구였다면, 질문은 진리를 발견하고 삶에 적용하는 도구였다.

예수님께서는 풍랑 가운데 두려워하는 제자들을 향해 "너희 믿음이 어디 있느냐?"고 물으셨다.

예수님을 세 번이나 부인하고 도망친 베드로를 만났을 때는 "네가 나를 사랑하느냐?"고 반복해서 물으셨다.

열 명의 나병환자들이 고침을 받았지만 그중에 한 사람만 돌아와 예수님의 발아래 엎드려 감사할 때 "그 아홉은 어디 있느냐?"고 물으셨다.

같은 실수를 반복하며 깨닫지 못하는 제자들을 향해 "아직도 깨닫지 못하느냐?"고 물으셨다.

예수님을 따르던 사람들이 모두 떠나갈 때 남아 있는 제자들을 향해 "너희도 가려느냐?"고 물으셨다.

예수님의 설교에서 질문은 어떤 기능을 하는가? 진리의 핵심을 발견하도록 이끈다. 예수님의 질문은 아침 안개를 뚫고 비치는 눈부신 햇살처럼 문제의 본질을 명확히 일깨우는 역할을 한다.

또한 질문은 발견한 진리를 적용으로 이끈다. 예수님의 질문은 마치 군대의 선두에 서 있는 기병 대장처럼 진리를 개인적으로 적용하도록 이끄는 역할을 한다.

Chapter 10 예수님의 설교에서의 적용

설교, 예수님처럼 하라

제10장 예수님의 설교에서의 적용

돌직구 같은 직접적인 적용

내가 어릴 때 목회자이신 아버지께서는 어느 날 느닷없이 "성수야, 나를 따라 해 봐라"라고 하셨다. "뭘 따라 할까요?"라고 물으니, 아버지께서는 "공부, 공부, 공부, 공부, 공부!"라고 따라 하라고 하셨다. 나는 그 말을 들으면서 속으로는 "싫어, 싫어, 싫어, 싫어, 싫어!"라고 했지만 겉으로는 아버지께서 하라는 대로 했다. 아버지는 내가 공부를 못하는 것이 정말 안타까우셨는지 나에게 종종 그것을 따라 하게 하셨다.

현재 대구동신교회를 담임하고 있는 권성수 목사의 간증이다. 설교자와 회중 사이에도 이런 현상이 일어나고 있지는 않을까? 브라이언 채플은 회중이 설교 중에 가장 귀를 기울이지 않는 부분이 바로 적용이라고 했다. 그렇다고 설교자가 적용을 피할 수는 없다. 그렇다면 회중의 거부를 최소화시키기 위해서 어떻게 해야 할까?

만일 권성수 목사의 부친께서 아들에게 청개구리 이야기를 먼저 들려주었으면 어땠을까?

옛날 옛적에 청개구리 엄마와 아들이 개울가에 살았다. 그런데 아들 청개구리는 어찌나 말을 듣지 않는지, 엄마의 말을 안 들어도 너무 안 들었다. 엄마가 "들에 가서 놀아라"하면, "싫어! 나는 산에 가서 놀 테야." "이쪽으로 가거라"하면, "싫어! 나는 저쪽으로 갈 테야." "얘야, 개굴개굴 울어라"하면 "싫어! 나는 굴개굴개하고 울 테야" 했다.

앉으라고 하면 일어나고, 일어나라 하면 눕고, 아들 청개구리는 엄마의 말을 따르지 않고 덮어놓고 반대로만 했다.

"넌 누굴 닮아 그렇게 말을 안 듣니?"하고 야단을 쳐도 소용이 없었다. 아들 청개구리가 너무 말을 안 들어서 엄마 청개구리는 마음이 아팠다. 그러다 병이 들어 자리에 눕게 되었다. 아들 청개구리는 걱정이 되어 "엄마, 죽지 마. 내가 잘 못했어. 이제 엄마 말씀 잘 들을게"하고 지난날의 잘못을 뉘우치며 후회했지만 엄마의 병은 더 깊어만 갔다.

엄마 개구리는 죽으면서 "얘야, 내가 죽으면 산에 묻지 말고 꼭 시냇가에 묻어라"고 유언을 했다. 엄마가 무슨 일을 시키면 언제나 거꾸로 하는 녀석이라서 시냇가에 묻으라 하면 산에 묻을 줄 알고 그렇게 유언을 한 것이다. 그런데 청개구리는 엄마 개구리가 죽자, 지난날을 후회하며 슬피 울었다.

그래서 청개구리는 "엄마의 마지막 소원이니 꼭 지켜 드려야지"하고 엄마를 시냇가에 묻었다. 엄마를 시냇가에 묻고 난 후 비가 억수같이 내리기 시작했다. 청개구리는 "아이고, 큰일 났네. 우리 엄마 무덤이 떠내려가면 어쩌나?"하고 가슴을 치며 '개굴개굴' 하고 울었다. 그래서 청개구리는 비가 내리기만 하면 지난날의 잘못을 후회하며 슬피 울어대는 것이란다.

청개구리 이야기를 들려주고 난 후 "성수야, 공부도 때가 있단다. 지금 아빠의 말을 듣지 않으면 나중에 청개구리처럼 두고두고 후회하게 된단다"라고 말했다면 어땠을까? 하지만 권성수 목사의 부친은 아들에게 "공부, 공부, 공부, 공부, 공부!"라고 따라 하게 했다. 이른바 직접적인 적용을 한 것이다. 아들의 반응은 어떻게 나타났는가? 아들은 속으로 "싫어, 싫어, 싫어, 싫어, 싫어!"하고 반응했다. 직접적인 적용은 돌직구와 같아서 반발을 일으킬 수 있다.

오스틴 터커Austin B. Tucker 박사는 *The Preacher as Storyteller: The Power of Narrative in the Pulpit*에서 이야기의 다섯 가지 기능을 소개했다.

첫째, 이야기는 기억 속에 찰싹 달라붙는다.
둘째, 이야기는 설득력이 있다.
셋째, 이야기는 진리를 분명하게 한다.
넷째, 이야기는 설교에 미학적 가치를 더해 준다.
다섯째, 이야기 속에서 우리는 자신을 본다.★

김자영 교수는 "부모님께 효도하라"는 말보다는 인당수에 자신의 몸을 던진 심청이의 이야기를 먼저 들려 준 후, "부모님께 효도하라"고 하면 공감과 설득을 효과적으로 이끌어 낼 수 있다고 했다.

하지만 다니엘 오버도르프 Daniel Overdorf 교수는 『설교를 적용하기 *Applying the Sermon*』에서 순서를 바꾸어 이야기한다. 사람들에게 영향을

★ 오스틴 터커 박사는 이스트텍사스침례대학(B.A)과 사우스웨스턴 침례신학대학원(B.D, Th.D.)을 졸업했다. 30년 동안 목회사역을 감당했으며 지금은 루이지아나 주를 중심으로 목회자들을 위한 세미나 강사로 활동하고 있다.

주고 변화를 일으키려면 적용은 직접적으로 하고, 예화를 통해 증명해야 한다고 했다.★

백동조 목사는 『적용이 있는 효과적인 이야기식 설교』에서 혼합적용의 효과에 대해 다음과 같이 밝히고 있다.

이야기식 설교의 특성상 혼합적인 적용이 가장 효과적인 적용 방법이 될 수 있다. 그리고 이야기식 설교의 적용을 혼합적인 적용이 되게 하는 것은 어렵지 않은 일이다. 왜냐하면 이야기식 설교는 이미 간접적인 적용을 시도하고 있는 방법론이기 때문이다. 여기에 직접적인 적용을 의도적으로 제시할 때 혼합적인 적용이 자연스럽게 이뤄질 수 있다. …간접적인 적용도 분명히 효과적인 측면이 있지만 그것만으로는 불충분하다.★

미국 IVF 간사로 많은 성경공부 교재를 저술한 잭 쿠하쉑Jack Kuhaschek은 "간접적인 적용은 단지 예를 제시할 뿐이며 직접적인 적용을 통해 그것이 무엇을 의미하는지 밝혀야 한다"고 했다.

하지만 논리적인 설명에 의존하는 설교에서는 간접적인 적용이 불가능하기 때문에 직접적인 적용을 할 수밖에 없다. 문제는 직접적인 적용이 회중들에게 우격다짐처럼 느껴져 자칫 반발을 일으킬 수 있다는 점이다.

★ 다니엘 오버도르프 박사는 고든콘웰신학교에서 목회학 석사학위와 설교학 박사학위를 받았다. 10년 넘게 목회를 했으며, 현재 설교학과 목회학을 가르치고 있다. 복음주의 설교학회(Evangelical Homiletical Society)의 회원이다.

★ 백동조 목사는 총신대학교 신학대학원을 졸업하고 동대학원 설교학 석사(Th.M.)와 박사(Th.D.)학위를 취득하였다. 현재 총신대학교 신학대학원에서 목회학과 설교학을 강의하고 있다. 포스트모던시대에 가장 적합한 설교는 이야기식 설교(narrative preaching)라고 주장한다. 목포 사랑의교회를 담임하고 있다.

이제 구약성경 사무엘하 12:1-10에 있는 나단 선지자의 설교를 「쉬운 성경」 버전으로 살펴보자.

> 여호와께서 나단을 다윗에게 보내셨습니다. 나단은 다윗에게 가서 이렇게 말했습니다.
> "어떤 성에 두 사람이 있었습니다. 한 사람은 부자였고, 다른 사람은 가난했습니다. 부자에게는 양과 소가 아주 많았습니다. 하지만 가난한 사람에게는 사서 키우는 어린 암양 한 마리밖에 없었습니다. 가난한 사람은 그 양을 먹여 길렀습니다. 양은 가난한 사람의 아이들과 함께 자랐습니다. 양은 가난한 사람이 먹을 음식과 마실 물을 나누어 먹으며 자랐습니다. 양은 가난한 사람의 팔에서 잠을 잤습니다. 양은 가난한 사람에게 마치 딸과도 같았습니다. 그런데 어떤 나그네가 부자를 찾아왔습니다. 부자는 나그네에게 음식을 대접하고 싶었습니다. 그러나 부자는 나그네에게 음식을 주기 위해 자기의 양이나 소를 잡고 싶지는 않았습니다. 그 대신 부자는 가난한 사람의 양을 빼앗았습니다. 부자는 그 양을 잡아서 나그네를 위해 음식을 만들었습니다."
> 다윗은 그 부자에 대해서 크게 화를 냈습니다.
> "살아 계신 여호와께 맹세하지만 이 일을 한 사람은 죽어야 한다. 그 사람은 그런 일을 한 대가로 양을 네 배로 갚아 주어야 한다. 그는 무자비한 사람이다."

나단 선지자가 전해 준 이야기를 듣고 다윗 왕은 어떻게 반응하는가?

"살아 계신 여호와께 맹세하지만 이 일을 한 사람은 죽어야 한다. 그 사람은 그런 일을 한 대가로 양을 네 배로 갚아 주어야 한다. 그는 무자비한 사람이다."

비유를 통한 간접적인 적용이 적중한 것이다. 나단 선지자는 곧바로 직접적인 적용으로 나아간다. 7-10절까지는 다윗 왕을 향한 나단 선지자의 직접적인 적용이다.

> 그러자 나단이 다윗에게 말했습니다. "왕이 바로 그 사람입니다. 이스라엘의 하나님 여호와께서 이렇게 말씀하십니다."
>
> "나는 너를 이스라엘의 왕으로 세워 주었다. 나는 너를 사울에게서 구해 주었고 사울의 나라와 사울의 딸을 아내로 너에게 주었다. 그리고 나는 너를 이스라엘과 유다의 왕으로 세워 주었다. 너에게 부족한 것이 있었다면 나는 너에게 더 많은 것을 주었을 것이다. 그런데 너는 왜 나 여호와의 명령을 무시했느냐? 왜 나 여호와가 악하다고 말씀한 일을 했느냐? 너는 헷 사람 우리아를 암몬 사람들 칼에 죽게 했다. 그리고 너는 그의 아내를 빼앗아 네 아내로 만들었다. 그러니 이제 너의 집안에는 언제나 칼로 죽는 사람이 있을 것이다. 네가 나를 존경하지 않음을 내가 보았기 때문이다. 너는 헷 사람 우리아의 아내를 빼앗았다."

나단 선지자의 설교는 간접적인 적용인가 아니면 직접적인 적용인가? 먼저 비유를 통해 간접적인 적용을 한 후 크게 화를 내는 다윗 왕을 향해 "왕이 바로 그 몹쓸 부자입니다" 하고 직접적인 적용을 했다.

만일 나단 선지자의 설교가 새 설교학자들의 주장처럼 간접적인 적용에서 머물렀다면 어떻게 되었을까? 다윗의 회개를 이끌어 내지 못했을 것이다. 반대로 간접적인 적용 없이 다윗 왕에게 직접적인 적용을 했다면 어떻게 되었을까? 나단 선지자는 죽음을 면하지 못했을지도 모른다.

적용의 효과적인 측면에서 볼 때 간접적인 적용만으로는 불충분하다. 그렇다고 대부분의 설교자들이 즐겨하는 직접적인 적용을 하면 돌직구를 던지는 투수처럼 마음은 시원(?)할지 모르지만 회중은 거부감을 갖거나 반발하게 된다. 간접적인 적용은 직접적인 적용으로 가는 징검다리가 되어야 한다.

예수님의 설교에 나타난 적용

새 설교학의 지평을 연 프래드 B. 크래독Fred B. Craddock 박사는 『권위 없는 자처럼As One without Authority』에서 지금까지 설교자가 결론을 내리고 적용을 촉구했던 권위를 이제는 회중이 나름대로 결론을 내리고, 회중 스스로가 적용하도록 넘겨주어야 한다고 했다. 설교자가 적용과 촉구 혹은 결론을 제시하는 것은 횡포요, 회중의 모든 자유를 강탈하는 것이라고 한다. 예수님의 비유처럼 적용을 직접적으로 제시하지 말고 회중에게 맡겨놓자고 했다. 예수님께서는 회중에게 적용을 맡기고 적용 없이 설교를 마쳤다는 것이다.★

크래독 박사의 주장이 정말 사실일까? 예수님께서 적용을 어떻게 하셨는지 먼저 누가복음 10장에서 살펴보자.

> [눅 10:29-37] 그 사람이 자기를 옳게 보이려고 예수께 여짜오되 그러면 내 이웃이 누구니이까 :30 예수께서 대답하여 이르시되 어떤 사람이 예루살렘에서 여리고로 내려가다가 강도를 만나매 강도들이 그 옷을 벗기고 때려 거의 죽은 것을 버리고 갔더라 :31 마침 한 제사장이 그 길로 내려가다가 그를 보고 피하여 지나가고 :32 또 이와 같이 한 레위인도 그 곳에 이르러 그를 보고 피하

★ 프래드 B. 크래독 박사는 필립스대학(B.D.)과 벤더빌대학(Ph.D.)에서 공부했다. 에모리대학에서 설교학과 신약학 교수로 재직하다가 은퇴했다. 현재는 같은 학교 명예교수로 강의와 세미나를 인도하고 있다. 뉴스위크지가 선정한 영어권의 12대 설교자 중 한 사람으로 선정된 바 있다.

여 지나가되 :33 어떤 사마리아 사람은 여행하는 중 거기 이르러 그를 보고 불쌍히 여겨 :34 가까이 가서 기름과 포도주를 그 상처에 붓고 싸매고 자기 짐승에 태워 주막으로 데리고 가서 돌보아 주니라 :35 그 이튿날 그가 주막 주인에게 데나리온 둘을 내어 주며 이르되 이 사람을 돌보아 주라 비용이 더 들면 내가 돌아올 때에 갚으리라 하였으니 :36 네 생각에는 이 세 사람 중에 누가 강도 만난 자의 이웃이 되겠느냐 :37 이르되 자비를 베푼 자니이다 예수께서 이르시되 가서 너도 이와 같이 하라 하시니라

율법교사는 예수님께 "내 이웃이 누구입니까?"(29절)하고 물었다. 그러자 예수님께서는 비유로 예루살렘에서 여리고로 내려가다가 강도를 만나 죽게 된 사람을 피하여 간 사람들과 도와 준 사람을 소개했다. 그리고 난 후 "네 생각에는 이 세 사람 중에 누가 강도 만난 자의 이웃이 되겠느냐"(36절)고 질문하셨다. 그러자 율법사는 "자비를 베푼 자니이다"(37절)라고 대답했다. 그때 예수님께서는 율법사를 향해 "가서 너도 이와 같이 하라"(37절)고 직접적인 적용을 하셨다.

선한 사마리아인 비유 속에는 이미 간접적인 적용이 포함되어 있지만 예수님께서는 간접적인 적용에 머물지 않고 직접적인 적용을 하신 것이다.

이와 똑같은 현상은 요한복음 13장에서도 나타난다.

[요 13:3-5, 12-15] 저녁 먹는 중 예수는 아버지께서 모든 것을 자기 손에 맡기신 것과 또 자기가 하나님께로부터 오셨다가 하나님께로 돌아가실 것을 아시고 :4 저녁 잡수시던 자리에서 일어나 겉옷을 벗고 수건을 가져다가 허리에 두르시고 :5 이에 대야에 물을 떠서 제자들의 발을 씻으시고 그 두르신 수건으로 닦기를 시작하여… :12 그들의 발을 씻으신 후에 옷을 입으시고 다시 앉아 그

들에게 이르시되 내가 너희에게 행한 것을 너희가 아느냐 :13 너희가 나를 선생이라 또는 주라 하니 너희 말이 옳도다 내가 그러하다 :14 내가 주와 또는 선생이 되어 너희 발을 씻었으니 너희도 서로 발을 씻어 주는 것이 옳으니라 :15 내가 너희에게 행한 것 같이 너희도 행하게 하려 하여 본을 보였노라

예수님께서는 유월절 전에 겉옷을 벗고, 수건으로 허리를 두르신 후 대야에 물을 떠서 제자들의 발을 씻고 수건으로 닦아 주셨다. 제자들의 발을 씻은 후 "내가 너희에게 행한 것을 아느냐?"고 물으셨다. 그리고 제자들을 향하여 "내가 주와 또는 선생이 되어 너희 발을 씻었으니 너희도 서로 발을 씻어 주는 것이 옳으니라. 내가 너희에게 행한 것같이 너희도 행하게 하려 하여 본을 보였노라"(14-15절) 하고 직접적인 적용을 하셨다. 예수님께서 친히 섬김이 무엇인지를 몸소 보여 주심으로 제자들에게 간접적인 적용을 한 후 다시 직접적인 적용으로 이끌었다.

이 외에도 예수님께서 직접적으로 적용한 사례는 얼마든지 있다. 마태복음 8:21-22에서, 어떤 사람이 예수님께 이르되 주님을 따르고 싶으나 그렇게 할 수 없는 사정을 이야기했다. 아버지가 죽었으니 먼저 장사를 지낸 후 예수님을 따르겠다고 했다. 예수님께서는 그 사람을 향해 "죽은 자들이 그들의 죽은 자들을 장사하게 하고 너는 나를 따르라"고 하셨다.

마태복음 19:16-21에는 한 부자 청년과 예수님의 대화가 나온다. 그 청년은 "선생님이여 내가 무슨 선한 일을 하여야 영생을 얻을 수 있습니까?" 하고 물었다. 예수님께서는 십계명을 지킬 것을 말씀하셨다. 그러자 그 청년은 "내가 모든 계명들을 다 지켰는데 아직 부족한 것이 무엇입니까?" 하고 다시 물었다. 예수님께서는 그에게 "네가 온전하고자 할진대 가서 네 소유를 팔아 가난한 자들에게 주라. 그리하면 하늘에서 보화가 네게 있으

리라. 그리고 와서 나를 따르라"고 말씀하셨다.

강해설교의 대가로 알려진 해돈 로빈슨 박사는 "설교의 적용은 양파의 껍질을 벗기는 것과 같다. 처음에는 쉬워 보인다. 하지만 껍질을 하나하나 벗길 때마다 설교자에게 남는 것은 눈물이다"라고 했다. 강해설교에서 직접적인 적용이 어려운 이유는 뭘까? 성경의 내용을 강해하고 설명해 주는 강해설교에서 논증적인 설명은 피할 수 없다. 그러므로 논리적인 설명을 통해 회중에게 직접적인 적용을 하는 것은 매우 부담스러운 일이다.

이것은 명제를 중심으로 논증적인 설명 형태를 가진 3대지 설교에서도 마찬가지다. 매우 숙련된 설교자라 할지라도 3대지 설교를 통해 회중에게 직접적인 적용을 하는 것 또한 쉽지 않은 일이다.

그러므로 예수님처럼 비유를 통해 먼저 간접적인 적용을 한 후에 직접적인 적용을 하는 것이 가장 이상적인 방법이다. 구약의 선지자들과 예수님께서는 간접적인 적용의 단계를 거쳐 직접적인 적용으로 나아갔다. 인간의 심리를 이해하는 얼마나 탁월한 하나님의 방법인가? 이 점은 모든 설교자가 반드시 유념해야 할 사항이다. 예수님이나 선지자들처럼 스토리텔링을 통해 간접적인 적용을 한 후 직접적인 적용으로 나아간다면 적용은 결코 어려운 일이 아니다.

그렇다면 설교에서 적용은 누구의 몫인가? 새 설교학자들의 주장처럼 회중들의 몫인가 아니면 설교자가 감당해야 할 몫인가? 일부 학자들의 주장처럼 적용은 성령님께 맡겨야 하는가? 만일 설교자가 성경 본문을 강해하고 필요한 예화를 회중에게 들려준 후, 적용을 회중이나 성령님께 맡기고 강단을 내려온다면 어떨까?

탈봇신학교 도널드 스누키안Donald R. Sunukjian 설교학 교수의 말을 빌리면, 그 자신은 진리를 증거했다고 확신할지 모르지만 그는 스스로 속고 있는 것이다.

사우스이스턴 신학대학원 그렉 하이슬러 설교학 교수는 성령님은 설교자를 통하여 회중이 실천해야 할 것들을 제시한다. 그러므로 설교자는 성령님의 인도를 받아 적실한 적용을 하여 회중의 삶에서 더 많은 열매를 맺게 해야 한다고 했다. 적용은 한마디로 설교자의 몫이다.

설교의 최우선 적용 대상

설교를 듣는 대상이 다양한 것처럼 적용 대상도 다양하다. 설교를 듣는 회중들은 남녀노소, 건강한 사람과 병든 사람, 가난한 사람과 부유한 사람, 많이 배운 사람과 배우지 못한 사람, 어리석은 사람과 지혜로운 사람, 성숙한 사람과 미숙한 사람, 정직한 사람과 거짓말을 잘하는 사람, 영에 속한 사람과 육에 속한 사람 등의 다양한 범주에 속해 있다.

그렇다면 설교자는 말씀을 누구에게 먼저 적용해야 하는가? 찰스 브리지스Charles Bridges 목사는 『참된 목회The Christian Ministry』에서 "설교자 자신에게 먼저 설교되지 않았다면 결코 바르게 설교된 것이 아니다. 메시지를 먼저 설교자 마음에 적용하는 것이 회중에게 하나님의 일들에 대한 깊고 무게 있는 감동을 전달하는 최선의 방법이다"라고 했다.★

★ 찰스 브리지스(1794~1869) 목사는 영국 국교회 복음주의의 설교자요 신학자였다. 1817년 목사 안수를 받고 써포크의 올드 뉴턴의 교구목사로 26년간 시무하다가 1849년 이후부터는 영국 국교회의 지도적인 역할을 감당하였다. 브리지스는 당대의 위대한 설교자로 명성이 높았다. 그의 수많은 저작은 설교의 황태자라 불리우는 스펄젼 목사로부터 많은 찬사를 받았다. 1829년에 쓰여진 『참된 목회』는 목회와 목양에 관한 한 최고의 고전으로 확고하게 자리를 잡게 되었다. 본고장 스코틀랜드뿐 아니라 오늘날 영미권의 신학생들과 목회자들의 필독서로 읽혀지고 있다.

화란의 개혁주의 설교학자 트림프C. Trimp 교수는 "설교자는 교인들 앞에 항상 자신을 두어야 한다"고 했다.

이동원 목사도 『그 말씀』에 소개된 "강단 설교와 삶의 적용"에서 설교의 최우선 적용 대상은 설교자 자신이 되어야 한다고 강조한다.

나는 여러분이 다른 것은 다 잊어버려도 꼭 기억해야 할 제일 중요한 한 가지 원칙을 강조하고 끝내려고 한다. 무엇보다 설교자는 본문을 먼저 자신의 삶에 적용해야 한다고 믿는다. 성경 본문이 내 삶속에 어떻게 적용되어야 하는지에 관한 확신과 결단이 없다면 우리는 자신을 속이는 설교를 하고 있는 것이다. 그러므로 우리가 효과적인 적용을 생각하기에 앞서 이 말씀이 내게는 어떻게 적용되어야 할지를 묵상하다 보면 뜻밖에 우리는 놀라운 적용의 재료들을 많이 끌어낼 수가 있다.★

해돈 로빈슨Haddon Robinson 교수도 적용 대상에 대해 다음과 같이 이야기한다.

성경적 설교는 본문을 문맥에 맞게 문법적, 역사적, 문학적으로 연구하여 그 중심사상을 살핀 후에 먼저 설교자의 인격과 삶에 그 본문을 적용하여야 하고, 그다음에는 청중에게 적용하여야 한다.

그렉 하이슬러Greg Heisler 교수는 『성령이 이끄는 설교SPIRIT-LED

★ 이동원 목사는 미국 사우스이스턴 침례신학대학원에서 신학 석사학위를, 트리니티 복음주의신학교에서 선교신학 박사학위를 취득했으며, 리버티 침례신학교에서 명예신학 박사학위를 받았다. 지정의(知情意)의 균형 잡힌 설교로 수많은 영혼을 주님 앞으로 인도한 이 시대의 대표적인 복음 설교자다. 지구촌교회를 창립하여 원로목사가 된 그는 현재 한국교회와 세계교회를 향한 비전을 품고 새로운 도약의 길을 걷고 있다.

Preaching』에서 설교를 듣는 회중들은 설교자가 말씀을 적용하며 사는 모습을 보고 싶어 한다. 설교자가 자신에게 적용한 후 그 말씀을 회중에게 구체적으로 적용하는 일은 필수적인 것이라고 한다.

적용에 있어서 성령과 파트너가 되는 첫 번째 열쇠는 설교자가 설교하는 성경적인 진리로 먼저 설교자 자신의 마음에 적용되어야 한다는 것이다. 우리는 이미 하나님 말씀의 진리에 의해서 감동받고 변화된 마음을 가지고 설교해야 한다. 우리는 이미 우리 자신의 실제 삶에서 적용의 과정을 시작했다. 그러므로 우리가 청중에게 설교할 때는 변화 중에 있는 마음으로부터 변화를 요구하는 것이다. 나는 설교자가 자신의 개인과 가정생활에서 진리의 말씀대로 살고 있다는 진정한 고백을 청중들이 들어야 한다고 생각한다. …회중들은 설교자가 강단에서 말씀을 전하는 모습이 아닌, 매일 일상생활 중에서 실제적으로 그 말씀을 따라 적용하면서 사는 모습을 보고 싶어 한다. 만일 설교자가 "마음과 마음이 통하는" 설교를 원한다면, 설교자는 먼저 그 진리를 자신의 마음에 적용해야 한다. 그 결과로 회중들은 설교자를 변화시키는 하나님의 말씀의 능력을 보게 될 것이다.★

김동호 목사는 '설교는 단순한 성경강해가 아니라 삶의 나눔'이라고 정의한다. 설교자는 자신의 삶을 회중들과 나누어야 한다는 것이다. "떨어지면 죽습니다"라는 제목의 설교에서 설교에 대한 자신의 입장을 다음과 같이 피력한다.

제 설교에는 제 개인적인 이야기가 참 많습니다. 신학교에서 설교학을 배울 때

★ 그렉 하이슬러 교수는 미국 남침례신학대학원에서 목회학 석사(M.Div.)와 박사(Ph.D.)학위를 받았다. 현재 노스캐롤라이나 주 사우스이스턴신학대학원 설교학 교수로 재직하고 있다.

금기시 하던 일인데 저는 그 금기를 깨고 개인적인 이야기를 참 많이 합니다. 설교는 강해를 근본으로 해야 하지만 설교가 강해에서 끝난다면 그것은 강해지 설교는 아니라고 생각합니다.

제가 이해하고 선택한 설교는 단순한 성경강해가 아닌 삶의 나눔입니다. 그래서 저는 저의 설교를 예수 믿고 사는 이야기라고 풀었습니다. 평생을 그렇게 설교하다 보니 제 유형의 설교도 설교로 인정해 주는 분위기입니다. '스토리텔링'이라고 하는 설교의 유형입니다.*

설교자는 회중 앞에 서기 전에 하나님 앞에 서야 하고, 회중에게 말하기 전에 먼저 하나님의 말씀을 들어야 하고, 회중을 향하여 설교하기 전에 자신에게 먼저 설교해야 한다. 그러므로 설교자는 적용에서 자신을 최우선 순위에 두어야 한다. 그리고 난 후 회중에게 적용해야 한다.

적용이 없는 설교는 미완성의 설교

제이 E. 아담스 박사는 『그 말씀』에 소개된 "참된 적용이란 무엇인가?"에서 적용의 필연성을 강조한다. 그리고 자신의 설교에서 적용 사례를 소개하고 있다.

저는 여러분이 아주 뿌리 깊은 기독교 유산을 가지고 있다는 것을 알고 있습니다. 여러분은 세례를 받았고, 정규적으로 교회에 출석하며, 선한 사업에 금전을 드

★ 김동호 목사는 장로회신학대학교와 동대학원을 졸업하고 맥코믹신학대학원 목회학 박사과정을 수료했다. 2008년 말 교회 분립을 단행, 현재 국내외에 교회를 세워 '높은뜻' 정신을 함께 나누고 있다.

리고 있으며, 여러분 자신을 그리스도인이라고 부르고 있습니다. 그러나 여러분은 그리스도인이 아닐 수 있습니다. 여러분은 주일학교 교사일 수도 있습니다. 집사나 장로일 수도 있습니다. 그러나 그것은 중요하지 않습니다. 이것을 가지고 하늘나라에 갈 수는 없습니다. 자신들이 하늘나라에 갈 수 있다고 생각했으나 현재 지옥에서 고생하고 있는 수많은 서기관들과 바리새인들을 보십시오. 거듭남, 새로운 출생, 이것은 사활이 걸린 중요한 문제이기 때문에 이것에 관해 실수가 없도록 확실히 해두어야 합니다. 이것은 실수가 용납되지 않는 문제입니다. 새로운 출생에 대해 예수님께서 무엇이라고 말씀하고 있는지 요한복음 3장으로 가봅시다.

브라이언 채플Bryan Chapell 박사는 『그리스도 중심의 설교 Christ-centered Preaching』에서 훌륭한 설교는 적용이 반드시 필요하다고 역설했다. 또한 설교자는 회중이 하나님의 진리를 자신의 삶에 적용하는 방법을 스스로 터득할 것이라고 생각해서는 안 되며, 사람들이 필요로 하는 적용 방법을 확실하게 제시해 주어야 한다고 했다. 적용은 설교자의 몫이요 설교자의 임무라는 것이다. 만일 적용이 없다면, 설교자가 설교를 할 이유가 없다. 왜냐하면 적용이 없는 진리는 쓸모가 없기 때문이다. 설교는 진리를 선포할 뿐만 아니라 그 진리를 적용하는 데까지 나아가야 한다. 하나님께서 사람들에게 무엇을 요구하시는지 설명하기 전까지는 설교를 완벽하게 끝마쳤다고 할 수 없다고 했.*

★ 브라이언 채플 박사 1994년 미국 커버넌트신학교 총장으로 선임돼 재직 중이다. 1984년부터 설교학을 가르치고 있는 그는 교수가 되기 전에는 10년간 목회 활동을 했다. 노스웨스턴대학교(B.A.), 커버넌트신학교(M.Div.)를 거쳐 일리노이대학교(Ph.D.)에서 공부했다. 그가 펴낸 『그리스도 중심의 설교Christ-centered preaching』에 대해 낙스신학교 조직신학자 R. C. 스프롤 교수는 "내가 읽은 설교학 책 가운데 가장 좋은 책"이라고 격찬했다. 두 차례 한국을 방문했던 그는 한국교회 목회자들에게 한 나라의 영적 갱신과 부흥은 목회자들에게 달려 있다고 했다.

존 스토트 박사는 "일상생활에 적용하지 못하는 설교는 마치 한쪽 편에만 연결되어 있는 끊어진 다리와 같다"고 했다.

로이드 존스 박사는 "적용이 없는 설교는 병자에게 건강에 관한 강의만 하고 처방전을 주지 않고 병원에서 내보내는 의사와 같다"고 했다.

로이 주크Roy B. Zuck 박사는 『성령충만한 가르침Spirit-Filled Teaching』에서 진리를 머리로만 이해하고 삶에 올바로 적용하지 않아서 진리를 실제로 경험하지 못했다면 성경을 제대로 배웠다고 할 수 없다고 했다.★

채경락 교수는 "적용되지 않는 설교는 적용이 결핍된 설교가 아니라 애초에 설교가 아니다. 설교는 오늘 청중에게 주시는 말씀인데, 오늘 청중에게 적용되지 않는 설교를 어찌 설교라 부르겠는가"라고 적용의 중요성을 강조했다.

> [딤후 3:16-17] 모든 성경은 하나님의 감동으로 된 것으로 교훈과 책망과 바르게 함과 의로 교육하기에 유익하니 :17 이는 하나님의 사람으로 온전하게 하며 모든 선한 일을 행할 능력을 갖추게 하려 함이라

> [롬 15:4] 무엇이든지 전에 기록된 바는 우리의 교훈을 위하여 기록된 것이니 우리로 하여금 인내로 또는 성경의 위로로 소망을 가지게 함이니라

적용은 성경의 저자이신 성령님의 요구이다. 적용은 단 한 가지 목표를 지향하는데 그것은 하나님의 사람으로 온전하게 행하기 위함이다. 행함이

★ 로이 B. 주크 박사는 바이올라대학(B.A.)과 달라스신학대학원(Th.D.)을 졸업했다. 달라스신학교에서 교수로 재직하며 성경주해를, Bibliotheca Sacra와 Bible Knowledge Commentary의 편집을 맡았다. 저서로는 『하나님의 눈으로 자녀를 바라보라』, 『바울의 티칭 스타일』, Teaching with Spiritual Power 등이 있다.

없는 믿음이 죽은 믿음이듯이 적용이 없는 진리는 죽은 진리이다.

설교의 목적은 무엇인가? 하나님의 말씀을 설교자 자신과 회중들의 삶에 적실하게 적용하여 변화를 이끌어 내는 것이다. 그러므로 설교자는 무엇보다 자신의 설교로 내 자신이 얼마나 변화되고 있는지 살펴보아야 한다. 이것은 설교자의 중요한 임무이다. 내 설교가 나를 변화시키지 못한다면 다른 사람도 변화시킬 수 없다. 적용을 통해 예수 그리스도를 닮아가는 내 삶의 변화는 설교자에게 최고의 기쁨이요 감사요 영광이다.

설교자의 기쁨은 여기서 머물러서는 안 된다. 설교자의 간접적인 적용과 직접적인 적용을 통해 진리의 말씀이 회중들의 삶에서 꽃피우고 열매를 맺는 기쁨을 더불어 누려야 한다.

성령님께서는 설교자의 적용을 적극적으로 도우신다. 설교는 강해로 끝나는 것이 아니다. 말씀이 설교자와 회중들의 삶에 적용하기 전까지 그 설교는 아직 완성되지 않았다. 그러므로 적용이 없는 설교는 열매 없는 무화과나무와 같다. 적용이 없는 설교는 미완성의 설교다.

한 부부가 어느 여름날 10살짜리 아들과 함께 해수욕장에 갔다.

아들 녀석은 비키니를 입은 아가씨들이 지날 때마다 "우와"하고 탄성했다.

그걸 본 아이의 엄마가 흐뭇해 하며 남편에게 말했다.

"여보, 우리 아들이 이제 어른이 되나 봐요."

잠시 후 비키니를 입은 여자들이 지나갔다.

이번에는 남편이 감탄사를 연발했다.

"와우!"

"우와!"

그러자 아내는 남편을 째려보며 한마디 했다.

"당신은 언제 어른 될래요?"

누가 뭐래도 엄마는 항상 자식 편이다.

세상이 다 등을 돌려도 하나님은 항상 내 편이시다.

Chapter 11 예수님의 설교에서의 복음

설교, 예수님처럼 하라

제11장 예수님의 설교에서의 복음

영원히 변하지 않는 복음의 능력

나는 사랑 가득한 기독교 가정에서 일곱 형제자매의 가운데 위치에서 자라는 복을 누렸다. 어릴 적부터 부모님이 믿음으로 사는 모습을 지켜보았고, 기억도 나지 않을 만큼 어릴 적부터 하나님에 관해 배웠다. 어릴 적부터 성경을 읽고 기도하고 교회 주일학교에 다니고 학교도 기독교 학교를 다녔다. 그래서 모르는 성경 이야기가 없을 정도였다. 어린 나이에도 주기도문, 십계명, 심지어 사도신경도 외울 줄 알았다.

하지만 안타깝게도 하나님에 '관해서만' 알았지 그분을 개인적으로 알지 못했다. 머리로는 다 알았지만 뭔가 중요한 게 빠져 있었다. 나는 심각한 반항아였다. 그래서 나는 열여섯 살에 집에서 쫓겨났다. 십대 초반에는 평범한 반항이었던 것이 불과 몇 년 사이에 온 집안을 쑥대밭으로 만들 만큼 심각한 무례와 이기주의 블랙홀로 발전했다. 나는 거짓말을 했고, 넘지 말아야 할 선을 다 넘고, 형제자매와 다투고, 부모의 눈을 피해 못된 짓을 일삼았다. …부모 자식 간의 싸움은 더욱 심해졌다. 마침내 부모님은 결단을 내릴 수밖에 없었다.

"얘야, 너를 사랑하지만 이런 식으로는 한 지붕 아래서 살 수 없단다."

내 마음대로 살면 행복할 줄 알았다. 그런데 이상하게도 세상에서 방황할수록 공허감은 더해 갔다. 세상적인 쾌락의 우물에서 물을 길어 마실수록 갈증은 더해 갔다. 하나님과 동떨어진 쾌락을 향해 달려갈수록 참된 만족에서 더 멀어지는 것만 같았다. 자아와 죄의 구렁텅이에서 나의 진짜 모습은 하나씩 망가져만 갔다.

이십대 초반, 내가 누구이며 어디에 속했는지에 관한 혼란은 오히려 십대 시절보다 더 심해졌다. 마치 눈가리개를 한 사람처럼 정처 없이 아무렇게나 살아갔다. 사는 의미가 없었다. 아무리 생각해도 이건 제대로 된 삶이 아니었다. 삶이 왜 내 뜻대로 풀리지 않는지 이해할 수가 없었다. '내가 뭘 잘못했지? 어디서부터 잘못되었지? 내가 뭘 계산에 넣지 않았지?' 아무리 생각해도 도무지 알 수가 없었다.

나는 하나님께 용서하고 도와달라고 부르짖었다. 나를 구원하실 수 있는 분은 오직 그분뿐이라고 생각했다. 결국 하나님의 놀라운 은혜에 항복했다. Nothing 인생을 찾아온 Everything 예수! 말 그대로 나는 "새로운 피조물"(고후 5:17)이 되었다. 마침내 하나님을 개인적으로 알게 되었다! 복음 안에는 참된 쉼이 있었다.*

빌리 그레함 목사의 외손자 튤리안 차비진Tullian Tchividjian 목사의 간증이다. 현재 코럴릿지장로교회의 담임 목사이며 『JESUS ALL 예수로 충분합니다Jesus+Nothing=Everything』의 저자이다.

누가, 아니 무엇이 반항아요 문제아였던 이 청년의 삶을 뒤집어 놓았는가? 그는 오직 하나님의 은혜, 십자가의 복음의 능력, "예수님만으로 충분

★ 튤리안 차비진 목사는 콜롬비아 국제대학에서 철학을 전공하고 올랜도의 리폼드신학교(M.Div.)를 졸업했다. 2003년 뉴시티장로교회를 개척해 사역하다가 2009년 4월 코럴릿지장로교회의 담임목사로 부임하면서 두 교회가 하나로 통합하여 오늘까지 이르고 있다. 기독교 차세대 리더로 주목받고 있는 그는 목회 활동 외에도 『리더십 저널』에서 기고 편집자로, 리폼드신학교 객원교수로 사역하고 있다.

하다"를 외치고 있는 목사다.

무덥고 지저분한 아프리카의 도로를 걷던 중 조셉은 누군가를 만나 예수 그리스도의 복음을 들었다. 그는 그 자리에서 예수님을 구주로 영접했다. 그때부터 성령님의 능력이 그의 삶을 변화시키기 시작했다. 그가 기쁨에 겨워 가장 먼저 하고 싶었던 일은 자기 마을로 돌아가 부족사람들에게 그 복된 소식을 전하는 것이었다.

조셉은 집집마다 돌며 예수님의 십자가(고난)와 구원에 관해 전했다. 복음 앞에서 사람들의 얼굴이 환해질 줄 알았는데 웬걸, 동네 사람들은 들은 체도 하지 않았을 뿐 아니라 폭력적으로 변했다. 마을 남자들이 그를 붙잡아 엎어뜨린 뒤 움직이지 못하게 하자 여인들이 가시줄로 그를 때렸다. 그러고 나서 그를 마을 밖으로 끌고 가 숲 속에서 혼자 죽게 내버려두었다.

조셉은 겨우 물웅덩이까지 기어갔고, 거기서 며칠 동안 의식이 오락가락한 끝에 겨우 일어날 힘을 되찾았다. 평생 알고 지내던 사람들의 난폭한 반응을 도무지 이해할 수 없었다. 아무래도 자신이 예수님 이야기에서 뭔가를 빠뜨리거나 잘못 전한 것이 분명해 보였다. 그래서 그는 처음에 자기가 들었던 이야기를 몇 번이고 되뇐 뒤에 마을로 돌아가 복음을 다시 전하기로 결심했다.

조셉은 절뚝거리며 오두막집들이 빙 둘러 있는 마을로 들어가 복음을 전하기 시작했다. 그런데 이번에도 마을 남자들이 그를 붙잡은 상태에서 여자들이 그를 때렸다. 그 바람에 막 아물기 시작한 상처가 다시 벌어졌다. 이번에도 마을 사람들은 의식을 잃은 그를 마을 밖에서 죽도록 내버려두었다.

첫 번째 매질에서 살아남은 것도 놀라웠지만 두 번째 매질에서도 살아남은 것은 그야말로 기적이었다. 이번에도 며칠 뒤 상처투성이의 조셉은 광야에서 정신을 차렸고, 다시 마을로 돌아가기로 결심했다. 조셉이 돌아오자 이번에는 그가 채 입을 열기도 전에 공격이 날아왔다. 마을 사람들이 세 번째로 채찍질을 가했다. 이번만

큼은 살아남을 가능성이 전혀 없다고 봐도 무방했다. 그 와중에도 그는 있는 힘을 다해 입을 열어 다시 예수 그리스도를 전했다. 그가 정신을 잃기 전에 마지막으로 본 것은, 그를 때리던 여인들의 눈에서 흐르는 반짝이는 눈물이었다.

눈을 떠 보니 이번에는 자신의 침대였다. 그를 사정없이 매질하던 사람들이 이제는 그를 살리기 위해 애를 쓰며 극진히 간호하고 있었다. 그렇게 마을 전체가 예수 그리스도를 영접했다.

튤리안 차비진 목사가 소개하는 "아프리카 마사이족 전사 조셉의 이야기"이다. 복음의 능력은 한 사람의 생애를 바꾸기도 하고, 한 마을 공동체를 바꾸기도 하고, 한 나라의 문화와 사상을 바꾸기도 한다.

바울은 어떤 사람이었는가? 그는 예수님을 극렬하게 반대하던 사람이었다. 예수님을 믿는 사람들을 비방하고, 박해하고, 폭행하고 살인까지 했던 사람이다.

[딤전 1:12-15] 나를 능하게 하신 그리스도 예수 우리 주께 내가 감사함은 나를 충성되이 여겨 내게 직분을 맡기심이니 :13 내가 전에는 비방자요 박해자요 폭행자였으나 도리어 긍휼을 입은 것은 내가 믿지 아니할 때에 알지 못하고 행하였음이라 :14 우리 주의 은혜가 그리스도 예수 안에 있는 믿음과 사랑과 함께 넘치도록 풍성하였도다 :15 미쁘다 모든 사람이 받을 만한 이 말이여 그리스도 예수께서 죄인을 구원하시려고 세상에 임하셨다 하였도다 죄인 중에 내가 괴수니라

언제 그가 변화되었는가? 무엇이 바울의 인생을 송두리째 바꾸어 놓았는가? 십자가에 죽으시고 부활하신 예수님께서 죄인 중에 괴수였던 그를

변화시켰다.

[행 20:24] 내가 달려갈 길과 주 예수께 받은 사명 곧 하나님의 은혜의 복음을 증언하는 일을 마치려 함에는 나의 생명조차 조금도 귀한 것으로 여기지 아니하노라

[고전 1:17-18] 그리스도께서 나를 보내심은 세례를 베풀게 하려 하심이 아니요 오직 복음을 전하게 하려 하심이로되 말의 지혜로 하지 아니함은 그리스도의 십자가가 헛되지 않게 하려 함이라 :18 십자가의 도가 멸망하는 자들에게는 미련한 것이요 구원을 받는 우리에게는 하나님의 능력이라

[딤후 1:11] 내가 이 복음을 위하여 선포자와 사도와 교사로 세우심을 입었노라

바울 사도는 복음의 능력을 알았다. 그래서 자신의 전 생애를 예수님께서 주신 사명, 복음을 증거하는 일에만 헌신하였다.

강단에 선 설교자의 임무는 무엇인가? 하나님께서 설교자를 강단에 세우신 이유가 무엇인가?

[요 14:6] 예수께서 이르시되 내가 곧 길이요 진리요 생명이니 나로 말미암지 않고는 아버지께로 올 자가 없느니라

예수님은 길이요 진리요 생명이 되신다. 만일 설교에서 복음, 곧 예수 그리스도의 십자가의 은혜가 빠져 있다면 그 설교자는 길도 진리도 생명도 없는 설교를 한 것이다.

설교 같으나 설교가 아닌 설교

　정성구 박사는 『신학지남』에 발표한 "구속사적 설교의 원리와 방법"에서 4명의 설교자들의 설교를 소개하며 그리스도가 빠진 한국교회의 강단을 날카롭게 지적한다. 성경에 나오는 인물의 모범적 행동이나 죄악을 다루다 구속사적인 의미를 놓쳐 버린 설교를 기독교적 위인전기, 혹은 아주 좋은 기독교 강연이라고 혹평했다.
　곽선희 목사도 『설교가 살아야 교회가 산다』, "현대 설교의 성공 지혜"에서 복음이 빠진 설교를 날카롭게 지적한다. 설교자는 무엇보다 먼저 복음에 대한 분명한 이해가 필요하다는 것이다. 또한 자신의 설교가 복음적인 설교인지 냉정하게 평가해 보라고 권면한다.

　설교를 잘하기 위해서는 첫째로 성경을 통하여 복음이 무엇인지 알아야 합니다. 둘째는 그 복음에 대한 현대적 이해입니다. 현대 언어로 성경을 설명하는 해득 능력, 즉 진리 구체화 능력을 갖고 있어야 합니다. 여러분의 설교를 놓고 냉정하게 비판해 보십시오. 85%가 복음이 없습니다. 윤리적 설교, 사회적 설교, 생태계에 관한 설교, 인권에 관한 설교 등 복음 외의 설교가 많습니다. 복음 없는 설교를 들으러 바쁜 현대인들이 교회에 와야 합니까? …복음의 반대는 율법입니다. 이것은 바울 신학의 핵심입니다. 여러분의 설교를 놓고 율법적이냐 복음적이냐를 물어보십시오. 85%가 율법입니다. 밤낮 '사랑하라, 사랑하라' 하는데 사랑할 마음이 생겨야 사랑을 하게 됩니다. 사랑해야 한다는 사실을 모르는 사람은 없습니다. 세상에서 사랑하라는 말처럼 맹랑한 것이 없습니다.
　복음이 무엇입니까? 사랑하라고 하는 것은 복음이 아닙니다. 선을 행하라고 하는 것도 복음이 아닙니다. 구제하라, 봉사하라, 십일조 하라는 것도 복음이 아닙니다. 이것은 변두리 복음입니다. 그런데 이런 것들만 외치고 있습니다. 뿐만 아니라 이런 것을 해야 복을 받는다고 공갈 협박까지 합니다. 헌신하라, 희생하라는 이런 설교에 교인들은 점점 지치고 있습니다. 목회자들은 자신의 설교에 복음이 있는지 예리하게 판단해야 합니다. 진정한 복음이 무엇인지 잘 알면서도 우리는 쉽게 잊습니다. "하나님이 세상을 이처럼 사랑하사 독생자를 주셨으니"(요 3:16)라고 말씀하였습니다. 하나님이 이미 우리를 사랑하셨습니다. 하나님이 우리를 특별히 사랑한다는 것을 깨닫게 해야 합니다. 십자가를 바라보게 해야 합니다. 십자가 안에 하나님의 무궁무진한 사랑이 계시되어 있습니다. 이것을 설명하는 것이 바로 복음입니다. 그래서 복음적인 설교는 들으면서 '아, 내가 이렇게 소중한 줄 몰랐다. 아, 내가 이렇게 행복한 줄 몰랐다. 하나님이 이렇게까지 나를 사랑하시는 줄 몰랐다. 오늘 깨달았노라'는 감동이 있을 때 그것이 바로 복음적인 설교입니다.

기독교 미래학자 레너드 스윗 교수는 '예수 결핍 장애' JDD: Jesus Deficit Disorder를 지적한다. 설교에 정작 예수 그리스도가 빠져 있다는 것이다. 그는 교회의 수많은 전략과 프로그램들이 난무하지만 핵심이 사라지고 있다고 지적했다.

류응렬 교수는 라센Larsen의 말을 인용하여 "그리스도를 전하지 않는다면 그는 설교하는 것이 아니다"고 했다.

신약성경에 비추어 볼 때 예수님께서 이 땅에 오신 목적은 무엇인가?

[마 1:21] 아들을 낳으리니 이름을 예수라 하라 이는 그가 자기 백성을 그들의 죄에서 구원할 자이심이라 하니라

[막 2:17] 예수께서 들으시고 그들에게 이르시되 건강한 자에게는 의사가 쓸

데 없고 병든 자에게라야 쓸 데 있느니라 나는 의인을 부르러 온 것이 아니요 죄인을 부르러 왔노라 하시니라

[눅 19:10] 인자가 온 것은 잃어버린 자를 찾아 구원하려 함이니라

[요 3:17] 하나님이 그 아들을 세상에 보내신 것은 세상을 심판하려 하심이 아니요 그로 말미암아 세상이 구원을 받게 하려 하심이라

[요 10:9-10] 내가 문이니 누구든지 나로 말미암아 들어가면 구원을 받고 또는 들어가며 나오며 꼴을 얻으리라 :10 도둑이 오는 것은 도둑질하고 죽이고 멸망시키려는 것뿐이요 내가 온 것은 양으로 생명을 얻게 하고 더 풍성히 얻게 하려는 것이라

[요 12:47] 사람이 내 말을 듣고 지키지 아니할지라도 내가 그를 심판하지 아니하노라 내가 온 것은 세상을 심판하려 함이 아니요 세상을 구원하려 함이로라

시드니 그레다누스Sidney Greidanus 박사는 "그리스도가 없는 설교는 설교가 아니다. 죽으시고 부활하신 그리스도와 아무런 관련이 없는 설교는 말씀에 대한 사역이 아니다"고 했다.

찰스 스펄전 목사는 "가장 훌륭한 설교는 그리스도가 충만한 설교다. 그리스도가 없는 설교는 무시무시하고 끔찍한 것이다. 그것은 물 없는 우물이며, 비 없는 구름이며, 두 번 죽어 뿌리까지 뽑힌 나무다"라고 했다.

윌리엄 탐슨William D. Thompson 교수는 "복음의 핵심을 전하지 않는 설교자 중에는 아무도 자기가 비성경적 설교자로 생각하는 사람이 없다"고 지

적했다.

[계 3:20] 볼지어다 내가 문 밖에 서서 두드리노니 누구든지 내 음성을 듣고 문을 열면 내가 그에게로 들어가 그와 더불어 먹고 그는 나와 더불어 먹으리라

우리 주님께서 교회 문 밖에 서서 문을 두드리고 계신 까닭이 무엇인가? 라오디게아교회는 안타깝게도 예수 그리스도가 빠진 교회였다. 더 안타까운 사실은 그리스도가 빠져 있다는 것을 알지도 못했다.

이 시대 교회의 모습이 아닌가? 그리스도의 몸 된 교회가 예수 그리스도를 그 중심에 모셔야 하는데 그리스도가 빠져 있다. 더욱이 오늘날 그리스도가 빠진 설교가 얼마나 많은가? 성령님께서 교회와 설교자들을 향해 말씀하신다.

"교회의 중심에 예수 그리스도를 모셔라."
"설교의 중심에 예수 그리스도를 모셔라."

그리스도 중심의 설교 당위성

성경은 그리스도 중심적이다. 예수 그리스도는 신구약 성경의 중심을 관통하는 핵심 메시지이기 때문이다.

▶ 그리스도 중심의 성경

[요 5:39] 너희가 성경(구약성경)에서 영생을 얻는 줄 생각하고 성경(구약성경)을 연구하거니와 이 성경(구약성경)이 곧 내게 대하여 증언하는 것이니라

무엇보다 예수님께서는 구약성경의 모든 예언이 예수님 자신에 대한 기록이며 예수님 자신을 통하여 성취된 사실을 스스로 증거하셨다.

[눅 24:25-27] 이르시되 미련하고 선지자들이 말한 모든 것을 마음에 더디 믿는 자들이여 :26 그리스도가 이런 고난을 받고 자기의 영광에 들어가야 할 것이 아니냐 하시고 :27 이에 모세와 모든 선지자의 글로 시작하여 모든 성경에 쓴 바 자기에 관한 것을 자세히 설명하시니라

[눅 24:44-45] 또 이르시되 내가 너희와 함께 있을 때에 너희에게 말한 바 곧 모세의 율법과 선지자의 글과 시편에 나를 가리켜 기록된 모든 것이 이루어져야 하리라 한 말이 이것이라 하시고 :45 이에 그들의 마음을 열어 성경을 깨닫게 하시고

[요 5:46] 모세를 믿었더라면 또 나를 믿었으리니 이는 그가 내게 대하여 기록하였음이라

[요 1:45] 빌립이 나다나엘을 찾아 이르되 모세가 율법에 기록하였고 여러 선지자가 기록한 그이를 우리가 만났으니 요셉의 아들 나사렛 예수니라

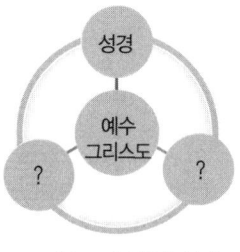

그리스도 중심의 성경

예수님께서 말씀하신 것처럼 모세의 글(율법서)과 모든 선지자의 글(선지서), 시편, 그 외 모든 성경은 예수 그리스도에 관한 기록이다.

예수님께서는 구약성경을 어떻게 해석하고 설교하셨는가? 예수님께서 고향 나사렛 회당에서 전한 설교를 보라. 이사야 선지자의 예언을 곧 그리스도 자신을 향한 말씀이라고 구속사적인 관점으로 해석하셨다. 예증(말씀)을 통해 예수님 자신을 드러내신 것이다.

[눅 4:16-21] 예수께서 그 자라나신 곳 나사렛에 이르사 안식일에 늘 하시던 대로 회당에 들어가사 성경을 읽으려고 서시매 :17 선지자 이사야의 글을 드리거늘 책을 펴서 이렇게 기록된 데를 찾으시니 곧 :18 주의 성령이 내게 임하셨으니 이는 가난한 자에게 복음을 전하게 하시려고 내게 기름을 부으시고 나를 보내사 포로 된 자에게 자유를, 눈 먼 자에게 다시 보게 함을 전파하며 눌린 자를 자유롭게 하고 :19 주의 은혜의 해를 전파하게 하려 하심이라 하였더라 :20 책을 덮어 그 맡은 자에게 주시고 앉으시니 회당에 있는 자들이 다 주목하여 보더라 :21 이에 예수께서 그들에게 말씀하시되 이 글이 오늘 너희 귀에 응하였느니라

예수님께서는 자신의 사역, 가난한 자에게 복음을 전하고, 포로된 자를 자유하게 하고, 눈먼 자를 다시 보게 하고, 눌린 자를 자유롭게 하는 사역을 "주의 은혜의 해"를 전파하는 사역이라고 설교하셨다. 주의 은혜의 해란 구약의 희년을 말한다.

[레 25 : 10] 너희는 오십 년째 해를 거룩하게 하여 그 땅에 있는 모든 주민을 위하여 자유를 공포하라 이 해는 너희에게 희년이니 너희는 각각 자기의 소유

지로 돌아가며 각각 자기의 가족에게로 돌아 갈지며

예수님께서 희년을 구속사적인 관점에서 해석하시고 자신이 곧 그 일을 하실 것이라고 선포하신다. 예수님께서는 이사야의 예언과 희년을 예증으로 소개한 후 예수님 자신의 사역과 연결하여 설교하셨다.

예수님께서는 밤중에 몰래 찾아온 니고데모에게 복음을 전하셨다. 모세가 광야에서 장대에 놋 뱀을 달아 올린 사건을 구속사적인 관점으로 해석하여 니고데모에게 복음을 전하셨다.

[요 3:14-17] 모세가 광야에서 뱀을 든 것 같이 인자도 들려야 하리니 :15 이는 그를 믿는 자마다 영생을 얻게 하려 하심이니라 :16 하나님이 세상을 이처럼 사랑하사 독생자를 주셨으니 이는 그를 믿는 자마다 멸망하지 않고 영생을 얻게 하려 하심이라 :17 하나님이 그 아들을 세상에 보내신 것은 세상을 심판하려 하심이 아니요 그로 말미암아 세상이 구원을 받게 하려 하심이라

엠마오로 가는 두 제자에게는 모든 선지자와 모든 성경이 예수님 자신의 죽음과 부활에 대해 기록된 것임을 자세히 설명해 주셨다. 구약성경을 예증으로 그리스도 되심을 드러내신 것이다. 다시 말해서 예수님께서는 모든 성경을 구속사적인 관점으로 해석하셨다.

4복음서의 저자들뿐만 아니라 바울 사도를 비롯한 서신서 저자들의 핵심 메시지도 구속사의 중심이신 예수 그리스도다.

[요 20:31] 오직 이것을 기록함은 너희로 예수께서 하나님의 아들 그리스도이심을 믿게 하려 함이요 또 너희로 믿고 그 이름을 힘입어 생명을 얻게 하려 함

이니라

[딤후 3:15] 또 어려서부터 성경을 알았나니 성경은 능히 너로 하여금 그리스도 예수 안에 있는 믿음으로 말미암아 구원에 이르는 지혜가 있게 하느니라

베드로전서 1:10-11을 보면, 구약의 선지자들도 장차 임할 구속의 은혜를 연구하고 부지런히 살펴서, 예수 그리스도께서 받으실 고난과 영광을 그리스도의 영으로 말한 것이라고 베드로 사도는 증언한다.

[벧전 1:10-11] 이 구원에 대하여는 너희에게 임할 은혜를 예언하던 선지자들이 연구하고 부지런히 살펴서 :11 자기 속에 계신 그리스도의 영이 그 받으실 고난과 후에 받으실 영광을 미리 증언하여 누구를 또는 어떠한 때를 지시하시는지 상고하니라

『약속과 구원Promise and Deliverance』의 저자 S. G. 더흐라프Simon Gerit DeGraaf는 중보자이신 예수님의 활동이 신구약 성경의 주축을 이룬다고 말했다.

중보자 되신 예수님의 영은 구약시대 전체에 걸쳐 활동하였다. 그의 사역은 신약시대에 들어와서 시작된 것이 아니다. 그는 이미 구약 역사를 통해서 그의 백성 가운데 자기 자신을 계시할 목적으로 그림자처럼 활동하였다. 구약의 모든 사건이 예수님으로 가득 차 있고 역사는 그의 영이 이루신 기적이라고 할 수 있다.*

『성경해석에 대한 시카고 선언문The Chicago Statement on Biblical

Hermeneutics』은 "예수 그리스도의 인격과 사역은 모든 성경의 중심이 되는 초점이다. 성경을 그리스도 중심으로 해석하는 것을 반대하거나 확신하지 못하는 어떤 해석 방법도 우리는 거부한다. 이것이 바로 우리 주님이 구약성경을 이해하는 방법이다"라고 했다.

▶ 그리스도 중심의 성령

성령님의 정체성과 사명은 무엇인가? 성령님은 오직 그리스도를 나타내시고, 오직 그리스도를 증언하기 위해 예수님의 보내심을 받았다. 그래서 성령님의 모든 사역은 그리스도 중심적이다.

> [요 14:26] 보혜사 곧 아버지께서 내 이름으로 보내실 성령 그가 너희에게 모든 것을 가르치고 내가 너희에게 말한 모든 것을 생각나게 하리라

> [요 15:26] 내가 아버지께로부터 너희에게 보낼 보혜사 곧 아버지께로부터 나오시는 진리의 성령이 오실 때에 그가 나를 증언하실 것이요

> [요 16:13-15] 그러나 진리의 성령이 오시면 그가 너희를 모든 진리 가운데로 인도하시리니 그가 스스로 말하지 않고 오직 들은 것을 말하며 장래 일을 너희에게 알리시리라 :14 그가 내 영광을 나타내리니 내 것을 가지고 너희에게 알리시겠음이라 :15 무릇 아버지께 있는 것은 다 내 것이라 그러므로 내가 말하기를 그가 내 것을 가지고 너희에게 알리시리라 하였노라

★ 시몬 해릿 더흐라프(1889~1955)목사는 암스테르담에서 매우 유명한 복음 설교자였다. 그의 저서 『약속과 구원』은 세계적으로 유명하며 독자들에게 성경을 구속사적으로 볼 수 있도록 도움을 줌으로써 교회사에 많은 영향력을 남겼다. 그의 구속사적 통찰력은 타의 추종을 불허한다.

[고전 12:3] 그러므로 내가 너희에게 알리노니 하나님의 영으로 말하는 자는 누구든지 예수를 저주할 자라 하지 아니하고 또 성령으로 아니하고는 누구든지 예수를 주시라 할 수 없느니라

성령님은 예수 그리스도를 계시하는 분이다. 그렉 하이슬러 교수는 하나님의 말씀과 성령님을 같은 목표를 가지고 같은 방향으로 나아가는 카누에 비유했다. 성령님은 말씀과 동일한 목표를 가지고 있기 때문에 동일한 방향으로 나아간다. 성령님은 말씀의 강물을 타고 예수 그리스도를 향해 나아간다고 했다.

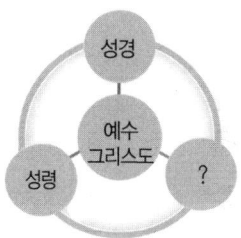

그리스도 중심의 성령

▶ **그리스도 중심의 설교자**

가수 장사익은 온몸으로 노래하는 노래꾼으로 통한다. 상업고등학교를 졸업한 후 보험회사를 비롯해 십여 곳의 직장을 전전하다 가수가 되었다. 보험회사, 무역회사, 카센터, 독서실, 가구점에서 일하다 급기야 40대 중반, 46세에 '딱 3년만 태평소를 불겠다'고 결심하고 나섰다. 그는 국악과 가요 그리고 재즈를 넘나드는 다양한 장르의 음악으로 듣는 이의 가슴을 먹먹하게 만든다. 장사익은 온몸으로 노래를 부른다. 온몸을 던져 피를 토하듯 진솔함으로 노래한다. 그래서 사람들의 마음을 흔든다.

설교자의 정체성과 사명은 무엇인가? 설교자는 복음 증거자로 부름을

받았다. 그러므로 설교자의 가슴에는 복음의 열정이 불타오르고, 설교는 복음의 지배를 받아야 한다.

> [눅 24:44-48] 또 이르시되 내가 너희와 함께 있을 때에 너희에게 말한 바 곧 모세의 율법과 선지자의 글과 시편에 나를 가리켜 기록된 모든 것이 이루어져야 하리라 한 말이 이것이라 하시고 :45 이에 그들의 마음을 열어 성경을 깨닫게 하시고 :46 또 이르시되 이같이 그리스도가 고난을 받고 제삼일에 죽은 자 가운데서 살아날 것과 :47 또 그의 이름으로 죄 사함을 받게 하는 회개가 예루살렘에서 시작하여 모든 족속에게 전파될 것이 기록되었으니 :48 <u>너희는 이 모든 일의 증인이라</u>

설교자로 세움을 받은 사람은 복음 때문에 살고, 복음 때문에 숨 쉬는 사람이다. 바울 사도는 무엇을 위해 자신의 삶을 드렸는가?

> [행 20:24] 내가 달려갈 길과 주 예수께 받은 사명 곧 하나님의 은혜의 복음을 증언하는 일을 마치려 함에는 나의 생명조차 조금도 귀한 것으로 여기지 아니하노라

> [롬 9:1-3] 내가 그리스도 안에서 참말을 하고 거짓말을 아니하노라 나에게 큰 근심이 있는 것과 마음에 그치지 않는 고통이 있는 것을 내 양심이 성령 안에서 나와 더불어 증언하노니 :3 나의 형제 곧 골육의 친척을 위하여 내 자신이 저주를 받아 그리스도에게서 끊어질지라도 원하는 바로라

> [고전 1:23-24] 우리는 십자가에 못 박힌 그리스도를 전하니 유대인에게는 거리

끼는 것이요 이방인에게는 미련한 것이로되 :24 오직 부르심을 받은 자들에게는 유대인이나 헬라인이나 그리스도는 하나님의 능력이요 하나님의 지혜니라

[고후 4:5] 우리는 우리를 전파하는 것이 아니라 오직 그리스도 예수의 주 되신 것과 또 예수를 위하여 우리가 너희의 종 된 것을 전파함이라

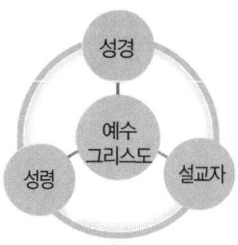

그리스도 중심의 설교자

헤르만 리델보스Herman Ridderbos 박사는 바울 사도의 설교는 "그리스도의 초림과 죽음, 그리고 부활로 시작된 종말론적 구원을 선포하고 있다"고 했다. 초대교회 제자들이 가장 주력했던 메시지는 그리스도의 죽음과 부활을 선포하는 것이었다. 이 일에 그들은 생명을 걸었다.

그렇다면 그리스도 중심의 설교의 당위성은 무엇인가? 구약성경의 선지자들, 신약성경의 모든 사도들의 설교는 그리스도 중심이었다. 무엇보다 예수님께서 구속사적으로 성경을 해석하고 설교하셨다면 모든 설교자는 예수님을 따라 설교해야 하지 않겠는가?

[유 1:23] 또 어떤 자를 불에서 끌어내어 구원하라 또 어떤 자를 그 육체로 더럽힌 옷까지도 미워하되 두려움으로 긍휼히 여기라

17세기 영국 청교도 리차드 박스터Richard Baxter 목사는 고백하기를 "나는 내가 다시는 설교하지 못할 것처럼, 그리고 죽어가는 사람이 죽어가는 사람들에게 하듯이 설교했다. 설교는 세상에서 가장 중요한 메시지이다. 사람들의 영원한 생명 혹은 죽음이 그 메시지에 달려 있기 때문이다"라고 했다. 복음만이 사람을 영원한 사망과 지옥형벌에서 구원할 수 있다. 복음만이 이 땅에서의 모든 문제의 해답이다. 그러므로 복음은 생명을 걸고 영원히 외쳐야 할 메시지다.

구속사 중심의 설교

'구속사'란 무엇인가? 창조주 하나님께서 그리스도 안에서 인간을 구원하실 것을 계시하시고 성취해 가는 구원의 역사를 말한다. 그러므로 예수 그리스도는 구속사의 중심이다.

그렇다면 '구속사적 설교'Redemptive Historical Preaching란 무엇인가? 류응렬 교수는 "하나님이 예수 그리스도를 통하여 이루는 구원의 역사를 성경 전체 배경으로 해석하고 설교하는 것이다"라고 정의했다.

정창균 교수는 『그 말씀』에 발표한 "기독론적 설교의 함정과 오류, 그리고 극복"에서 구속사적 설교를 '그리스도 중심적 설교', '기독론적 설교'라고 했다. 이어서 그는 '기독론적 설교'의 의미는 세 가지를 함축한다고 했다.

첫째, 우리의 설교가 존재하고 또 기능하게 되는 신학적 근거가 그리스도에게 있다는 의미다.

둘째, 본문 해석의 원리가 그리스도 중심이라는 의미다.

셋째, 설교의 메시지의 핵심이 그리스도 중심적이라는 의미다.

정성구 교수는 구속사적 설교의 역사적인 배경에 대해 다음과 같이 밝히고 있다.

하나님의 언약 사상에 기초한 구속사적 설교는 전혀 새로운 사실이 아니었지만 당시 교회로서는 새로운 동향으로 받아들여졌다. 그래서 당시 유행하던 예증적 설교Exemplary Preaching를 지켜오던 사람들은 구속사적 설교운동에 거부감을 갖게 되었다. 그런데 따지고 보면 이와 같은 전통적 설교 방법인 모형적 설교, 예증적 설교 등은 초대교회 때부터 있어 왔던 방법이어서 설교의 정설로 되어 있었다. 사실 예증적 설교 방법은 화란이나 독일도 예외일 수 없었다. 예컨대 불트만R. Bultmann이나 바움가르텔Baumgartel도 구약의 역사적 본문을 설교하려면 예증적 설교밖에는 달리 방도가 없다고 했다. 이런 예증적 설교 방법은 구약의 내용을 종교 윤리적으로 사용해 버리는 것이다. 이 예증적 설교는 영어권 나라에서는 보편적이 되었고, 특히 한국교회는 미국교회의 전통과 영향권 아래 있었으니 만큼 예증적 설교가 통념이 되어왔던 것이 사실이다. 이렇게 볼 때 한국교회에서 구속사적 설교에 익숙하지 않은 설교자에게는 퍽 낯선 방법일 것이다.★

정성구 교수가 말하고 있는 '예증적 설교'란 무엇인가? 성경에 나오는 인물을 소개하면서 옳은 것은 본받고, 옳지 않은 것은 본받지 말 것을 강조

★ 정성구 교수는 건국대학교(B.A), 총신대학교 신학대학원 및 대학원(Th.M.) 암스텔담 자유대학교(Drs.Theol.), 와이트필트신학대학원(Ph.D.)에서 수학했다. 40년 동안 총신대학교와 대신대학교에서 칼빈주의와 실천신학 교수로 재직했으며 총신대학교와 대신대학교의 총장과 대학원장을 역임했다.

하는 설교다. 아브라함이나 요셉, 모세나 다윗과 같은 인물의 모범적 성격이나 특성을 소개하고 교훈을 얻게 하는 설교를 정성구 교수는 '예증적 설교'라고 했다. 하지만 류응렬 교수와 고재수 교수, 변종길 교수 등의 대부분의 학자들은 '모범적 설교'라는 용어를 사용하고 있다. 이것은 Exemplary Preaching을 서로 다르게 번역한 것이다.

화란 개혁주의 설교자 혹스라T. Hoekstra 박사는 설교자는 강단에서 설교할 때 아브라함이나 베드로, 모세나 마리아에 대해 설교할 것이 아니라 예수 그리스도에 대해 설교해야 한다고 했다. 예증적 설교, 혹은 모범적 설교는 성경의 역사가 엄연히 구속사임에도 불구하고 세속사처럼 사용해 버리기 때문에 그리스도 중심의 설교가 아니라 인간중심의 설교를 하는 오류에 빠지게 된다는 것이다.

제이 E. 아담스 박사는 "우리가 전하는 모든 설교의 핵심에는 그리스도가 있어야 한다. 이것이 복음적인 설교이자 사람을 세우는 설교의 핵심이다"고 했다. 그는 스킬더K. Schilder 박사의 말을 인용하여 그리스도 중심의 설교의 중요성을 다음과 같이 밝히고 있다.

설교자들 가운데는 예수 그리스도 자신보다 그의 주변 인물들에 대해서 주된 관심을 갖고 설교하는 사람이 많다. 예컨대 유다, 베드로, 빌라도, 헤롯, 마리아 등에 관하여, 특히 그들의 내적인 갈등과 위로, 때로는 완악한 마음 등에 관한 이야기가 부각되는 반면에 가장 중요한 것을 잊고 있다. 즉 하나님께서 독생자에게 무엇을 하셨고 그리스도께서 무엇을 하셨는지, 또 그리스도께서 주변 인물을 통해 어떤 일을 하셨는지 설교해야 한다. 그러므로 사람이 아니고 그리스도께서 중심이 되어야 한다.

김운용 교수는 『새롭게 설교하기』에서 설교자는 주인공과 조연을, 주변과 중심을 구분해야 한다고 말한다.

복음 중심성은 필연적으로 그리스도 중심성으로 연결된다. 설교는 하나님의 구원의 역사를 선포하는 것이며, 그 구속사의 중심에는 언제나 그리스도가 계시기 때문에 설교에서 그리스도에 초점을 두는 것은 가장 중요한 사항이다. 구원의 드라마에서 주인공과 조연이 잘 구분되어야 하며, 최종적으로 언제나 스포트라이트는 주인공에게 집중되어야 한다. 어느 본문을 설교하든지 간에 그 설교는 언제나 그리스도의 사건으로 선이 이어져야 하며, 주변과 중심을 잘 구분해야 한다.

오늘날 구속사적 설교의 대표적인 학자로 평가받고 있는 브라이언 채플 교수는 앞서 소개한 『그리스도 중심의 설교』에서 다음과 같이 밝히고 있다.

만약 우리가 본문 안에서 구원의 취지를 밝혀 내지 못한다면 우리의 말이 모두 옳은 말이라도 전적으로 잘못된 설교라고 할 수 있다. …본문의 진리가 그리스도의 구원 사역을 예언하거나 설명하는 것이 아니라면 최소한 구원 사역의 결과로서 설명될 수 있을 것이다. 만약 그런 의미로도 설명될 수 없다면, 본문의 상황으로부터 구원이라는 주제를 찾아낼 수 있어야 한다.

그는 성경은 예수 그리스도의 사역을 나타내는 4가지 메시지를 포함하고 있다고 했다. 그리스도의 사역에 대해 말하는 '예언적' 메시지, 그리스도의 사역을 이해시키는 '예비적' 메시지, 그리스도의 사역을 '반영하는' 메시지, 그리고 그리스도의 사역으로 이루어진 '결과적' 메시지가 그것이다.

구속사 중심 설교의 함정

구속사 중심의 설교를 주장하는 학자들 가운데 일부는 성경의 역사는 구속사이므로 설교자는 오직 구속사적인 시각으로만 성경 본문을 보고 설교해야 한다고 주장한다. 이들은 성경 본문에 나오는 인물들로부터 교훈을 이끌어내는 것을 반대하고 오직 구속사적 맥락만 인정하는 극단적인 주장을 편다.

하지만 대부분의 학자들의 견해는 성경의 인물이나 사건들을 통해서 먼저 교훈을 이끌어낸 후 구속사적인 관점으로 나아가야 한다는 것이다. 이 점에 대해 브라이언 채플 교수는 "성경의 인물을 모범적으로 제시하면서 그 인물의 좋은 점을 본받고, 나쁜 점을 피해야 할 것을 강조하는 설교가 있다. 인물을 모범적으로 제시하는 것이 잘못된 것이 아니라 인물을 모범적으로 제시하고 그칠 때 문제가 된다"고 지적한다.

요한 헤르만 바빙크J. H. Bavinck, 헤이져Ph. J. Huijser 같은 학자는 성경 본문에서 우리가 따라야 할 모범적인 가르침을 무시한 채 오직 구속사적인 해석만을 주장하는 극단적 방법론을 반대했다. 대신에 성경 본문의 교훈과 모범을 통해 그리스도를 드러내는 설교를 해야 한다고 했다.

채규현 교수는 『그 말씀』에 발표한 "구약을 구속사적으로 설교하는 법"에서 '동심원적 해석'을 주장한다.★ 동심적원 해석이란 먼저 설교 본문을 살핀 후 주변 문맥에 비추어 분문의 뜻을 살펴보는 것이다. 마지막으로 신약의 관점에서, 즉 예수님께서 이루신 구속사역을 통해 설교 본문을 살펴

★ 채규현 교수는 서울대학교 외교학과와 미국 뉴욕주립대 경영대학원을 졸업한 후 미국 웨스트민스터신학교(M.Div./D.Min.)에서 설교학을 공부했다. 개신대학원대학교 설교학 교수이며 2004년부터 광주중앙교회를 담임하고 있다.

보는 것이다.

설교 본문의 해석에 대한 관점

성경을 기록한 목적은 무엇인가? 극단적 구속사 중심의 설교를 주장하는 사람들의 견해와 같이 오직 우리의 구원만을 위해서인가? 예수님께서 이 땅에 오신 궁극적인 목적이나 성경을 기록한 목적은 우리의 윤리나 도덕 수준을 높여 주시기 위함이 아니다. 하지만 예수님께서는 그리스도인의 윤리적이고 도덕적인 삶에도 깊은 관심을 가지셨다.

[요 20:31] 오직 이것을 기록함은 너희로 예수께서 하나님의 아들 그리스도이심을 믿게 하려 함이요 또 너희로 믿고 그 이름을 힘입어 생명을 얻게 하려 함이니라

[요일 5:13] 내가 하나님의 아들의 이름을 믿는 너희에게 이것을 쓰는 것은 너희로 하여금 너희에게 영생이 있음을 알게 하려 함이라

[롬 15:4] 무엇이든지 전에 기록된 바는 우리의 교훈을 위하여 기록된 것이니 우리로 하여금 인내로 또는 성경의 위로로 소망을 가지게 함이니라

[고전 10:10-11] 그들 가운데 어떤 사람들이 원망하다가 멸망시키는 자에게 멸망하였나니 너희는 그들과 같이 원망하지 말라 :11 그들에게 일어난 이런 일은 본보기가 되고 또한 말세를 만난 우리를 깨우치기 위하여 기록되었느니라.(참

고: 고전 10:5-6)

[마 5:13-16] 너희는 세상의 소금이니 소금이 만일 그 맛을 잃으면 무엇으로 짜게 하리요 후에는 아무 쓸 데 없어 다만 밖에 버려져 사람에게 밟힐 뿐이니라 :14 너희는 세상의 빛이라 산 위에 있는 동네가 숨겨지지 못할 것이요 :15 사람이 등불을 켜서 말 아래에 두지 아니하고 등경 위에 두나니 이러므로 집 안 모든 사람에게 비치느니라 :16 이같이 너희 빛이 사람 앞에 비치게 하여 그들로 너희 착한 행실을 보고 하늘에 계신 너희 아버지께 영광을 돌리게 하라

변종길 교수는 『그 말씀』에 발표한 "구속사적 설교의 의미와 한계"에서 "구약의 역사적인 사건들을 '구속사적으로만' 해석하려는 시도는, 비록 의도가 선한 것이라 할지라도 성경의 폭넓은 적용을 제한하고 있으며, 신약성경의 지지를 받지 못하고 있다"고 지적했다.

구속사적 설교 주장자들은 구약 본문에서 그리스도 중심적 사상을 찾는 데는 기여하였지만, 성도의 삶에 대한 풍부한 교훈을 찾는 데는 미흡하였다. 다시 말하지만, 구속사적 설교 주장자들은 구약 성도들에게 신약의 그리스도에게로 향하는 '수평적 노선'은 잘 보았지만, 그들이 하나님 앞에서 생생하게 살아가는 '수직적 노선'은 제대로 보지 못했던 것이다.★

정창균 교수도 『기독론적 설교의 함정과 오류, 그리고 극복』과 『구속사적 설교론의 근거와 제기되는 문제』에서 기독론적 설교의 4가지 함정과 오

★ 변종길 교수는 서울대학교(B.A)와 고려신학대학원(M.Div.)를 거쳐 화란 캄펜개혁신학대학(Drs., Th.D.)에서 수학했다. 고려신학대학원의 신약학교수이며 대학원장을 역임했다.

류를 지적하고 있다.

첫째는 현실의 삶과 모범적 적응력의 상실이다. 다시 말해서 오늘의 삶을 목표로 한 실천적인 면을 소홀히 한다.
둘째는 그리스도 언급에 대한 강박 관념이다. 어떤 본문을 택하든 그리스도에 대한 언급이나 혹은 십자가 사건에 대한 언급을 끼워 넣으려고 하는 무리한 시도가 있다.
셋째는 개별 본문의 고유성이다. 모든 본문은 각각 고유한 내용과 고유한 의미 그리고 고유한 메시지를 가지고 있다.
넷째는 지루하고 어려운 설교가 될 위험성이다. 기독론적 설교를 고집하게 되면 청중의 입장에서는 설교가 때로는 지루하고 어려운 것으로 여겨질 위험이 있다.

설교자는 극단적 구속사 중심의 함정도 경계해야 하지만 그리스도가 빠진 인간중심의 위인전기와 같은 설교를 더욱 경계해야 한다. 하나님께서 설교자를 강단에 세우신 목적이 무엇인가?

김운용 교수는 『설교의 새로운 패러다임』에서 "설교자의 가장 중요한 임무는 복음의 비밀을 어떻게 이 시대 속에 전할 것이며, 그 비밀이 간직하고 있는 신비를 전혀 알지 못하는 사람들에게 밝히 드러내 주느냐이다"라고 했다.

> [계 5:13] 보좌에 앉으신 이와 어린 양에게 찬송과 존귀와 영광과 권능을 세세토록 돌릴지어다

모든 찬양의 핵심이 어린 양을 향한 노래이듯, 모든 설교의 핵심은 어린

양되신 예수 그리스도께 초점이 맞추어져야 한다. 설교자가 외칠 영원한 영웅은 예수 그리스도다. 설교자가 흔들 영원한 깃발도 예수 그리스도다. 설교자가 부를 영원한 노래도 예수 그리스도다. 복음은 설교를 설교답게 하고, 설교자를 설교자답게 한다. 복음은 설교의 생명을 좌우한다. 복음이 없는 설교는 죽은 설교다.

Chapter 12 예수님의 설교에서의 성령

설교, 예수님처럼 하라

제12장 예수님의 설교에서의 성령

설교의 빛과 불

웨일즈에 내가 잘 알고 지내던 나이 많은 설교자 한 분이 있었다. 그는 아주 능력 있는 노인이었으며 훌륭한 신학자였다. 그는 아주 예리한 비평가였다. 한 번은 그가 참석한 총회의 마지막 순서로 두 사람이 설교하게 되었다. 두 사람은 신학교 교수들이었다. 첫 강사의 설교가 끝나자 이 나이든 비평가는 옆 사람에게 "빛만 있지 열은 없는 설교로군" 하고 말했다.

이어서 두 번째 강사가 설교했는데, 그는 앞서 설교한 사람보다 나이도 많고 다소 열정적이었다. 그가 설교를 마쳤을 때 나이든 노인은 고개를 옆 사람에게 돌리고 "열만 있지 빛이 없는 설교로군" 하고 말했다.

두 가지 다 적절한 비판이었다. 중요한 점은 두 설교자가 모두 결함이 있었다는 것이다. 설교자는 반드시 빛과 뜨거움을 다 가지고 있어야 한다. 뜨거움이 없는 빛은 결코 어떤 사람도 감동시키지 못한다. 빛 없는 뜨거움도 영구적인 가치가 없다. 이런 설교는 일시적인 영향을 줄 수 있을지 몰라도 진정으로 회중들을 돕지 못하고, 세워 주지도 못하며, 그들의 문제를 다루어 주지도 못한다.

설교란 무엇인가? 불붙은 논리이다. 마음을 움직이는 이성이다. 두 가지가 서로 모순된다고 생각하는가? 결코 그렇지 않다. 바울을 비롯한 여러 사도들에게서 볼 수 있듯이 설교는 불붙은 신학이다. 불타오르지 않는 신학은 결함이 있는 신학이다. 설교는 불붙은 인간에게서 나오는 신학이다. 불붙지 않은 설교자는 강단에 설 자격이 없다. 이런 사람을 강단에 서도록 허락해서는 안 된다.★

로이드 존스 박사의 저서 『목사와 설교 Preaching & Preachers』에 소개된 내용이다. 그는 설교에서의 빛과 불의 조화를 강조하면서 "면밀한 준비와 성령의 감동은 서로 상충되는 것이 아니라 상호 보완적인 것"이라고 했다.

우리는 두 극단에 치우치는 경향이 있다. 어떤 이는 자기 자신의 준비에만 의지하고 더 이상은 바라지 않고, 어떤 이는 준비를 경멸하여 성령의 역사와 감동과 영감에만 의지하는 경향이 있다. 그러나 어느 한쪽으로만 치우쳐서는 결단코 되지 않는다. 늘 둘을 겸해야 하고 "둘이 함께" 가야 한다.

예수님의 설교에는 빛과 불, 곧 탄탄한 조직과 성령의 역사가 함께 결합되어 있다. 아무리 정교하게 만들어진 인간의 방법이나 이론이라도 그것만으로는 설교의 능력을 드러낼 수 없다. 효과적인 설교 사역을 위해서는 성령님의 주도적인 개입과 간섭이 절대적으로 필요하다.

★ 로이스 존스 박사는 20세기 최고의 복음주의 지성인으로 알려진 분이다. 의사 출신의 목사이자 42년 동안 웨일스학파의 대표적인 복음주의 설교자로서 "20세기 스펄전"이란 칭호를 받을 만큼 큰 영향력을 끼쳤다. 런던 웨스트민스터 채플에서 설교자로 활동하였으며 개혁주의 운동의 지도자로서 영적 통찰과 해박한 신학을 바탕으로 성령의 임재와 기름부음이 있는 탁월한 사역을 감당했다. 그는 "성령님은 2천 년 동안이나 교회사에서 무시당해 왔다"며 안타까워하기도 했다.

곽선희 목사는 앞서 소개한 『곽선희 목사에게 배우는 설교』에서 성령의 역사는 목회 사역에 절대적임을 강조한다.

저는 목회가 성령의 역사 없이는 불가능하다고 믿는 사람입니다. 성령의 역사가 없이는 교회가 세워질 수 없고 설교도 할 수 없습니다. 더군다나 전도와 회개란 있을 수 없습니다. 목회자는 성령충만 해야 합니다. 그리고 교회도 성령충만 해야 부흥하고 성장합니다. …사람이 성령충만 하면 그 열매로써 그리스도에 대한 바른 믿음을 갖게 되고, 그 삶이 거룩하게 되고, 하나님의 자녀로서의 확신이 서고, 복음을 증거하는 역사가 일어나게 됩니다. 이것이 제가 성령을 강조하는 이유입니다.

그렉 하이슬러 교수도 앞서 소개한 『성령이 이끄는 설교』에서 기계적인 설교 훈련과 역동적인 성령의 역할이 함께할 때 설교의 시너지 효과가 나타난다고 했다.

설교의 역동성을 위해서는 성령의 이끄심과 설교의 기법은 동등한 것으로 간주되어야 한다. 기계적인 기법과 성령이 결합할 때 시너지 효과가 발생한다. 시너지 효과란 두 요인이 결합된 총합이 개별 요소보다 더 크고 힘이 있다는 것이다. 설교에서 소위 시너지 효과를 보려면 기계적인 기법과 성령의 명백한 역사가 결합되어 선포되어야 한다.

위대한 설교자들의 간증

▶ 존 웨슬리 목사의 사역과 성령

다음은 『존 웨슬리의 일기journal of John Wesley』에 실린 1738년 5월 24일자 일기 내용이다.

그날 저녁에 나는 올더스게이트에 별로 가고 싶은 마음이 없었으나 참석했다. 거기서 어떤 사람이 『루터의 로마서 강해 서문』을 읽고 있었다. 밤 9시 15분 쯤, 그 낭독자가 우리가 그리스도를 믿을 때 하나님께서 우리 마음에 변화를 가져 오시는 일을 묘사하는 말을 듣는 중에 내 마음이 이상스럽게 뜨거워짐을 느꼈다. 나는 내가 그리스도를 참으로 믿고 있음을 느꼈고 구원을 위해서 그리스도만을 의지해야 한다고 느꼈다. 그리고 주께서 내 모든 죄를 없애 주셨다는 확신이 생겼고, 나 같은 자의 죄를 다 사하시고 죄와 죽음의 법에서 나를 구원해 주셨음을 확신하게 되었다.

이때 존 웨슬리의 나이는 35세였다. 선교지에서 돌아온 후 그는 자신의 구원을 확신하는 놀라운 은혜를 체험했다. 하지만 그는 일기에서 고백하기를 "구원을 확신하는 은혜를 체험했지만 생활에서 특별한 변화도 없었고, 설교에도 여전히 감화력이 없었다"고 했다. 급기야 자신은 더 이상 설교를 해서는 안 되겠다는 생각까지 했다.

존 웨슬리의 능력 있는 사역은 언제 시작되었는가? 존 웨슬리의 1739년 1월 1일(월) 일기에서 성령으로 세례를 받고 성령충만을 경험한 감동을 이렇게 기록하고 있다.

미스터 홀, 킨친, 잉함, 휫필드, 허친스, 그리고 나의 동생 찰스가 우리의 형제(모라비안) 60여 명과 함께 페터레인 애찬회에 참석하였다. 우리가 계속해서 갈급하게 기도하고 있을 때 새벽 3시경, 성령의 권능이 우리 위에 강하게 임하셨다. 그 권능 아래 많은 사람들은 넘쳐흐르는 기쁨으로 울부짖었고 땅바닥에 쓰러졌다. 우리는 하나님의 권능의 현존 앞에서 깨어나자마자 한목소리로 '하나님은 우리의 주님이 되십니다' 하고 찬양을 불렀다.

그가 성령세례를 받고 성령으로 충만하기 전까지는 평범한 사역자에 불과했다. 성령세례를 받은 이후 존 웨슬리는 "나의 교구는 전 세계요, 세계는 나의 일터다. 이 세상에 예수 그리스도를 모르는 단 한 사람만 남아 있더라도 나는 그 사람을 위하여 땅 끝까지 달려갈 것이다"라고 외쳤다.

▶ 디엘 무디 목사의 사역과 성령

디 엘 무디D. L Moody 목사의 능력 있는 설교 사역은 언제 시작되었는가? 다음은 오스왈드 스미스Oswald J. Smith의 저서 『성령충만The Enduement of Power』에 수록된 디엘 무디 목사의 간증이다.

그 축복은 빛의 번쩍임처럼 갑자기 나에게 임하였다. 여러 달 동안 나는 성령의 능력을 목마르게 사모하고 있었다. 그리하여 마침내 내가 그 능력을 얻지 못하면 죽으리라고 생각할 정도가 되었다. 나는 그때 뉴욕의 거리를 걸었던 것을 지금도 기억한다. 내가 세상에 전혀 존재하지 않은 사람처럼, 내가 하고자 하던 일에 대해서 전혀 생각이 없었다.

그러던 어느 날, 오! 얼마나 놀라운 날이었던가! 나는 그날을 묘사할 수 없다. 거의 언급할 수조차 없다. 그것은 너무 생생한 경험이어서 이름을 붙일 수가 없다. 그 거리에서 하나님의 능력이 너무나 놀랍게 나에게 임하였고, 나는 하나님께 그 손을 그대로 멈추어 달라고 구하여야 했다. 나는 너무나 충만한 나머지 마치 온 세상이라도 품을 수 있을 것 같았다. 이 일은 내가 거듭난 이후 여러 해가 지난 후에 일어났다. 나는 성령의 능력을 받기 전에 전했던 옛 설교를 택해서 전했다. 진리는 옛 진리 그대로였지만 거기에는 새로운 능력이 있었다. 많은 사람들이 깊은 감명을 받고 회심하였다. 한 번은 대서양을 건너서 영국에서 말씀을 전했을 때였다. 나는 말씀을 전한 후 초대의 시간을 갖지 않을 수 없었다. 놀랍게도 약 사백 명에 이르는 거의 전체 청중이 동시에 일어났다. 매우 이상하게 생각한 나는 청중에게 다시 착석할 것을 요구하고서, 다시 한 번 초대의 말을 하였다. 그러자 이번에는 사태가 훨씬 분명해졌다. 다시 거의 모든 청중이 일어난 것이다. 그래서 다시 한 번 그들에게 착석할 것을 요구하였다. 내가 돌아서서 담임목사에게 어떻게 된 일이냐고 물었을 때 그 목사 자신은 더욱 어리둥절한 상태였다.

만약 당신이 나에게 온 세상을 준다 하여도 나는 그 복된 경험 이전으로 돌아가지 않겠다. 온 세상은 그 경험에 비하면 티끌만도 못하다.

성령을 체험한 후 무디 목사가 옛 설교를 택해서 전했을 때 어떤 일이 일어났는가? 설교원고는 달라지지 않았다. 설교를 듣는 회중도 그대로였다. 그렇다면 무엇이 달라졌는가? 달라진 것은 설교자 무디 목사다. 설교자가 달라지면 모든 것이 달라진다.

성령의 지혜와 권능이 없이는 설교자의 사명을 감당할 수 없다. 더더욱 복음의 열매를 기대할 수 없다. 성령의 은혜가 빠진 인간의 최선의 노력은 헛수고일 뿐이며 결국 처참한 결과를 맞게 된다.

하나님께서 맡겨 주신 설교자의 사명을 수행하려면 무엇이 필요할까? 존 웨슬리처럼, 디엘 무디처럼 성령세례를 받고 성령으로 충만하지 않고는 누구도 능력 있는 설교자의 삶을 살 수 없다. 모든 설교자에게 성령충만한 은혜는 절대적이다.

▶ 조용기 목사의 사역과 성령

다음은 여의도순복음교회를 최자실 목사와 함께 개척하여 성장시킨 조용기 목사의 간증이다.

후에 나의 동역자이자 장모가 된 최자실 학생은 그 당시 우리 신학교에서 가장 나이가 많았다. 그녀는 기도하기 위해 항상 학교에 먼저 나왔다. 그리고 이상한 말로 기도하기 시작했다. 나는 "한국말로 하나님께 기도하지 그래요?"하고 비웃기도 했다. 그러면 그녀는 말하기를, "나는 성령으로 충만하기 위해 방언을 말하는 겁니다. 내가 방언을 말할 때 하나님과 교통하게 되고, 방언으로 기도하면 당신보다 훨씬 더 큰 영적 능력을 가지게 된답니다"라고 반박했다. 매주 토요일에 우리는 떼를 지어 공터나 거리로 전도하러 나가곤 했었다. 나는 북을 치고 나머지 사람들은 노래를 불렀는데 많은 사람들이 주변에 몰려들었다. 내가 그들에게 놀라운 신학적인 메시지로 말씀을 선포했다고 자부했는데도 불구하고 한 사람도 예수님을 영접하지 않는 것이었다. 그러자 최자실 학생이 가운데서 말씀을 선포하기 시작했다. 나는 그녀의 설교가 매우 빈약하고 정돈돼 있지 못하다고 생각했다. 그러나 나는 그녀가 말하자 사람들이 주의 깊게 듣고 있다는 것을 깨닫고 매우 놀랐다. 모든 사람들이 조용히 가라앉은 분위기 속에서 그녀가 하는 말을 들었다. 그것은 마치 어떤 이상한 훈풍이 불어서 우리를 조롱하던 사람들을 조용하게, 때론 웃기도 하면서 박수도 치고 경청하게 만드는 것 같았다. 그녀가 예수님을 믿고 거듭나라고 구원으로 초대하자 많은 사람들이 나왔고 구원을 받았다.

나는 큰 충격을 받았다. 당시 나는 나 자신이 최자실 학생보다 더 세련되고 더 능력이 있다고 자만하고 있었다. 나는 속으로 "이해할 수 없다. 하나님은 공평하시지 않다. 내가 말할 때는 사람들이 나와 논쟁이나 하려고 하고 그녀가 빈약한 말로 설교하자 많은 사람들이 듣고, 웃고, 울기도 하면서 구원을 받다니…."

"하나님! 왜 그렇습니까? 왜 그녀는 성령으로 충만하고 저는 그렇지 못하단 말입니까?"하고 원망을 했다. 그래서 나는 신학교 시절 내내 그녀를 관찰했다. 그녀는 학구적으로는 나와 경쟁이 되지 않았지만 다른 측면에서는 다른 모든 학생들보다 우위에 섰다. 나는 동일한 성령의 은혜를 받기를 소원했다. 그래서 졸업하기 전에 금식기도를 하기로 결심했다. 삼각산에 올라가서 "하나님 아버지, 나에게도 성령으로 세례를 주시옵소서. 충만케 하옵소서. 왜 저한테는 성령을 충만하게 부어주시지 않습니까? 안 주시면 저는 목회자가 되지 않겠습니다"라고 밤새도록 논쟁하고 우기고 주장했다. 마침내 지쳐서 내가 진공상태처럼 아주 빈 마음이 되었을 때, 성령의 임재하심을 느낄 수 있었다. 나는 성령으로 세례를 받았다는 것을 느꼈고 기도의 영을 받으며 방언으로 자유로이 말하기 시작했다. 그 후 나는 내가 설교할 때, 성령의 강한 바람이 사람들 위에 불어 닥치고 내 설교에 집중해서 경청하는 것을 볼 수 있었다. 많은 사람들이 죄를 뉘우치고 우리 주 예수님께로 돌아왔다.

조용기 목사의 능력 있는 설교 사역은 언제 시작되었는가? 성령의 능력을 알지 못하던 조용기 목사의 모습은 어떤가? 마치 한쪽 바퀴가 빠진 수레와 같았다. 성령세례를 받고 성령으로 충만함을 받기 이전의 예수님의 제자들의 모습과 전혀 다르지 않다. 하지만 성령의 권능은 그의 설교에 능력의 날개를 달아 주었다.

프레드릭 프라이스Frederick K.C Price 박사는 *The Holy Spirit, The Missing Ingredient*에서 "하나님의 간절한 소원은 그분의 자녀인 우리가 성령으로 세례를 받아 충만한 기쁨과 능력, 그리고 승리를 누리는 것이다. 하지만 마귀는 우리가 성령에 대한 진리를 모르고 어둠 가운데 머물러 맹인처럼 살기 소망한다"고 했다.

설교는 초자연적인 성령의 사역

오늘날 설교자에게 크게 결핍되어 있는 것은 무엇인가? 오스왈드 스미스 목사의 외침에 설교자는 귀를 기울여야 한다.

우리 시대의 교회에 가장 필요한 것은 무엇인가? 사람인가, 기계인가, 돈인가, 조직인가? 아니다. 오늘날 우리에게 가장 필요한 것은 성령의 강력한 기름부으심이다. …이것이 모든 문제의 해결책이다. 사람들의 주의를 어떻게 끄느냐가 문제가 아니라 어떻게 성령의 활동을 확보하느냐가 문제이다. 더 나은 설교를 추구할 것이 아니라 성령의 설교를 추구해야 한다.*

성령충만한 설교자는 성령으로 전하고, 성령님은 성령충만한 설교자를 통하여 전하신다. 설교는 초자연적인 사역이다. 만일 설교자의 영혼이 성령으로 불타오르지 않는다면 그 설교는 메마른 지식만 전달하게 될 것이다.

[고전 2:14-15] 육에 속한 사람은 하나님의 성령의 일들을 받지 아니하나니 이는 그것들이 그에게는 어리석게 보임이요, 또 그는 그것들을 알 수도 없나니

★ 오스왈드 스미스 목사는 맥코믹신학교를 졸업하고 캐나다 장로교회 사역자로 임명되었다. 1921년 토론토에 기독연합선교회(CMA)와 연합하여 선교사를 파송할 수 있는 교회를 설립하였다. 1928년에는 피플즈교회를 설립하였다. 1930년부터는 라디오 방송과 선교 집회를 주최하기 시작했고, 토론토를 기반으로 전 세계를 다니며 선교사를 동원하는 데 힘썼다. 80개국에서 12,000편의 설교를 하였으며, 30여 권의 저술은 130개 언어로 번역 출간되었다.

그러한 일은 영적으로 분별되기 때문이라 :15 신령한 자는 모든 것을 판단하나 자기는 아무에게도 판단을 받지 아니하느니라

성령님은 누구를 사용하여 말씀을 전달하시는가? 사람을 도구로 사용하신다. 성령님께서 찾으시는 사람이 바로 성령으로 충만한 사람이다. 성령 충만한 사람은 성령의 대변자이다.

에스겔 37장에서 하나님께서는 골짜기에 가득한 마른 뼈들을 살려내어 큰 군대가 되게 하신다. 마른 뼈들을 살리실 때 하나님께서 직접 이 일을 하시는가? 에스겔을 통하여 이 일을 하신다. 그런데 에스겔을 이 골짜기로 이끌고 가기 전에 하신 일이 있다.

[겔 37:1-2] 여호와께서 권능으로 내게 임재하시고 그의 영으로 나를 데리고 가서 골짜기 가운데 두셨는데 거기 뼈가 가득하더라 :2 나를 그 뼈 사방으로 지나가게 하시기로 본즉 그 골짜기 지면에 뼈가 심히 많고 아주 말랐더라

"여호와께서 권능으로 내게 임재하시고." 하나님께서는 에스겔에게 마른 뼈들을 살리는 대언의 사역을 맡기시기 전에 먼저 권능을 부어 주셨다. 그리고 난 후 마른 뼈들에게 대언할 메시지를 주셨다.

세례 요한은 구약의 마지막 선지자로 예수님의 길을 예비한 사람이다. 하나님께서 세례 요한을 어떻게 준비시키는가?

[눅 1:13-17] 천사가 그에게 이르되 사가랴여 무서워하지 말라 너의 간구함이 들린지라 네 아내 엘리사벳이 네게 아들을 낳아 주리니 그 이름을 요한이라 하라 :14 너도 기뻐하고 즐거워할 것이요 많은 사람도 그의 태어남을 기뻐하리니

:15 이는 그가 주 앞에 큰 자가 되며 포도주나 독한 술을 마시지 아니하며 <u>모태로부터 성령의 충만함을 받아</u> :16 이스라엘 자손을 주 곧 그들의 하나님께로 많이 돌아오게 하겠음이라 :17 그가 또 <u>엘리야의 심령과 능력으로</u> 주 앞에 먼저 와서 아버지의 마음을 자식에게, 거스르는 자를 의인의 슬기에 돌아오게 하고 주를 위하여 세운 백성을 준비하리라

하나님께서는 세례 요한으로 하여금 사역을 감당할 수 있도록 성령의 충만함을 받게 하셨다. 또한 엘리야의 심령과 능력을 부어주셨다. 그러고 난 후에 백성들에게 전할 메시지를 주셨다.

연주자는 공연을 앞두고 악기를 점검한다. 악기가 잘 조율되어 있는지 그렇지 않은지에 따라 성능의 차이는 확실히 다르다. 설교자는 성령님께서 연주하시는 악기와 같다. 설교자는 성령님께서 잘 사용하실 수 있도록 잘 조율된 악기가 되어야 한다. 연주자가 잘 조율된 악기를 원하는 것처럼 하나님께서는 성령으로 충만한 사람을 원하신다.

만일 에스겔이나 세례 요한보다 성령으로 더 충만한 사람이 있었다면 어땠을까? 하나님께서는 그 사람을 사용하셨을 것이다.

예수님의 사역에서 성령충만

[눅 4:14-22] 예수께서 성령의 능력으로 갈릴리에 돌아가시니 그 소문이 사방에 퍼졌고 :15 친히 그 여러 회당에서 가르치시매 뭇 사람에게 칭송을 받으시더라 :16 예수께서 그 자라나신 곳 나사렛에 이르사 안식일에 늘 하시던 대로 회당에 들어가사 성경을 읽으려고 서시매 :17 선지자 이사야의 글을 드리거늘

책을 펴서 이렇게 기록된 데를 찾으시니 곧 :18 주의 성령이 내게 임하셨으니 이는 가난한 자에게 복음을 전하게 하시려고 내게 기름을 부으시고 나를 보내사 포로 된 자에게 자유를, 눈 먼 자에게 다시 보게 함을 전파하며 눌린 자를 자유롭게 하고 :19 주의 은혜의 해를 전파하게 하려 하심이라 하였더라 :20 책을 덮어 그 맡은 자에게 주시고 앉으시니 회당에 있는 자들이 다 주목하여 보더라 :21 이에 예수께서 그들에게 말씀하시되 이 글이 오늘 너희 귀에 응하였느니라 하시니 :22 그들이 다 그를 증언하고 그 입으로 나오는 바 은혜로운 말을 놀랍게 여겨 이르되 이 사람이 요셉의 아들이 아니냐

[요 3:34] 하나님이 보내신 이는 하나님의 말씀을 하나니 이는 하나님이 성령을 한량없이 주심이니라

[행 1:2] 그가 택하신 사도들에게 성령으로 명하시고 승천하신 날까지의 일을 기록하였노라

[행 10:38] 하나님이 나사렛 예수에게 성령과 능력을 기름 붓듯 하셨으매 그가 두루 다니시며 선한 일을 행하시고 마귀에게 눌린 모든 사람을 고치셨으니 이는 하나님이 함께 하셨음이라

예수님의 능력 있는 사역은 언제 시작되는가? 무엇으로 사역하셨는가? 성령으로 충만한 가운데 말씀을 전하셨을 때 어떤 일이 있었는가?

[마 7:28-29] 예수께서 이 말씀을 마치시매 무리들이 그의 가르치심에 놀라니 :29 이는 그 가르치시는 것이 권위 있는 자와 같고 그들의 서기관들과 같지 아

니함일러라

　찰스 스윈돌Charles R. Swindoll 박사는 "그렇다면 우리는 어떻게 해야 예수님처럼 사람들을 감동시키면서 명확하고 힘 있게 가르칠 수 있을까? 사람의 방법과 기술이 도움은 되지만 해답은 될 수 없다"라고 했다.
　예수님께서 공생애에 들어가시기 전에 하나님께서 하신 일이 무엇인가? 예수님께서 요단강에서 물로 세례를 받으실 때 성령이 비둘기같이 그 위에 임하셨다.

　[눅 3:21-22] 백성이 다 세례를 받을새 예수도 세례를 받으시고 기도하실 때에 하늘이 열리며 :22 성령이 비둘기 같은 형체로 그의 위에 강림하시더니 하늘로부터 소리가 나기를 너는 내 사랑하는 아들이라 내가 너를 기뻐하노라 하시니라

　[눅 4:1,18-19] 예수께서 성령의 충만함을 입어 요단강에서 돌아오사 광야에서 사십 일 동안 성령에게 이끌리시며… :18 주의 성령이 내게 임하셨으니 이는 가난한 자에게 복음을 전하게 하시려고 내게 기름을 부으시고 나를 보내사 포로 된 자에게 자유를, 눈 먼 자에게 다시 보게 함을 전파하며 눌린 자를 자유롭게 하고 :19 주의 은혜의 해를 전파하게 하려 하심이라 하였더라

　[요 3:34] 하나님이 보내신 이는 하나님의 말씀을 하나니 이는 하나님이 성령을 한량없이 주심이니라

물세례와 성령세례, 성령충만을 받은 후 공생애를 시작하신 예수님

예수님께서는 성령의 강림을 통하여 성령의 충만을 입고, 성령에 이끌림을 받으셨다. 고향 나사렛의 회당에서 "주의 성령이 내게 임하시고", "내게 기름을 부으셔서" 비로소 복음을 전하게 되었다고 말씀하신다.

예수님은 성령으로 잉태되어 죄가 없으신 거룩하신 분이다. 하나님의 아들이신 예수님께서도 사역을 시작하시기 전에 성령세례를 받으시고 성령으로 충만하여 말씀을 전하셨다면 우리에게 무슨 말이 더 필요하겠는가?

제자들의 사역에서 성령충만

예수님께서 3년 반 동안 가르침을 받은 제자들에게 부탁하신 일이 무엇인가? 누가복음 24장에는 부활하신 예수님께서 제자들에게 당부하신 말씀이 기록되어 있다.

> [눅 24:49] 또 이르시되 이같이 그리스도가 고난을 받고 제삼일에 죽은 자 가운데서 살아날 것과 :47 또 그의 이름으로 죄 사함을 받게 하는 회개가 예루살렘에서 시작하여 모든 족속에게 전파될 것이 기록되었으니 :48 너희는 이 모든 일의 증인이라 :49 볼지어다 내가 내 아버지께서 약속하신 것을 너희에게 보내리니 너희는 위로부터 능력으로 입혀질 때까지 이 성에 머물라 하시니라

사도행전 1장에는 예수님께서 승천하시기 전, 제자들에게 당부하신 말씀이 기록되어 있다.

[행 1:3-5, 8] 그가 고난 받으신 후에 또한 그들에게 확실한 많은 증거로 친히 살아 계심을 나타내사 사십 일 동안 그들에게 보이시며 하나님 나라의 일을 말씀하시니라 :4 사도와 함께 모이사 그들에게 분부하여 이르시되 예루살렘을 떠나지 말고 내게서 들은 바 아버지께서 약속하신 것을 기다리라 :5 요한은 물로 세례를 베풀었으나 너희는 몇 날이 못되어 성령으로 세례를 받으리라 하셨느니라… :8 오직 성령이 너희에게 임하시면 너희가 권능을 받고 예루살렘과 온 유대와 사마리아와 땅 끝까지 이르러 내 증인이 되리라 하시니라

십자가와 부활을 수차례 목격한 제자들에게 예수님께서 성령으로 세례를 받으라고 분부하신 이유가 무엇인가? 오성종 박사는 『성령과 신자의 삶』에서 제자들은 예수님의 부활을 목격했으나 성령을 받기 전까지는 온전히 변화되지 않았다고 말한다.

많은 이들은 제자들이 담대한 순교적 신앙으로 변화될 수 있었던 것은 예수님의 부활을 보았기 때문이라고 말하기를 좋아한다. 그러나 실제 예수님께서 부활하셨을 때 그들의 믿음은 어떠했는가? 주님이 무덤에서 부활하신 것을 보고 드디어 제자들이 변화되었는가? 여전히 의심하고 두려워하는(마 28:17; 눅 24:38) 제자들의 모습을 보라.*

★ 오성종 박사는 서울대학교 철학과(B.A.)와 총신대학교 신학대학원(M.Div.)을 졸업하고 독일 튀빙겐대학교에서 신약학 전공으로 신학박사(Th.D.)를 취득하였다. 서울 대학촌교회 담임목사와 한국복음주의 신약학회장을 역임하였다. 칼빈대학교 교수와 칼빈대학교 신학대학원장을 역임하였다.

[요 21:2-3] 시몬 베드로와 디두모라 하는 도마와 갈릴리 가나 사람 나다나엘과 세베대의 아들들과 또 다른 제자 둘이 함께 있더니 :3 시몬 베드로가 나는 물고기 잡으러 가노라 하니 그들이 우리도 함께 가겠다 하고 나가서 배에 올랐으나 그날 밤에 아무것도 잡지 못하였더니

제자들은 부활하신 예수님을 만난 후에도 자신들의 사명이 무엇인지 모르고 방황하는 사춘기 소년과 같았다. 그들은 언제 자신들에게 주어진 사명을 발견하는가? 오순절 날 성령세례를 받고 성령으로 충만함을 입은 후 비로소 사명을 깨닫고 제자다운 모습으로 바뀌었다. 예수님의 제자들에게 능력 있는 설교 사역은 언제 시작되는가? 베드로가 성령으로 충만하여 말씀을 전했을 때 어떤 일이 일어났는가?

[행 2:29-41] 형제들아 내가 조상 다윗에 대하여 담대히 말할 수 있노니 다윗이 죽어 장사되어 그 묘가 오늘까지 우리 중에 있도다 :30 그는 선지자라 하나님이 이미 맹세하사 그 자손 중에서 한 사람을 그 위에 앉게 하리라 하심을 알고 :31 미리 본 고로 그리스도의 부활을 말하되 그가 음부에 버림이 되지 않고 그의 육신이 썩음을 당하지 아니하시리라 하더니 :32 이 예수를 하나님이 살리신지라 우리가 다 이 일에 증인이로다 :33 하나님이 오른손으로 예수를 높이시매 그가 약속하신 성령을 아버지께 받아서 너희가 보고 듣는 이것을 부어 주셨느니라 :34 다윗은 하늘에 올라가지 못하였으나 친히 말하여 이르되 주께서 내 주에게 말씀하시기를 :35 내가 네 원수로 네 발등상이 되게 하기까지 너는 내 우편에 앉아 있으라 하셨도다 하였으니 :36 그런즉 이스라엘 온 집은 확실히 알지니 너희가 십자가에 못 박은 이 예수를 하나님이 주와 그리스도가 되게 하셨느니라 하니라 :37 그들이 이 말을 듣고 마음에 찔려 베드로와 다른 사도들

에게 물어 이르되 형제들아 우리가 어찌할꼬 하거늘 :38 베드로가 이르되 너희가 회개하여 각각 예수 그리스도의 이름으로 세례를 받고 죄 사함을 받으라 그리하면 성령의 선물을 받으리니 :39 이 약속은 너희와 너희 자녀와 모든 먼 데 사람 곧 주 우리 하나님이 얼마든지 부르시는 자들에게 하신 것이라 하고 :40 또 여러 말로 확증하며 권하여 이르되 너희가 이 패역한 세대에서 구원을 받으라 하니 :41 그 말을 받은 사람들은 세례를 받으매 이 날에 신도의 수가 삼천이나 더하더라

허셜 섕크스Hershel Shanks 박사는 *The Brother of Jesus*에서 예수님의 제자들이 활동하던 시대의 예루살렘 인구는 8만 명 정도였다고 한다. 이를 고려할 때 베드로의 설교를 듣고 회개한 후 세례를 받은 사람들이 하루 3,000명에 달했다는 사실은 놀라운 일이 아닐 수 없다. 성령의 일하심이 없이 어찌 가능한 일인가? 비결은 베드로가 성령의 권능을 덧입어 설교했기 때문이다. 복음을 전하는 설교사역은 사람의 힘으로 감당할 수 있는 사역이 아니다. 오직 성령의 능력으로만 감당할 수 있다.

바울 사도는 어떤 설교자인가? 바울 사도는 하나님의 말씀을 어떻게 전했는가?

[고전 2:1, 4-5] 형제들아 내가 너희에게 나아가 하나님의 증거를 전할 때에 말과 지혜의 아름다운 것으로 아니하였나니… :4 내 말과 내 전도함이 설득력 있는 지혜의 말로 하지 아니하고 다만 성령의 나타나심과 능력으로 하여 :5 너희 믿음이 사람의 지혜에 있지 아니하고 다만 하나님의 능력에 있게 하려 하였노라

[살전 1:5] 이는 우리 복음이 너희에게 말로만 이른 것이 아니라 또한 능력과 성령과 큰 확신으로 된 것임이라 우리가 너희 가운데서 너희를 위하여 어떤 사람이 된 것은 너희가 아는 바와 같으니라

바울 사도가 성령으로 충만하여 말씀을 전했을 때 어떤 결과가 드러났는가?

[행 13:9-12] 바울이라고 하는 사울이 성령이 충만하여 그를 주목하고 :10 이르되 모든 거짓과 악행이 가득한 자요 마귀의 자식이요 모든 의의 원수여 주의 바른 길을 굽게 하기를 그치지 아니하겠느냐 :11 보라 이제 주의 손이 네 위에 있으니 네가 맹인이 되어 얼마 동안 해를 보지 못하리라 하니 즉시 안개와 어둠이 그를 덮어 인도할 사람을 두루 구하는지라 :12 이에 총독이 그렇게 된 것을 보고 믿으며 주의 가르치심을 놀랍게 여기니라

[행 14:8-10] 루스드라에 발을 쓰지 못하는 한 사람이 앉아 있는데 나면서 걷지 못하게 되어 걸어 본 적이 없는 자라 :9 바울이 말하는 것을 듣거늘 바울이 주목하여 구원 받을 만한 믿음이 그에게 있는 것을 보고 :10 큰 소리로 이르되 네 발로 바로 일어서라 하니 그 사람이 일어나 걷는지라

[행 19:11-12] 하나님이 바울의 손으로 놀라운 능력을 행하게 하시니 :12 심지어 사람들이 바울의 몸에서 손수건이나 앞치마를 가져다가 병든 사람에게 얹으면 그 병이 떠나고 악귀도 나가더라

바울 사도는 성령으로 충만한 설교자이다(행 9:17; 13:9, 52). 바울은 사람의 지혜나 말로 전하지 않고 오직 "능력과 성령과 큰 확신으로" 전했다.

바울은 성령의 능력으로 일했지만 최선을 다하는 수고를 아끼지 않았다.

[골 1:28-29] 우리가 그를 전파하여 각 사람을 권하고 모든 지혜로 각 사람을 가르침은 각 사람을 그리스도 안에서 완전한 자로 세우려 함이니 :29 이를 위하여 나도 내 속에서 능력으로 역사하시는 이의 역사를 따라 힘을 다하여 수고하노라

아볼로는 어떤 사람인가? 그는 언제부터 능력 있게 말씀을 전하는 사역자가 되었는가?

[행 18:24-25] 알렉산드리아에서 난 아볼로라 하는 유대인이 에베소에 이르니 이 사람은 언변이 좋고 성경에 능통한 자라 :25 그가 일찍이 주의 도를 배워 열심으로 예수에 관한 것을 자세히 말하며 가르치나 요한의 세례만 알 따름이라

아볼로는 언변이 좋고, 성경에 능통하며, 어려서부터 하나님의 말씀을 잘 배워서 열심히 예수님을 증거하는 훌륭한 설교자였다. 그러나 25절은 아볼로가 "요한의 세례만" 알고 있었다고 말씀한다. 『메시지 성경』은 "**그가 예수에 대해 가르치는 내용은 아주 정확했으나 그의 가르침은 요한의 세례까지 밖에 이르지 못했다**"고 번역했다.

아볼로 역시 성령세례를 아직 받지 않았을 뿐만 아니라 성령으로 충만한 설교자가 아니었다. 브리스길라와 아굴라는 요한의 세례만 알고 있는 그를 데려다가 "하나님의 도"를 더 정확하게 가르쳤다.

[행 18:26] 그가 회당에서 담대히 말하기 시작하거늘 브리스길라와 아굴라가 듣고 데려다가 하나님의 도를 더 정확하게 풀어 이르더라

브리스길라와 아굴라가 아볼로에게 가르쳐 준 "하나님의 도"가 무엇일까? "요한의 세례만 알 따름이라"의 말씀을 유추해 볼 때 브리스길라와 아굴라는 아볼로에게 성령세례를 받게 하여 성령충만한 사역자가 되게 했다고 볼 수 있다.

[행 18:27-28] 아볼로가 아가야로 건너가고자 함으로 형제들이 그를 격려하며 제자들에게 편지를 써 영접하라 하였더니 그가 가매 은혜로 말미암아 믿은 자들에게 많은 유익을 주니 :28 이는 성경으로써 예수는 그리스도라고 증언하여 공중 앞에서 힘 있게 유대인의 말을 이김이러라

성령님은 누구를 통하여 일하시는가? 아볼로가 성령세례를 받고 성령으로 충만하여 말씀을 전하는 곳마다 증거가 나타났다. **"그가 가매 은혜로 말미암아 믿은 자들에게 많은 유익을"**(27절) 주었다. 물세례만 알고 있었던 아볼로는 성령세례를 받고 성령충만하여 말씀을 전하는 능력 있는 설교자가 되었다(28절).

예수님의 사역에서도, 예수님의 제자들의 사역에서도, 그리고 믿음의 선배들의 사역에서도 설교는 성령의 사역이었다. 그렇다면 오늘날 우리의 현실은 어떠한가? 오늘날 생명력을 잃어버린 교회를 위해 하나님께서 애타게 찾고 있는 설교자는 어떤 사람인가? 하나님께서는 성령충만하여 성도들을 하나님의 임재 가운데로 이끌고 갈 설교자를 찾고 계신다.

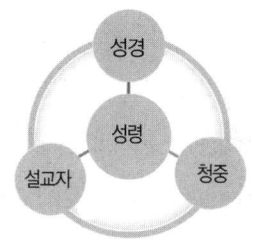

성령과 성경, 설교자, 회중의 관계

돛단배가 바람에 의해 움직이는 것처럼 기독교는 성령에 의해 움직인다. 성령의 권능은 메시지로서의 말씀, 메시지를 전달하는 설교자, 메시지를 전달받는 회중들 가운데 역사하신다. 성령의 도움을 받지 않고는 하나님의 말씀을 온전히 드러낼 수 없다. 하나님의 진리를 회중들에게 전달하고, 개인에게 적용된 말씀대로 행할 수 있는 것은 오직 성령으로만 가능하다.

설교자가 성령충만하여 설교를 한다고 해서 모두가 회개하고 주님 앞에 돌아오는 것은 아니다. 성령충만한 예수님께서 고향 나사렛 회당에서 말씀을 전했을 때 어떤 일이 일어났는가? 예수님께서 전하는 말씀에 놀라기는 했지만 예수님을 동네 밖 낭떠러지까지 끌고 가 밀쳐 떨어뜨려 죽이려고 했다(눅 4:16-30).

스데반은 지혜와 성령이 충만하여 그를 능히 당할 자가 없었다. 성령으로 충만한 그의 얼굴은 천사의 얼굴과 같았다(행 6:10, 15). 이런 스데반 집사가 공회에서 말씀을 전했을 때 사람들은 어떤 반응을 보였는가? 사람들은 귀를 막고 큰 소리를 지르며, 스데반을 성 밖으로 끌고 나가서 돌로 쳐 죽였다. 하지만 스데반 집사는 저들을 원망하거나 저주하지 않았다. 오히려 저들의 죄를 용서해 달라고 예수님께 간청했다.

[행 7:55-60] 스데반이 성령 충만하여 하늘을 우러러 주목하여 하나님의 영광

과 및 예수께서 하나님 우편에 서신 것을 보고 :56 말하되 보라 하늘이 열리고 인자가 하나님 우편에 서신 것을 보노라 한대 :57 그들이 큰 소리를 지르며 귀를 막고 일제히 그에게 달려들어 :58 성 밖으로 내치고 돌로 칠새 증인들이 옷을 벗어 사울이라 하는 청년의 발 앞에 두니라 :59 그들이 돌로 스데반을 치니 스데반이 부르짖어 이르되 주 예수여 내 영혼을 받으시옵소서 하고 :60 무릎을 꿇고 크게 불러 이르되 주여 이 죄를 그들에게 돌리지 마옵소서 이 말을 하고 자니라

바울 사도 역시 누구보다 성령충만한 사람이었지만, 말씀을 증거했을 때 모두가 회개하고 주님께 돌아오지 않았다. 오히려 그가 전한 말씀을 거부하고 쫓아내기도 했다(행 13:50-52). 사람들은 바울을 감옥에 가두고, 수없이 몽둥이와 돌로 치고 죽이려 했다(고후 11:24-27). 하지만 바울 사도는 실족하지 않았다. 오히려 항상 기뻐하며 범사에 감사했다.

[행 13:50-52] 이에 유대인들이 경건한 귀부인들과 그 시내 유력자들을 선동하여 바울과 바나바를 박해하게 하여 그 지역에서 쫓아내니 :51 두 사람이 그들을 향하여 발의 티끌을 떨어 버리고 이고니온으로 가거늘 :52 제자들은 기쁨과 성령이 충만하니라

만일 예수님과 스데반 집사, 바울 사도가 성령으로 충만하지 않았다면 어떻게 되었을까? 하루가 멀다 하고 밀려오는 환란과 핍박을 결코 이길 수 없었을 것이다.

탄탄한 조직에 성령충만을 더하라

성령충만 하지 않고는 결코 설교자의 사명을 감당할 수 없다. "오직 성령으로 충만함을 받으라"는 말씀을 모든 설교자는 가슴 깊이 새겨야 한다. 앞서 소개한 권성수 목사는 『성령설교』에서 성령충만의 필요성을 다음과 같이 강조하고 있다.

성령충만이 없어도 되고 있으면 더 좋다는 식의 사고방식은 아주 위험한 사고방식이다. 성령충만 없이 신앙생활을 하는 것은 모래 위에서 보트를 밀고 가는 것처럼 힘들고 괴로운 일이다. 성령충만 없이 목회사역을 하는 것은 기름칠하지 않는 기계를 돌리는 것같이 죽을 지경의 고역이다. 성령충만 없이 설교하는 것도 엘리베이터 없이 63빌딩을 걸어 올라가는 것같이 힘들다.

토니 사전트Tony Sargent 박사는 "만일 설교자가 성령으로 충만하지 않다면 그는 연기자가 되고 말 것이며 강단은 무대가 되고 말 것이다"고 했다.
왜 우리의 설교사역은 효과와 열매가 없는가? 우리의 설교는 왜 열정이 없고 능력이 없는가? 그것은 신학이 부족함도 아니요, 설교 자료가 부족해서도 아니다. 성령의 초자연적 능력을 무시하기 때문이다.
스티븐 올포드Stephen Olford와 데이빗 올포드David Olford가 저술한 *Anointed Expository Preaching*에서 설교에 있어서 성령의 역할을 언급하며 "구약성경의 죄는 성부 하나님을 배격한 것이고, 신약성경의 죄는 성자 예수 그리스도를 배격한 것이며, 오늘날 현대 교회의 죄는 제3위 성령 하나님을 배제한 것이다"라고 했다.

고든A. J. Gordon 박사도 설교자의 성령충만의 중요성을 언급하며 오늘날 강단에서 성령이 무시되고 있다고 했다.

우리 세대는 초자연적인 것들을 이해하는 능력을 급격히 상실해 가고 있다. 그래서 그 결과로 설교 강단이 강연장 수준으로 급격히 저하되고 있다. 이러한 쇠퇴의 원인은 무엇보다 설교자가 설교에 영감을 불어넣으시는 최고의 존재인 성령의 역할을 무시하기 때문이다. 말씀강해를 가장 못하는 사람이라도 성령으로 충만해지면 웅변가보다 낫다는 것을 잊어버린다면 차라리 위대한 웅변가가 설교의 강단에 서는 것이 더 나을 것이다.*

만일 우리의 설교가 탄탄한 구조와 탁월한 전달 기법으로 잘 포장되어 있어도 성령의 능력이 결여되어 있다면 그 설교는 배터리가 방전된 자동차와 같은 꼴이 되고 만다. 이런 설교는 설교자가 알고 그 설교를 듣는 회중도 안다. 성령충만이 없는 설교자는 성령님을 근심하게 한다.

20세기 "제2의 스펄전"으로 평가받았던 로이드 존스 박사는 "성령충만은 설교자에게 품질 보증서와 같다"고 했다. 이제 설교자들을 향한 그의 권면을 들어 보자.

성령의 능력에 관해 믿지 못하고 알지 못하면 설교 사역은 심장을 파열하는 고역이다. 나는 정말이지 이것 없이는 하루를 살아갈 수가 없다. 만일 우리에게 맡겨진 이 모든 일이 우리의 학식과 학위와 조직력에 맡겨졌다면 나는 모든 사람들 가

★ 고든 박사(1836~1895)는 미국 침례교 설교자, 작사와 작곡자, 버마 선교사로 성경을 버마어로 완역하였다. 고든대학과 고든콘웰신학대학원을 설립했다.

운데서 가장 비참하고 소망 없는 나날이 될 것이다. 그 상황은 전혀 소망이 없을 것이다. 그러나 사실은 그렇지 않다. 우리가 신약성경에서 볼 수 있듯이 성령의 능력은 오늘날 우리에게도 동등하게 가능하고 개방되어 있다는 것이다. 그것이 바로 우리의 소망이다. 그러나 우리는 이 점을 깨달아야 한다. 만일 우리가 이것을 깨닫지 못한다면 "슬픔과 낙담" 가운데서 세월을 보내게 될 것이고 그렇게 되면 아무것도 이루지 못할 것이다.

성령의 능력이 참된 설교를 만든다. 그것은 오늘날 모든 것 중에서 최대로 필요한 것이다. 그보다 더 큰 것은 없다. 아무것도 이것을 대신할 것은 없다. 이 "감동하심"과 이 "성령충만"은 최상 최대의 것이다. 여러분이 그것을 보유하기까지 추구하라. 그렇지 않거든 만족하지 마라. 여러분이 "내 말과 내 전도함이 설득력 있는 지혜의 말로 하지 아니하고 다만 성령의 나타나심과 능력으로 하는 것이다"라는 말을 할 수 있을 때까지 추구하라. 성령께서는 여러분이 요구하고 생각하는 모든 것보다 넘치도록 풍성하게 하실 수 있다.

예수님의 설교

예수님께서는 탄탄한 조직과 탁월한 전달기법으로 설교하셨다. 하지만 그것이 전부가 아니다. 여기에 예수님의 설교는 성령충만이 더해진 설교다. 예수님의 설교에는 빛과 불이 함께 공존한다.

[고후 1:21] 우리를 너희와 함께 그리스도 안에서 굳건하게 하시고 우리에게 기

름을 부으신 이는 하나님이시니

[요일 2:27] 너희는 주께 받은 바 기름 부음이 너희 안에 거하나니…

[엡 5:18] …오직 성령으로 충만함을 받으라

성령의 기름부음은 이미 우리 안에 있다. 설교자는 내 안에 있는 성령의 기름부음을 성령충만을 통해 불일 듯 활성화해야 할 책임과 의무가 있다. 설교의 생명력은 탄탄한 조직에 성령충만을 더할 때 나타난다. (성령충만을 받는 방법에 대해서는 필자의 책『성령이 답이다』, 3부를 참고하기 바란다.)

| 마치는 글 |

예수님의 설교를 모방하라

예수님도 이해하기 힘든 아주 독특한 설교

어느 날 자주 다니는 기독교 서점의 진열대에 『아주 독특한 설교』라는 제목의 책이 꽂혀 있는 것을 보았다. 그때 문득 "그렇다면 나는 그동안 어떤 설교를 해왔을까?" 하는 생각이 들었다. 생각은 여기서 머물지 않고 계속되었다.

"예수님께서는 내 설교를 어떻게 평가하실까?"

주일 설교를 마치고 강단에서 내려온 나에게 예수님께서 다가와 말을 걸어오셨다.

"너, 설교 준비는 많이 한 것 같더구나."

"……"

"그런데 그런 설교를 누구에게 배웠느냐?"

"……"

"너는 아주 독특한 설교를 하고 있구나."

"……"

"나도 너의 설교가 어려워서 이해할 수 없었는데 성도들이 어떻게 이해할 수 있겠느냐?"

"……"

"그리고 너의 설교를 들으면서 어찌나 졸리는지 꾹 참고 끝까지 듣느라고 혼이 난 것, 너는 아느냐?"

"……"

"그런데 말이야, 네가 방금 무슨 설교를 했는지 왜 하나도 기억이 나지 않지?"

예수님의 눈으로 보면 나는 '아주 독특한 설교'를 열정적으로 해왔다. 예수님께서도 지루해할 논리적 설명이 너무 많았다. 예수님도 알아들을 수 없는(?) 논리를 전개하며 설교를 했다. 내 설교를 들으시면 아마 본론도 들어가기 전에 졸 수 밖에 없는 그런 설교를 해왔다. 이른바 강해설교를 한답시고 원어를 들먹이며 성경 본문을 분석하고 열심을 다해 설교했지만, 회중이 이해하기 힘들고 듣고 나면 기억에 남지 않는 아주 독특한 설교를 해왔던 것이다.

정창균 합동신학대학원 교수는 『강단으로 가는 길』에서 회중들에게 어려운 설교를 하는 설교자들을 다음과 같이 지적한다.

가장 고급한 수준인 성경신학적 설교를 하니까, 가장 깊이 있는 구속사적 설교를 하니까, 나의 설교는 어려울 수밖에 없으며 청중의 수준이 그런 설교를 들을 만큼 높아져야 한다면서 그 어렵고 복잡한 말로 하는 설교를 고집하는 설교자들이 있습니다. 그것은 은근히 청중을 무시하는 오만이고, 청중을 사랑하지 않는 매정함이며, 충분히 설교를 고민하지 않는 불성실입니다. 그리고 그것들을 엉뚱한 명분으로 정당화하는 비겁함입니다. …설교를 알아들을 수준을 갖출 책임이 청중에게 있는 것이 아니라, 어느 수준에 있는 청중이라도 알아듣게 설교해야 할 책임이 설교자에게 있습니다.

이런 설교는 글로 읽으면 성경지식을 습득하는 데 도움이 될지는 모른다. 하지만 설교를 듣는 회중은 글을 읽는 독자가 아니다. 독자는 글이 이해되지 않으면 얼마든지 반복해서 다시 읽을 수 있다. 그러나 설교자의 말을 듣는 청중은 그럴 수 없다. 그러므로 설교자는 예수님처럼 누구나 쉽게 듣고 오래 기억할 수 있도록 스토리 중심의 설교, 회중 중심의 설교를 해야 한다.

하지만 예수님과 초대교회 제자들의 이야기 구조의 설교는 3-4세기 이후 헬라 수사학과 논리학의 영향으로 사장되어 자취를 감추게 되었다. 특히 근대에 이르러 계몽주의 이후 지난 300여 년 동안 전통적인 설교는 주제와 관련하여 3-4개의 대지를 뽑고 그것을 논리적으로 설명하는 3대지 설교의 틀에 꽁꽁 묶여 있었다. 계몽주의의 핵심은 이성중심이며, 이성의 힘에 의해 인간은 우주를 이해하고 자신의 상황을 개선할 수 있다고 믿었다. 특히 계몽주의 사상에 바탕을 둔 서구 사회는 논리적인 증명을 가장 효과적인 설득 방법으로 받아들였다. 설교도 이런 영향력에서 벗어날 수 없었다.

이런 가운데 전통 설교학의 문제점이 지적되었다. 3대지 설교는 성경 본문과 상관없는 내용이 많다는 것이다. 이 문제를 극복하기 위해 1980년대 이후 성경 본문을 중심으로 하는 강해설교가 등장했다. 1990년대에는 해돈 로빈슨Haddon Robinson 박사를 비롯하여 존 맥아더John MacArthur, 존 스토트John Stott, 브라이언 채플Bryan Chapell 등을 중심으로 강해설교는 르네상스를 맞게 되었다. 한국교회도 마찬가지다. 데니스 레인Denis J. V. Lane 강해설교 세미나는 강단에 새 바람을 몰고 왔다.

강해설교를 통해 3대지 설교의 문제점은 극복했다. 이른바 설교 개혁이 이루어진 것이다.

그렇다면 강해설교는 과연 성경적인 설교인가? 해돈 로빈슨 교수는 성경의 3/4 이상이 이야기 형식으로 기술되었다고 했다. 도로시 A. 밀러 Dorothy A. Miller는 *Simply The Story*에서 성경은 75%가 이야기, 15%가 시(詩), 10%가 설명(강해)으로 기술되었고 했다. 스토리텔링사역연구소 대표 김연수 박사는 성경의 75%가 이야기, 10%가 강해, 5%가 시 형태로 기록되어 있다고 했다.

오늘날 강해설교를 성경적인 설교라고 주장하는 설교자는 앞서 소개한 그래디 데이비스 박사의 말에 주의를 기울여야 한다. 4복음서의 중심 내용은 대부분 이야기의 형태로 기록되었고 주해는 10%도 안 된다는 것이다. 하지만 오늘날 설교의 90% 정도는 언어적 주해나 논쟁으로 채워져 있다고 지적했다. 여기서 모든 설교자들이 꼭 기억해야 할 것이 있다. 그것은 4복음서에 나오는 예수님의 설교에는 3대지 설교도 없고 강해설교도 없다.

강해설교에서 해결하지 못한 문제가 여전히 존재하고 있다. 강해설교의 가장 큰 문제점은 회중이 설교를 듣고 난 후 설교 내용을 기억하지 못한다는 것이다. 아무리 잘 준비한 설교 내용이라도 회중들이 듣고 그 말씀을 기억하지 못한다면 말씀을 적용하며 변화된 삶을 사는 것은 불가능한 일이다. 그렇다면 예수님의 설교는 어떤가? 4복음서에 기록된 예수님의 설교를 읽고 나면 그 내용이 오랫동안 선명하게 기억된다.

강해설교에서 야기되는 문제점은 잠깐 졸거나 딴 생각을 하는 경우 설교 내용이 끊어져 결국 통째로 놓쳐 버린다는 점이다. 하지만 예수님의 설교는 다시 들을 기회를 제공한다. '3의 법칙'을 통해 반복되기 때문에 놓쳐버린 내용을 다시 따라잡을 수 있다.

강해설교에서 나타나는 또 하나의 문제점은 무엇인가? 지루함이다. 논리적인 설명이 가득한 강해설교는 누가 들어도 지루하다. 하지만 비유와 은유, 그림언어를 통해 이미지로 전달되는 예수님의 설교는 전혀 지루하지 않다.

신학대학원 시절 외국 명문대학에서 공부한 교수 한 분이 계셨다. 명성도 대단하여 모두가 그분의 강의를 잔뜩 기대하고 있었다. 강의 첫 시간, 나는 맨 앞자리를 앉아서 강의를 들었다. 그런데 무슨 말을 하는지 논리적 설명으로 가득한 강의는 도무지 이해할 수가 없었다. 처음에는 '내가 지식이 부족하여 그런가 보다'라는 생각을 했다. 조금 있으니 지루함과 함께 졸음이 몰려왔다. 그렇다고 맨 앞자리에 앉아서 졸 수도 없었다. 그러다가 우연히 뒤를 돌아보게 되었다. 한마디로 한밤중(?)이었다. 그나마 고개를 들고 강의를 듣고 있는 다른 원우들도 나처럼 비몽사몽이었다. 지금도 그 때를 생각하면 입가에 배시시 웃음이 번진다.

김운용 교수는 앞서 소개한 『새롭게 설교하기』에서 설교의 지루함에 대해 다음과 같이 경고한다.

> 어쩌면 오늘날의 설교에서 가장 위험하고 적대적인 요소는 지루함이다. 현대의 청중들은 지루함을 용납하지 못하며 정말 싫어한다. 그것 자체가 죽음은 아니지만

지루함은 '죽음의 예고편'과 같다. 그래서 키르케고르는 지루함을 '모든 악의 근원'이라고 했다.

설교나 강의의 전달 과정에서 가장 중요한 요소는 무엇인가? 박태현 교수는 앞서 소개한 『박교수의 개혁주의 설교학』에서 교부 어거스틴과 칼빈의 말을 인용하여, 설교자가 아무리 훌륭한 내용을 설교했다 한들 회중이 알아듣지 못했다면 그것은 결코 좋은 설교가 아니라고 했다.

하나님께서 자신을 낮추어 우리에게 계시하셨다면, 설교자 역시 자신을 낮추어 성도들의 형편과 처지를 고려해 설교해야 한다. 특히 칼빈은 '단순하게' 설교할 것을 가르친다. "마치 유모가 그의 어린아이와 함께 말을 더듬는 것처럼, 우리가 이해할 수 있도록 서투른 말을 쓰시는 하나님"의 본을 따라야 한다고 조언한다. 이것은 어린아이들의 유치한 언어 사용을 권장하는 것이 아니라 청중들이 이해할 수 있는 언어로 설교해야 함을 강조한 것이다.

칼빈의 영적 스승인 교부 어거스틴은 『그리스도교 교양 *De Doctrina Christiana*』에서 "말을 하는 사람이 가르치고자 할 때에는 상대가 못 알아듣는 한, 가르치려는 사람에게 할 말을 다 했다고 생각하면 안 된다. 자기는 알아듣는 것을 말했다고 하지만, 알아듣지 못한 사람에게는 말을 안 한 것이나 다를 바 없다." 따라서 설교자는 청중이 이해할 수 있도록 단순하게 설교해야 한다.

R. C. 스프롤 목사는 "어떤 개념을 여섯 살 아이가 알아듣게 설명하지 못한다면 그 개념을 제대로 이해한 게 아니다. 바꾸어 말하면, 단순하게 설명하되 왜곡하지 않으려면 말하려는 바를 아주 깊이 이해해야 한다. 이해했다면 전달하기도 어렵지 않다"고 했다.★

그래디 데이비스 박사는 주해나 논리에 묶여 제대로 전달되지 않는 전통 설교학의 문제점을 극복하기 위한 대안으로 이야기의 중요성을 제시했다. 그의 저서 *Design for Preaching*이 1958년에 출판되면서부터 이야기에 대한 관심과 본격적인 논의는 촉발되었다.

1970년대에 이르러서는 스토리텔링을 통해 전달하는 새로운 설교학이 대두되었다. 이것이 미국 연합신학교United Theological Seminary 리차드 에슬링거Richard Eslinger 설교학 교수가 "설교학에 있어서 코페르니쿠스적 혁명"이라고 평가하는 새 설교학the new homiletics이다. 새 설교학을 권성수 교수는 '신설교학'이라고 하고 김운용 교수는 '새로운 설교학 운동'이라고 칭한다.

새 설교학은 1980년대 북미 설교학계에서 가장 영향력 있고 대중적인 흐름으로 정착하게 되었다. 전통적 설교의 한계를 극복하기 위해 제시된 새 설교학은 예수님의 설교를 회복하는 것이며, 설교에 귀를 막고 있는 회중들의 귀를 열 수 있는 방법이라고 주장했다.

1990년대에는 이야기를 중심으로 하는 이러한 설교를 이야기 설교story sermon, 이야기식 설교narrative preaching 혹은 설화체 설교, 이야기 중심의 설교preaching-as-storytelling, 귀납적 설교inductive preaching 등, 다양한 이름으로 소개되었다. 최근에는 '서사설교'라는 이름으로 자리를 잡아가고 있다.

그동안 전통 설교학은 무엇을 전할지 내용what에 중심을 두고 주제를 논

★ R. C. 스프롤 목사는 개혁주의 신학계를 이끄는 저명한 신학자로 심오한 진리들을 이해하기 쉽게 설명하는 글과 강의로 유명하다. 또한 딱딱하게 들리는 성경 교리를 명쾌한 논리와 적절한 예화로 풀어서 성경 말씀이 일상의 삶과 떨어질 수 없게 연결고리를 만들어준다. 낙스신학대학교 등 여러 주요 신학교에서 신학과 변증학 교수로 재직했으며 현재는 플로리다 주에 위치한 세인트 앤드류 채플(St. Andrews Chapel)의 목사로 말씀을 전하고 있다. 교육에 열정을 품고 70여 권의 책을 저술했으며, 1994년 『크리스채너티 투데이』의 비평가들이 뽑은 '신앙생활에 가장 큰 영향을 준 학자' 3위로 선정되었다.

리적으로 설명했다. 그래서 지루하다. 또한 듣고 나면 기억에 남아 있지 않는다. 새 설교학은 어떻게 전할지 전달how에 중심을 두고 주제를 비유적으로 설명한다. 그래서 지루하지 않고 설교를 듣고 나면 기억에 남아 있다.

새로운 설교학 운동의 공과는 무엇인가? 논리적인 설명에 갇혀 있는 명제 중심의 설교를 스토리텔링을 통해 회중에게 전달하는 새로운 물꼬를 터 주었다. 하지만 새 설교학자들은 '예수님의 설교 회복'을 외쳤지만 전달 기교에 너무 집중한 나머지 4복음서에 나오는 예수님의 설교에 대한 구체적인 연구는 없었다. 한마디로 예수님의 설교를 회복하는 데는 실패했다.

어떻게 하면 예수님도 이해하기 힘든(?) 설교에서 벗어날 수 있을까? 어떻게 하면 설교시간을 지루해하며 하품을 하거나 "그래서 어쨌다는 거지?" 하는 투의 태도를 보이는 회중들을 바꿀 수 있을까? 어떻게 하면 지루하지 않는 설교, 스티커처럼 마음에 찰싹 달라붙어 기억되는 설교를 할 수 있을까? 여기에 딱 맞는 맞춤형 설교가 '예수님 스타일'의 설교다. 해답은 예수님처럼 설교하는 것이다.

제이 E. 아담스 박사는 『개혁주의 설교와 설교자』에서 설교에서 이야기는 사람들이 보고 들으며 냄새를 맡는 창을 설치하는 것으로 의사전달에 탁월한 효과가 있다고 한다.

이야기는 메시지의 생명선인데, 곧 이야기는 관심을 자아내며 유지시키고, 원리에 대한 단순한 진술이 할 수 있는 것보다 진리를 더욱 명백하게 하며, 추상적인 내용을 구체화하고, 성경적 명령을 어떻게 실행에 옮길지를 보여주며, 진리를 실천적이며 기억 가능한 것으로 만드는 방식을 드러낸다. 예수님께서 그토록 많은 이야기를 사용하셨던 것은 전혀 놀라운 일이 아니다.

전통 설교학에서도 이야기를 사용하지만 이야기는 항상 어떤 명제를 설명하고, 논증을 예증하기 위한 예화illustration 차원에 머무르거나 제한된다. 하지만 예수님의 비유는 예화 차원을 넘어 설교의 중심 골격을 이룬다. 예수님의 설교에서 이야기는 패턴 스토리를 통해 전달된다.

그렇다면 어떻게 예수님의 설교를 배울 수 있을까? 예수님의 설교를 배우는 첫걸음은 내가 가진 모든 이론을 내려놓고 예수님의 설교를 모방하는 것이다.

> [마 11:28-30] 수고하고 무거운 짐 진 자들아 다 내게로 오라 내가 너희를 쉬게 하리라 :29 나는 마음이 온유하고 겸손하니 나의 멍에를 메고 내게 배우라 그리하면 너희 마음이 쉼을 얻으리니 :30 이는 내 멍에는 쉽고 내 짐은 가벼움이라 하시니라

내가 그동안 여기저기서 배운 설교 이론과 방법을 모두 내려놓고 예수님의 가르침을 따를 때 설교 준비와 전달이 너무 쉬웠다. 무엇보다 설교를 듣고 난 후 설교가 또렷이 기억된다는 성도들의 간증이 이어졌다. 설교를 듣고 난 후 다른 사람에게 설교 내용을 그대로 전달할 수 있다니 놀라운 일이 아닌가?

이왕이면 최고의 것을 베껴라

UCLA 법학대학 칼 라우스티알라Karl Raustiala 교수는 『모방의 경제학The Knockoff Economy』에서 모방을 억제하면 혁신은 쇠퇴한다고 주장한다. 애

플이 거둔 성공이나 패션 산업의 발전, 수많은 종류의 컴퓨터 서체 탄생에 이르기까지 모방은 혁신을 촉발했다는 것이다.

세계 최고 혁신 기업가로 꼽혔던 스티브 잡스도 그의 생전에 미국 PBS 방송 다큐멘터리 '괴짜들의 승리'에 출연하여 "우리는 위대한 아이디어를 훔치는 것을 부끄러워한 적이 없다"고 했다. 아이디어를 훔쳤다는 말은 결국 기존 아이디어를 모방했다는 것이다. 잡스 스스로 혁신을 위해 모방을 적극적으로 활용했다는 것을 인정한 셈이다.

홈플러스가 1995년 할인점 사업에 뛰어들 당시 시장에는 이미 선도 업체가 열한 개나 있었다고 한다. 홈플러스가 성공하려면 기존 업체와 차별화해야 했다. 차별화를 위해 이승한 회장이 선택한 전략은 역설적으로 모방이었다. 국내 경쟁자들이 아닌 글로벌 시장의 베스트 플레이어들을 모방했다는 것이다.

최고의 것을 찾아서 그것을 더 좋게 만든다는 전략이었다. 지구를 일곱 바퀴 반이나 돌았다. 전 세계에서 유명하다는 할인점, 쇼핑몰, 백화점 등 안 가본 곳이 없다. 미국 한 전문점에서 본 격자형 무빙워크를 개조해 국내 최초로 들여온 게 대표적인 성공 사례이다.

홈플러스 사례에서 보듯이 이왕 남을 모방해야 한다면 최고의 것을 베껴야 한다. 그래야 성공 확률이 높다.

천재 화가 피카소가 가장 많이 모방한 그림이 『시녀들Las Meninas』이다. 이 그림은 17세기 스페인 화가 디에고 벨라스케스Diego Velazquez의 대표작으로 인류 역사상 가장 위대한 걸작 가운데 하나로 알려져 있다. 20세기의 가장 위대한 화가라는 피카소는 중세부터 근대에 이르기까지 천재들의 그림을 지속적으로 모방해 그렸다. 벨라스케스의 『시녀들』은 피카소가 자신만의 방식으로 다시 그린 작품으로도 유명하다. 피카소는 벨라스케스의 시녀들 전체를 다시 그렸고, 때로는 작품 속 일부만 떼어내 그렸다. 그렇게 그린 작품만 58점에 이른다고 한다.

피카소는 어려서는 아버지의 그림을, 이후에는 앞서 간 대가의 그림을 숱하게 따라 그렸다. 피카소가 보인 천재성의 출발점은 '모방'이었다. 노년의 피카소는 그림을 그릴 밑천이 되는 아이디어가 떨어졌다고 느꼈다. 그래서 76세라는 나이에 어릴 때처럼 남의 그림을 모방해 그리는 작업을 시작했다. 그가 남의 그림을 그토록 열심히 다시 그린 이유를 "천재성은 나이 들면서 없어진다. 그래서 다시 모방을 시작해야 했다"고 했다. 피카소에게 모방은 창조의 출발점이었고 자신을 혁신하는 전략이었다.

『베끼려면 제대로 베껴라 Good Imitation to Great Innovation』의 저자 일본 와세다대 상학학술원 이노우에 다쓰히코 교수는 10년간 비즈니스모델 강의를 하면서 혁신이 어디서 오는지 고민하다가 최종적으로 '모방'이라는 답을 얻었다. 결국 하늘 아래 새로운 것은 없다. 단순히 모방하는 데 그치지 말고 '과감히 베껴라'라고 조언한다.★

커피 체인점 스타벅스의 시작도 모방이었다. 스타벅스 CEO 하워드 슐츠는 1971년 시애틀에서 커피 원두를 로스팅해서 판매하는 소매점을 운영하는 사람에 불과했다. 그가 훗날 이탈리아 밀라노를 여행할 때 에스프레소 바를 보았다. 사람들이 오페라를 공연하는 곳에 서서 여유롭게 커피를 즐기는 것을 보고 미국 정서에 맞도록 적용했다. 슐츠는 이탈리아의 커피

★ 이노우에 다쓰히코 교수는 일본 와세다대학 상학학술원 교수로 재직하고 있다. 2012년 4월부터 펜실베이니아대학 와튼스쿨 선임연구원을 겸임했다. 2003년 경영정보학회 논문상을 수상했으며 주요 저서들이 우리나라에 번역되어 있다.

문화를 모방한 미국식 카페 스타벅스를 꾸몄다. 결과는 대성공이었다.

어느 시골 교회 목회자가 교회를 개척한지 3년이 지나도 교회가 부흥되지 않아서 고민을 했다. 교회가 부흥되지 않는 것은 자신의 설교에 문제가 있다고 판단하고 대형교회 목사님들의 설교를 베껴서 설교를 했다. 그러던 중에 여의도 순복음교회 전도신문『행복으로의 초대』가 들어왔다. 어차피 남의 설교를 모방할 거라면 세계에서 제일 큰 교회를 담임하는 조용기 목사의 설교를 하기로 했다. 성도들이 '아멘'으로 화답하기 시작했다. 자신이 머리를 싸매고 준비하여 목이 터져라 선포해도 '아멘' 한 번 안 하던 성도들이 괘씸하기도 했지만 기뻤다. 10년이 넘도록『행복으로의 초대』에 실린 설교를 복사해서 강단에서 설교했더니 교회도 부흥되고 자신은 조용기 목사를 닮은 설교자가 되었다고 고백했다. 모방하면 결국 닮게 된다.

대부분의 설교자들은 자신의 롤 모델을 가지고 있다. 어떤 분들은 롤 모델의 설교를 그대로 베끼는 것은 물론이고 음성이나 억양, 사투리까지 모방하는 분들이 있다.

교단마다 탁월한 설교자들이 한두 분 정도 있다. 조용기 목사, 곽선희 목사, 옥한흠 목사, 이동원 목사 등은 많은 설교자들이 존경하고 롤 모델로 삼고 모방을 하는 분들이다.

우리가 롤 모델로 삼을 만한 수많은 위대한 설교자들이 국내외에 많다. 유명한 설교자들에게 배울 것이 많다. 그분들을 모방하는 것은 나쁘지 않다. 그분들에게서 배울 것이 한두 가지가 아니기 때문이다. 그러나 완벽한 설교자는 없다. 사람의 설교는 어딘가 흠이 있고 결함이 있다. 사람의 설교를 모방하면 그 흠과 결함까지 모방하는 우를 범할 수 있다.

그 한 예로, 새 설교학자들이 주장하는 이론과 방법은 우리 설교자들이 배워야 할 것들이 상당히 많지만 동시에 허점과 신학적 문제점을 갖고 있다(이 부분에 대해서는 권성수 목사의 저서 『성령설교』, 제1부 3장 "신설교학의 평가"를 참고하기 바란다).

그렇다면 우리가 배우고 따를 가장 완벽한 설교자는 누구인가? 이왕 롤 모델을 세우고, 가르침을 받고, 모방하고 흉내를 낼 수 있다면 최고의 것을 베껴야 하지 않을까? 모든 설교자에게 최고의 롤 모델은 누구인가? 예수님의 설교를 베끼는 것은 최선의 선택이다. 지혜로운 사람은 최선을 선택한다.

아래층 천장은 위층의 바닥이다

지금까지 수많은 사람들이 설교 이론과 방법들을 쏟아냈다. 하지만 사람의 방법과 기술이 도움은 되지만 결코 해답이 될 수는 없다. 가장 확실한 것은 예수님의 이론과 방법이다. 그러므로 우리는 예수님의 이론과 방법을 배워야 한다.

설교의 최고 전문가는 예수님이시다. 인간의 어떤 지혜와 방법도 예수님의 지혜와 방법에 비하면 밑바닥 수준에 불과하다. 예수님의 설교는 어떤 흠도 점도 없는 완벽한 설교다. 연설로 보나, 스피치로 보나, 가르침으로 보나 예수님보다 더 탁월한 분은 지금까지 없었다. 사람의 설교 이론과 방법을 배울 것인가, 예수님의 설교 이론과 방법을 배울 것인가를 선택해야 한다. 인간의 꼭대기가 예수님의 밑바닥만 못하다.

> [고전 1:25] 하나님의 어리석음이 사람보다 지혜롭고 하나님의 약하심이 사람보다 강하니라

예수님의 중심 사역은 3가지로 정리할 수 있다. 가르치고 전파하고 치유하는 사역을 하셨다. 그 중에서 제일 중심이 되는 사역은 말씀을 가르치고 전파하는 사역이다. 다시 말해서 4복음서에서 가장 많은 비중을 차지하는 부분이 설교 사역이다.

우리가 가장 쉽게, 가장 빠르게 배울 수 있는 것이 예수님의 설교이다. 왜냐하면 예수님의 설교가 4복음서에 그대로 나와 있기 때문이다. 성령님께서는 예수님의 설교 이론과 방법을 누구나 쉽게 따라할 수 있도록 4복음서에 자세히 기록해 놓으셨다. 이른바 제자훈련 사역은 그 방법이 구체적으로 나와 있지 않다. 그러나 설교만은 다르다. 어떻게 설교하셨는지 아주 정확하게 구체적으로 잘 기록되어 있다. 목회사역에서 설교가 가장 중요하다는 것을 알고 계셨던 예수님의 깊은 배려가 아닐까?

설교자는 누구인가? 예수 그리스도의 종이다. 종이 주인의 것을 배우고 따르는 것은 지극히 당연한 일이 아닌가? 예수님의 설교 방법과 원리는 모든 설교의 모형이요 모범이다. 특히 일정한 틀과 구조를 가지고 있기 때문에 모방하는 것이 너무 쉽다. 롤 모델을 두고 가르침을 받고 싶다면 예수님보다 확실한 롤 모델은 없다.

지금까지 역사 속에서 가장 위대한 설교를 한 분은 누구인가? 예수님께서는 설교의 달인이시다. 성경에 나오는 설교 중에 가장 위대한 설교는 예수님의 설교다. 이왕에 모방하고 흉내를 내야 한다면 예수님의 설교를 모방하고 흉내 내라. 최고의 것을 베껴야 한다면 예수님의 설교를 베껴라. 예수님을 따라 걷는 길은 항상 지름길이다.

| 에필로그 |

책은 한 사람의 삶을 변화시킬 뿐 아니라, 세계 역사의 물줄기를 바꾸어 놓기도 한다. 만일 한 권의 책이 큰 전쟁을 일으켰고, 또 수많은 사람들을 노예의 속박에서 자유로 해방시켰다면 엄청난 영향력을 발휘한 것이 아닌가? 그 책이 바로 해리엇 비처 스토Harriet Beecher Stowe의 『톰 아저씨의 오두막Uncle Tom's Cabin』이다.

이 책은 19세기 미국 켄터키 주를 배경으로 흑인 노예 톰의 비참한 삶을 그리고 있다. 고난과 학대 속에서 아픔을 견디며 지내는 흑인들의 실상을 담은 이야기다. 그들이 겪어야 했던 모진 고초들, 아픔, 죽어 가면서도 미국이라는 나라를 증오하는 모습, 백인들이 있는 곳이라면 천국도 싫다고 절규하는 흑인들의 모습이 뼛속까지 다가온다. 링컨 대통령은 남북전쟁 승전 파티에서 "나는 『톰 아저씨의 오두막』을 읽고 노예해방을 결심하게 됐다"고 했다.

4년간의 남북전쟁을 북군의 승리로 끝낸 아브라함 링컨 대통령은 백악관에서 『톰 아저씨의 오두막』을 쓴 스토 부인을 만났다. 한 사람은 글을 써서 인간 평등을 주장했고, 한 사람은 그 책을 읽고 북군의 지도자로 노예해방을 위해 싸웠다. 작은 체구의 스토 부인을 본 링컨 대통령은 깜짝 놀라며 물었다.

"선생님이 정말 스토 부인이 맞습니까? 위대한 소설을 쓴 부인의 용모는 강인할 줄 알았습니다."

링컨 대통령의 말에 스토 부인은 미소를 지으며 말했다.

"사실 소설을 쓴 사람은 제가 아니었습니다. 노예제도를 보고 노여워하신 하나님이 쓰셨습니다. 저는 단지 그분의 도구였을 뿐이지요. 각하의 모습도 제가 상상한 것과는 너무 다릅니다. 의외로 인자한 모습이군요."

"사실은 저도 제가 싸운 것이 아닙니다. 저는 하나님의 작은 도구였을 뿐입니다."

설교에 관한 책들을 모두 모은다면 아마 도서관 하나의 서고를 채울 정도는 되지 않을까? 그래서 책을 쓰는 것을 많이 망설이고 또 망설였다. 필자가 인도하는 "설교클리닉" 세미나에 참석했던 목회자들의 강력한 요구도 있었다. 그래도 자신이 없었다. 하지만 예수님의 설교를 구체적으로 분석한 책이나 논문이 없었다. 만일 그런 책이 있었다면『설교, 예수님처럼 하라』를 쓸 이유가 없었고 이 책은 세상에 나오지 않았을 것이다.

책을 쓰게 된 또 하나의 동기가 있다면 예수님께서 2000년 전에 사용하신 설교 원리들을 세상 사람들은 널리 활용하고 있었다. 하지만 예수님을 주님으로 섬기는 목회자들은 예수님께서 어떻게 설교하셨는지에 대해서 무지했다. 참으로 아이러니한 일이 아닐 수 없었다. 그래서 이 책을 쓰게 되었다. 이 책이 세상에 나온 이상 설교자들에게 다소의 영향력을 끼친다면 더할 나위 없는 기쁨이다.

필자는 설교학을 전공한 사람이 아니다. 설교로 교회를 크게 성장시킨 명성이 있는 목사도 아니다. 그런데도 주님은 한사코 무명의 목사에게 이 책을 쓰도록 7년 동안이나 강권하셨다. "저는 단지 그분의 도구였을 뿐입니다"라는 스토 부인과 링컨 대통령의 고백이 바로 나의 고백이다.

이 책은 많은 분들과 함께 쓴 공저요 함께 수고한 열매다. 그래서 그분들을 소개하지 않을 수 없다. 먼저 나의 등 뒤에서 묵묵히 기도해 주신 이기재 원로목사님께 머리 숙여 감사를 드린다. 나의 면류관이요 자랑인 사랑하는 새생명교회 성도들의 기도와 사랑에 감사를 드린다.

몇 번이나 포기하려고 할 때마다 격려와 조언을 해주시고, 필요한 자료를 챙겨 주시고, 매의 눈으로 원고를 꼼꼼히 살피고 교정해 주신 오태용 목사님께 특별히 감사를 드린다. 관심과 사랑으로 원고를 살펴 주신 김학충 목사님과 남궁 성 목사님, 신하경 전도사님께 감사를 드린다. 그리고 이해를 돕는 도표를 작성해 준 정대왕 목사님께도 이 기회를 통해 감사를 드린다. 형님처럼 챙겨 주시고 격려해 주신 장윤순 목사님, 고성도 목사님, 김진호 목사님, 오봉기 목사님, 김록경 목사님, 이동선 목사님과 김갑진 목사님, 누이 같은 마음으로 사랑해 주신 최순애 목사님, 신순심 목사님, 박정미 목사님께도 감사를 전한다.

끝으로 남편의 사역을 위해 기도와 헌신을 아끼지 않은 사랑하는 아내 이성옥 사모와 하나님의 은혜 가운데서 잘 자라 준 아들 요한이와 사랑스런 며느리 아름이, 아빠의 기쁨인 딸 혜지에게도 감사를 전한다.

참고 도서

1. 국내 도서

강미은, 『커뮤니케이션 불변의 법칙』, 원앤원북스, 2010.
____, 『매력적인 말하기』, 원앤원북스, 2011.
고재수, 『구속사적 설교의 실제』, CLC, 2005.
곽선희, "교회 성장을 위한 효과적 설교", 『성경과 설교』, 한국성서학, 1993.
____, "성공적인 목회자의 성품", 『교회발전을 위한 교육개발』, 쿰란출판사, 1997.
____, "어떻게 설교할 것인가?", 『영혼을 울리는 설교 개발』, 서로사랑, 1997.
____, "예배와 설교"『교회 발전을 위한 예배 개발』, 쿰란출판사, 1998.
____, "현대 설교의 성공 지혜", 『설교가 살아야 교회가 산다』, 쿰란출판사, 2002.
권성수, 『성령설교』, 국제제자훈련원, 2012.
김미경, 『김미경의 아트스피치』, 21세기북스, 2012.
김민수, 『이야기-가장 인간적인 소통형식』, 거름, 2002.
김운용, 『새롭게 설교하기』, WPA, 2007.
____, 『설교의 새로운 패러다임』, 장로교신학대학교출판부, 2007.
____, 『현대설교의 코칭』, 장로교신학대학교출판부, 2015.
김은성, 『마음을 사로잡는 파워스피치』, 위즈덤하우스, 2007.
김자영, 『말을 디자인하면 경영이 달라진다』, IGMbooks, 2012.
김정태, 『스토리가 스펙을 이긴다』, 갤리온, 2010.
김지찬, 『언어의 직공이 되라』, 생명의말씀사, 1998.
김창국, 『스토리를 팔아라』, 21세기북스, 2011.
김현기, 『선택과 집중의 기술』, 한스미디어, 2007.
류모세, 『열린다 비유』, 두란노, 2012년
마광수, 『이 시대는 개인주의자를 요구한다』, 새빛북스, 2007.
문성모, 『곽선희 목사에게 배우는 설교』, 두란노, 2008.
박필, 『사람을 변화시키는 설교를 하라』, 행복을만드는사람들, 2011.
박희천, 『나의 설교론』, 개혁주의신행협회, 1986.
____, 『성경에서 방금 나온 설교』, 요단출판사, 1997.
백동조, 『적용이 있는 효과적인 이야기식 설교』, 행복나눔, 2012.
서천석, 『성령이 답이다』, 베다니출판서, 2015.
안상헌, 『생산적인 삶을 위한 자기 발전 노트 50』, 북포스, 2005.
윤태익, 『타고난 성격으로 승부하라』, 더난출판사, 2003.

이명천/김요한, 『광고 전략』, 커뮤니케이션북스, 2013.
이서영, 『사람을 끌어당기는 공감 스피치』, 원앤원북스, 2010.
____, 『끌리는 말에는 스토리가 있다』, 위즈덤하우스, 2012.
이연길, 『이야기 설교학』, 쿰란출판사, 2003.
이태근, 『스피치』, ICG, 2012.
이형원, 『구약성서 비평학 입문』, 침례신학대학교출판부, 2009.
장문정, 『팔지 마라 사게하라』, 쌤앤파커스, 2014.
정숙, 『스토리텔링으로 소통하라』, 차림, 2011.
정창균, 『강단으로 가는 길』, 설교자하우스, 2016.
EBS 다큐프라임 제작팀, 『이야기의 힘』, 황금물고기. 2011.
조정래, 『스토리텔링 육하원칙』, 지식의날개, 쌤엔파커스 2010.
주경철, 『신데렐라 천년의 여행』, 산처럼, 2005.
주승중, 『성경적 설교의 원리와 실제』, 예배와설교아카데미, 2006.
채경락, 『퇴고 설교학』, 성서유니온선교회, 2013.
최혜실, 『스토리텔링 그 매혹의 과학』, 한올아카데미, 2011.
한종수, 『네러티브 설교의 힘』, 윌리엄캐리, 2010.
한진환, 『설교의 영광』, 생명의말씀사, 2005.

잡지(학술지)
곽선희, "목회자 연구/소망교회 곽선희 목사", 『월간목회』, 1997.08
김지찬, "설교자는 시인이 되어야 한다", 『신학지남』, 1995(겨울호)
____, "설교자는 이미지스트Imagist가 되어야 한다", 『신학지남』, 1997(겨울호)
박희천, "한국교회 설교의 문제점", 『신학지남』, 1984년 봄호
____, "예화의 보물창고인 성경", 『그 말씀』, 1993.02
____, "설교를 잘 할 수 있으려면", 『월간 프리칭』, 2005.09-10
변종길, "구속사적 설교의 의미와 한계", 『그 말씀』, 1998.11
이동원, "강단 설교와 삶의 적용", 『그 말씀』, 1994.12
정창균, "구속사적 설교론의 근거와 제기되는 문제", 『그 말씀』, 1998.11
____, "기독론적 설교의 함정과 오류, 그리고 극복", 『그 말씀』, 2002.12
제이 E. 아담스, "참된 적용이란 무엇인가?", 『그 말씀』, 1998.1
채규현, "구약을 구속사적으로 설교하는 법", 『그 말씀』, 1998.11

신문
강준민, "깊이 있는 행복의 신비", 『국민일보』, 2012.05.08
김용환, "말은 禍福의 문", 『매일경제신문』, 2012.04.24

김은성, "어릴적 할머니 얘기에 '스피치 비법' 있다", 「문화일보」, 2007.03.19
레너드 스윗, "구글세대에게는 '이미지'로 설교하라", 「크리스천투데이」, 2009.05.15
박태현, "박교수의 개혁주의 설교학", 「기독신문」, 2015.03.29 – 2015.12.05
빌 메리어트, "호텔 왕의 재산은 사람, 사람, 사람", 「조선일보」, 2015.02.07
손석태, "성경의 바른 번역, 바른 해석, 바른 적용③", 「교회연합신문」, 2015.10.29
조세핀 김, "우리 아이들의 팔은 세상을 향해", 「국민일보」, 2014.06.28

방송

"왜 우리는 대학에 가는가", 「EBS 다큐프라임 5부」

미간행 논문

오성종, 「성령과 신자의 삶」

2. 번역 도서

D. M. 로이드 존스, 서문 강 역, 「목사와 설교」, CLC, 1983.
J. C. 라일, 장호준 역, 「단순하게 설교하라」, 복있는사람, 2012.
S. G. 더흐라프, 스테반 황 역, 「약속과 구원 1」, 평단, 2012.
고사카 유지, 정미애 역, 「제품보다 스토리를 팔아라」, 중앙북스, 2010.
그렉 하이슬러, 홍성철/오태용 역, 「성령이 이끄는 설교」, 베다니출판사, 2009.
다니엘 샤피로/로저 피셔, 이진원 역, 「원하는 것이 있다면 감정을 흔들어라」, 한국경제신문, 2013.
다니엘 오버도르프, 이재학 역, 「설교를 적용하기」, 도서출판디모데, 2013.
다니하라 마코토, 노경아 역, 「결정적 질문」, 인사이트앤뷰, 2014.
다마키 츠요시/혼다 테츠야 공, 명성현 역, 「세상을 움직이는 파워 마케팅」, 에이지21, 2004.
더그 스틴븐슨, 임지은 역, 「명강의 무작정 따라하기」, 길벗, 2012.
데이비드 고든, 최요한 역, 「우리 목사님은 왜 설교를 못할까」, 홍성사, 2012.
도널드 R. 스누키안, 채경락 역, 「성경적 설교의 초대」, CLC, 2009.
도로시 리즈, 노혜숙 역, 「질문의 7가지 힘」, 더난출판, 2002.
로버트 H. 스타인, 오광만 역, 「예수님의 비유 어떻게 읽을 것인가」, 따뜻한세상, 2011.
로이 주크, 서정인 역, 「성령충만한 가르침」, 디모데, 2000년
롤프 옌센, 서정환 역, 「드림 소사이어티」, 한국능률협회, 2000.
리차드 H. 콕스, 김창훈 역, 「뇌는 설교를 어떻게 받아들이는가」, CLC, 2014.
마릴리 애덤스, 정명진 역, 「질문의 기술」, 김영사, 2005.
마이클 샌델, 이창신 역, 「정의란 무엇인가」, 김영사, 2010.

미미 고스, 김세진 역, 『한 마디로 말하라』, 중앙books, 2012.
브라이언 보이드, 남경태 역, 『스토리텔링은 인간의 본능』, 휴머니스트, 2013.
브라이언 채플, 엄성옥 역, 『그리스도 중심의 설교』, 은성, 1999.
브루스 모힌니, 오태용/김광점 역, 『목사님 설교가 아주 신신해졌어요』, 베다니출판사, 1994.
사무엘 로간 2세, 이덕신 역『개혁주의 설교와 설교자』, 솔로몬, 2016.
스튜어트 다이아몬드, 김태훈 역, 『어떻게 원하는 것을 얻는가』, 8.0, 2011.
스티븐 D. 매튜슨, 이승진 역, 『구약의 네러티브 설교』, CLC, 2011.
스티븐 데닝 저, 안진환 역, 『스토리텔링으로 성공하라』, 을유문화사, 2006
아트 마크만, 박상진 역, 『스마트 싱킹』, 진성북스, 2012.
앤드루 소벨/제럴드 파나스, 안진환 역, 『질문이 답을 바꾼다』, 어크로스, 2012.
에이버리 윌리스/마크 스노우든, 김연수/김택주 역, 『성경 스토리텔링』, 아가페북스, 2015.
오스왈드 스미스, 황영철 역, 『성령충만』, 생명의말씀사, 2002.
워런 버거, 정지현 역, 『어떻게 질문해야 할까』, 21세기북스, 2014.
워렌 W. 위어스비, 이장우 역, 『상상이 담긴 설교』, 요단출판사, 2008.
_____, 이장우 역, 『이미지에 담긴 설교』, 요단출판사, 2008.
월터 부르그만, 홍병룡 역, 『텍스트가 설교하게 하라』, 성서유니온선교회, 2012.
웨인 브래들리 로빈슨, 이연길 역, 『이야기식 설교를 향한 여행』, 한국장로교출판사, 2001.
유진 L. 로우리, 이연길 역, 『이야기식 설교 구성』, 한국장로교출판사, 1996.
_____, 주승중 역, 『신비의 가장자리에서 춤추는 설교』, WPA, 2008.
유진 피터슨, 양혜원 역, 『비유로 말하라』, IVP, 2008.
이안 커러더스, 도홍찬 역, 『설득의 스토리텔링』, 생각비행, 2011
이철한, 앤드류 미모 역, 『스토리텔링: 이야기로 세상을 만든다』, 마커스. 2009.
제드 메디파인드/에릭 포케스모, 김수련 역『화술의 달인 예수』, 리더북스, 2005.
제프리 아더스, 박현신 역, 『목사님 설교가 다양해졌어요』, 베다니출판사, 2010.
조지 빔, 이지윤 역, 『I, STEVE』, 쌤앤파커스, 2011.
존 웨슬리, 김영운역, 『존 웨슬리의 일기』, 크리스천다이제스트, 1984.
찰스 L. 캠벨, 이승진 역, 『프리칭 예수』, CLC, 2010.
찰스 브리지스, 황영철 역, 『참된 목회』, 익투스, 2011.
칩 히스/댄 히스, 안진환/박슬라 역, 『스틱』, 엘도라도, 2013.
칼빈 밀러, 박현신 역, 『설교: 내러티브 강해의 기술』, 베다니출판사, 2009.
켄 데이비스, 김세광 역, 『탁월한 설교가 유능한 이야기꾼』, 예영커뮤니케이션, 1998
크리스 주크/제임스 앨런, 이근 역, 『핵심에 집중하라』, 청림출판, 2002.

키도 카즈토시, 허영희 역, 『질문의 기술』, 아라크네, 2011.
튤리안 차비진, 정성묵 역, 『JESUS ALL』, 두란노, 2013.
폴 스미스, 김용성 역, 『스토리로 리드하라』, IGMbooks, 2013.
프래드 B. 크래독, 김운용 역, 『권위 없는 자처럼』, WPA, 2012.
피터 구버, 김원호 역, 『성공하는 사람은 스토리로 말한다』, 청림출판, 2012.
한스 W. 프라이, 이종록 역, 『성경의 서사성 상실』, 한국장로교출판사, 1996.
해돈 W. 로빈슨/토리 W. 로빈슨, 전광규 역, 『1인칭 네러티브 설교』, 이레서원, 2006.
해리엇 비처 스토, 이종인 역, 『톰 아저씨의 오두막』, 문학동네, 2011.

3. 영문 도서

Amos N. Wilder, 『Early Christian Rhetoric: The Language of the Gospel』, Hendrickson, 1999.
Austin B. Tucker, 『The Preacher as Storyteller: The Power of Narrative in the Pulpit』, B&H Academic, 2008.
Christine Dillon, 『Telling The Gospel Through Story』, IVP Books, 2012.
D. Bruce Seymour, 『Creating Stories That Connect: A Pastor's Guide to Storytelling』, Kregel Academic & Professional, 2007.
Duane A. Litfin, 『Public Speaking: A Handbook for Christians』, Baker Academic, 1992.
Edward F. Markquart, 『Quest for Better Preaching』, Augsburg Fortress Pub, 1985.
Ellen Y. Siegelman, 『Metaphor & Meaning in Psychotherapy』, The Guilford Press, 1993.
Frederick K.C Price, 『The Holy Spirit, The Missing Ingredient』, Harrison House, 1978.
H. Grady Davis, 『Design for Preaching』, Fortress Publishers, 1958.
Hershel Shanks/Ben Witherington III, 『The Brother of Jesus』, Harper SanFrancisco, 2004.
Jack Maguire, 『The Power of Personal storytelling』, Putnam Publishing Group, 1998.
Jim Holtjeis, 『The Power of Storytelling』, Prentice Hall Press, 2011.
Jim Loehr, 『The Power of Story』, Free Press, 2008.
John Henry Jowett, 『The Preacher, His Life and Work』, Book on Demand Ltd., 2013.
Paul F. Koehler, 『Telling God's Stories with Power』, William Carey Library Publishers, 2010.
Ralph L. Lewis/Gregg Lewis, 『Inductive Preaching: Helping People Listen』,

Crossway, 1983.

Ralph L. Lewis/Gregg Lewis,「Learning to Preach Like Jesus」, Crossway Books, 1989.

Rives Collins/Pamela J. Cooper,「The Power of Story: Teaching Through Storytelling」, 2005.

Stephen Olford/David Olford,「Anointed Expository Preaching」, B&H Academic, 2003.

Terrence W. Tilley,「Story Theology」, Lightning Source Inc, 1985.

Ty Bennett,「The Power of Storytelling」, Sound Concepts, 2013.

William J. Bausch,「Storytelling: Imagination and Faith」, Twenty-Third, 1984.